ÉMILIE HEYMANS

Plonger dans la vie

DISTRIBUTEURS EXCLUSIFS

- Pour le Canada et les États-Unis :
MESSAGERIES ADP*
2315, rue de la Province
Longueuil (Québec) J4G 1G4
Tél. : 450 640-1237
Télécopieur : 450 674-6237
* Une division du Groupe Sogides inc.,
filiale du Groupe Livre Québecor Média inc.

- Pour la France et les autres pays :
INTERFORUM editis
Immeuble Paryseine, 3, Allée de la Seine
94854 Ivry CEDEX
Tél. : 33 (0) 4 49 59 11 56/91
Télécopieur : 33 (0) 1 49 59 11 33

Service commande France métropolitaine
Tél. : 33 (0) 2 38 32 71 00
Télécopieur : 33 (0) 2 38 32 71 28
Internet : www.interforum.fr

**Service commandes Export —
DOM-TOM**
Télécopieur : 33 (0) 2 38 32 78 86
Internet : www.interforum.fr
Courriel : cdes-export@interforum.fr

- Pour la Suisse :
INTERFORUM editis SUISSE
Case postale 69 — CH 1701 Fribourg — Suisse
Tél. : 41 (0) 26 460 80 60
Télécopieur : 41 (0) 26 460 80 68
Internet : www.interforumsuisse.ch
Courriel : office@interforumsuisse.ch

Distributeur : OLF S.A.
ZI. 3, Corminboeuf
Case postale 1061 — CH 1701 Fribourg — Suisse

Commandes : Tél. : 41 (0) 26 467 53 33
Télécopieur : 41 (0) 26 467 54 66
Internet : www.olf.ch
Courriel : information@olf.ch

- Pour la Belgique et le Luxembourg :
INTERFORUM BENELUX S.A.
Fond Jean-Pâques, 6
B-1348 Louvain-La-Neuve
Tél. : 00 32 10 42 03 20
Télécopieur : 00 32 10 41 20 24

ÉMILIE HEYMANS

Plonger dans la vie

Propos recueillis par
Christian Morissette

Une société de Québecor Média

ÉDITIONS LA SEMAINE
Charron Éditeur inc.
Une société de Québecor Média
1055, boul. René-Levesque Est, bureau 205
Montréal (Québec) H2L 4S5

Directrice des éditions : Annie Tonneau
Directrice artistique : Lyne Préfontaine
Coordonnateur aux éditions : Jean-François Gosselin

Mise en pages : Claude Bergeron
Réviseurs-correcteurs : Jean-François Belisle, Pierre Richard, Nathalie Ferraris,
Audrey Faille, Marie Théorêt

L'Éditeur bénéficie du soutien de la Société de développement des entreprises culturelles du Québec (SODEC) pour son programme d'édition.

Nous reconnaissons l'aide financière du gouvernement du Canada par l'entremise du Fonds du livre du Canada pour nos activités d'édition.

Remerciements
Gouvernement du Québec — Programme du crédit d'impôt pour l'édition de livres — Gestion SODEC

© Charron Éditeur inc.
Dépôt légal : premier trimestre 2015
Bibliothèque et Archives nationales du Québec
Bibliothèque et Archives Canada

ISBN : 978-2-89703-124-4

Avant-propos

J'ai entendu un jour une maxime qui disait : «Pour bien se connaître, il faut plonger au plus profond de soi.» J'ignore encore aujourd'hui, après plus de 20 ans d'efforts, après avoir été médaillée olympique à quatre Jeux, après avoir effectué des milliers de plongeons, si cela permet de mieux se connaître. Mais moi, ça m'a permis d'avancer, de me dépasser et d'atteindre mes objectifs.

Quand on m'a demandé de raconter ma vie, ma première réaction, une fois la surprise passée, a été de refuser. Je ne voyais pas en quoi ce qui m'était arrivé pourrait intéresser qui que ce soit. Qu'avais-je fait de si différent qui vaille la peine d'être écrit ou lu ? Je dois avouer que j'ai encore des doutes, d'autant plus que je n'ai pas de facilité à parler de moi. Mon père me dit parfois que je suis comme une huître. Je crois plutôt avoir toujours trouvé en moi les ressources dont j'avais besoin. Ce n'est pas que l'avis des gens m'indiffère ; je réagis simplement avec une certaine réserve : je ne suis pas dévastée lorsqu'on m'adresse un mauvais commentaire et je ne m'enthousiasme pas si l'on parle de moi en bien. Peut-être est-ce une espèce de carapace. C'est possible. Pourtant, ce que mes proches me disent et m'apprennent a une grande importance. À tout cela s'ajoute qu'écrire ma biographie à l'âge que j'ai me paraissait prématuré.

J'ai tout de même accepté de le faire en pensant à tous ceux et celles qui font d'énormes efforts pour réussir, qui ont un idéal à atteindre et s'y consacrent avec passion. Ceux et celles qui, régulièrement, doivent puiser au fond d'eux-mêmes pour trouver l'énergie et la volonté de continuer. Je l'ai fait pour montrer que la passion et la détermination nous permettent d'aller plus loin que le seul talent.

Chapitre 1

J e suis née en Belgique le 14 décembre 1981. J'ai grandi dans la commune d'Uccle, qui fait partie de la ville de Bruxelles, mais je suis aussi Québécoise. En fait, je l'ai toujours été, car si je suis Belge de naissance, j'avais des racines au Québec avant même de voir le jour. Je sais que ça peut paraître un peu contradictoire, mais laissez-moi vous expliquer.

Ma mère, Marie-Paule (Van Eyck, de son nom de jeune fille), et mon père, Éric, étaient enseignants en éducation physique. Vers la fin des années 1970, un programme d'échange entre la Belgique et le Québec a été implanté. Mon père s'y est inscrit et, pendant un an, il a pris la place d'un professeur québécois qui, de son côté, le remplaçait dans son école. L'échange concernait le boulot, mais aussi la maison, chaque couple habitant dans la résidence de l'autre.

Donc, mes parents sont venus au Québec durant l'année scolaire 1980-1981. Même si c'est mon père qui faisait officiellement partie du programme, ma mère a fait plus que l'accompagner : elle a été suppléante dans la même école que lui, tout en acceptant une charge d'enseignante à temps partiel. Ils travaillaient à la Poly-Jeunesse de Laval et habitaient dans le quartier Ahuntsic, à Montréal.

Ce n'était pas le premier séjour de ma mère au Québec. Elle avait en effet participé aux Jeux olympiques de Montréal en 1976, où elle a représenté la Belgique en escrime, se classant en neuvième position. Vous admettrez qu'il s'agit d'un excellent résultat si on considère qu'à cette époque — et surtout dans cette discipline —, les pays communistes du bloc de l'Est avaient une conception particulière de l'amateurisme, condition techniquement essentielle pour participer aux Jeux olympiques. Mais ça, c'est une autre histoire.

Mon père a également été un sportif de haut niveau. Il a joué au soccer dans une équipe semi-professionnelle belge, mais en raison de blessures aux genoux, il s'est tourné vers une carrière d'entraîneur. Alors, dire qu'à la maison on aimait le sport est une figure de style. Ma sœur et moi sommes pour ainsi dire tombées dedans quand nous étions petites. Ah oui, ma sœur! Je n'en ai pas encore parlé, mais elle faisait bien sûr partie de l'échange. Mais non! Ils ne l'ont pas laissée en Belgique pour prendre les enfants du couple de Québécois. Qu'est-ce que vous pensez! Née le 18 décembre 1978, Séverine avait deux ans lorsque mes parents se sont installés à Montréal. Elle est donc mon aînée de trois ans, mais nos anniversaires tombent à quatre jours d'écart. Bref, c'est ma grande sœur et nous nous entendons très bien.

Ajoutons au portrait qu'en 1977, la famille de ma mère avait décidé de venir s'installer au Québec. Une fois sur place, mes grands-parents se sont lancés dans la gestion immobilière. En plus de constituer une nouvelle expérience pour ma mère, cet échange de 1980 lui aura permis de se rapprocher de ses parents. Ce qui n'est certes pas négligeable.

Donc, mes parents ont passé l'année à enseigner dans cette école de Laval. Je sais qu'ils ont trouvé le défi extraordinaire, même s'il leur a été parfois difficile de composer avec la mentalité des jeunes Québécois, qui était complètement différente de celle des Belges. Et les enseignants étaient plus respectés là-bas qu'ici. Ces étudiants québécois n'étaient pas désagréables ou arrogants, mais leur attitude était quelque chose d'entièrement nouveau pour mon père:

leur façon de répondre et d'agir lui paraissait parfois choquante. Un jour, il m'a confié en riant qu'il avait l'impression que les élèves ne voulaient pas être en classe, que les professeurs n'y tenaient pas vraiment non plus et que la direction se désintéressait de tout cela.

C'était étonnant pour lui. Il faut comprendre qu'à cette époque, dans les « vieux pays », l'autorité tenait une place importante dans toutes les sphères de la société. Le respect de l'autorité n'était jamais remis en question. Personne ne se serait permis de le faire.

C'est durant les cours que se manifestait ce comportement que mon père trouvait désobligeant. Dans les activités parascolaires — comme le soccer — dont il s'occupait aussi, les jeunes étaient enthousiastes et pleins d'entrain. C'est en classe que se posait surtout le problème. Bref, mon papa a vécu une expérience en enseignement un peu déstabilisante et difficile.

Pour le reste, cette année passée au Québec a été extraordinaire pour lui et maman. Ils ont pu tisser des liens d'amitié avec d'autres enseignants, et ces amitiés ont, dans certains cas, duré des années.

Et puis, ce Nouveau Monde leur ouvrait des perspectives étonnantes. Les paysages étaient tellement différents, les espaces si vastes et les opportunités vraiment exceptionnelles. On était en Amérique après tout, le continent où tout est possible !

En juin 1981, il y a eu le retour en Belgique. C'est ici que je reviens à mes racines québécoises : si vous faites le calcul, comme je suis née en décembre, il est clair que j'ai été conçue au Québec. En quelque sorte, j'étais Québécoise avant même que ma mère ne s'en rende compte… Mais bon… ça aussi, c'est peut-être une autre histoire !

Le retour en Belgique a été surprenant pour mes parents. L'expérience qu'ils avaient vécue les avait pratiquement transformés. Sans se sentir vraiment Canadiens, ils avaient l'impression de ne plus être vraiment Belges. Mon père était d'avis que la mentalité qui régnait à la polyvalente de Laval finirait par être adoptée un jour en

Belgique. Il faudrait quelques années, mais ça viendrait. C'était assurément le genre de tendance lourde venant d'Amérique qui était incontournable. «Dans 10 ou 15 ans, se demandait-il, quand cette nouvelle mentalité aura gagné Bruxelles, aurai-je encore le courage et l'énergie pour composer avec les nouvelles générations de jeunes? »

Pendant cette période de réflexion, mes parents analysaient la société belge, beaucoup plus conservatrice que celle du Québec. Les classes sociales sont importantes là-bas; en tout cas, elles l'étaient. Si vous étiez ouvrier, les probabilités étaient fortes pour que vous le demeuriez toute votre vie et pour que vos enfants suivent vos traces. Ce phénomène, qui empêchait parfois les jeunes d'aller au bout de leurs rêves, n'était pas propre aux ouvriers. C'était également le cas pour les notaires, les médecins et tous les autres métiers ou professions. Par tradition, on marchait très souvent sur les traces de ses parents.

Mon père savait de quoi il parlait, car il avait eu à surmonter ces préjugés. Il est issu d'une famille modeste où on ne valorisait pas beaucoup les études. Sa décision d'aller plus loin et de devenir enseignant n'allait certainement pas dans le sens de la coutume belge. Il lui a fallu beaucoup de détermination pour passer à travers tout cela.

Parallèlement, mes parents comprenaient, pour l'avoir vécu, qu'il en allait bien autrement en Amérique. Au Québec, il était possible de voir loin, de réaliser ses rêves, de démarrer sa propre entreprise. En y mettant l'effort, on pouvait vivre très convenablement et, pourquoi pas, devenir riche. N'est-ce pas le rêve américain que cette possibilité pour n'importe qui de réussir? Avouons que l'idée est plus qu'attrayante…

L'impact de mon arrivée dans la famille a, selon moi, joué un rôle dans la réflexion de mes parents à propos de leur lieu de vie.

Pour eux, offrir plus de choix à leurs enfants est toujours une pré-occupation importante, sinon essentielle.

De plus, le fait que les parents de ma mère étaient déjà installés au Québec pesait lourd dans la balance; elle savait qu'elle pourrait compter sur leur présence. Bref, en considérant tous ces éléments, ils ont décidé, à l'automne 1981, d'entamer les procédures d'émigration.

Un an plus tard, ils faisaient le grand saut.

A posteriori, ils se sont souvent dit que leur décision avait été un peu folle. Je le sais parce qu'ils m'en ont parlé. Pourtant, ils ne l'ont jamais regrettée. Pas une seule minute. Il faut toutefois admettre que quitter son pays et sa famille — en ce qui concerne mon père —, abandonner de belles carrières en enseignement, tourner le dos au soccer et au coaching (pour mon père) et à l'enseignement de l'escrime (pour ma mère), abandonner tout cela, particulièrement quand vous avez des enfants en bas âge, relevait un peu de la folie. Mais, je le répète, jamais ils n'ont regretté leur décision.

Je suis donc arrivée au Québec en 1982, à l'âge de neuf mois.

Nous avons d'abord vécu à L'Île-des-Sœurs, sans doute parce que mes grands-parents y étaient déjà. Mon père et ma mère ont travaillé dans l'entreprise de mes grands-parents, qui s'occupaient de gestion immobilière. Si ma mère a continué à y travailler, mon père s'est vite rendu compte qu'il n'aimait pas la gestion d'immeubles, mais adorait l'immobilier. Il s'est inscrit à un cours pour devenir agent, métier qu'il a pratiqué pendant un peu plus d'un an. Puis il y a eu cette ouverture au service hypothécaire d'une institution bancaire. Il a fait le saut et il y est encore.

Nous avons résidé à L'Île-des-Sœurs jusqu'en 1986, puis nous avons déménagé à Saint-Lambert. Cela devait faire partie des discussions depuis un moment, car mes grands-parents se sont également installés dans le voisinage.

J'ai peu de choses à dire sur cette période. J'ai certainement eu une petite enfance agréable puisque je n'en conserve que peu de souvenirs. Nous étions bien entourés et ma grand-mère venait souvent prendre soin de nous quand ma mère était occupée à l'extérieur. Que demander de plus ?

* * *

Comme je l'ai dit, ma sœur et moi avons été initiées très tôt au sport. En ce qui me concerne, mes parents m'ont inscrite au club de gymnastique artistique Gadbois à quatre ans seulement. Pourquoi la gymnastique ? Je ne crois pas qu'il y ait de raison particulière, si ce n'est que la gymnastique est une discipline complète, une discipline qui développe la force, la concentration et la souplesse, en plus de permettre d'acquérir une bonne orientation spatiale. En général, les clubs acceptent des gymnastes à un très jeune âge. Selon mon père et ma mère — qui en connaissaient un bout sur la question —, c'était le sport idéal pour acquérir une discipline qui me serait utile toute ma vie.

Certaines personnes croient que les parents qui inscrivent leurs jeunes enfants à de tels sports les poussent pour qu'ils réalisent ce qu'eux-mêmes n'ont pu faire. Dans certains cas, c'est possible. On m'a raconté que le champion de tennis André Agassi n'avait jamais vraiment aimé son sport et qu'il l'a pratiqué à cause de son père tyrannique. Il le confirme d'ailleurs dans son autobiographie. J'ai cependant beaucoup de difficulté à croire qu'il ait réussi à atteindre les plus hauts niveaux sans avoir été passionné par le tennis à un moment ou à un autre. Cela dit, que ses débuts aient été éprouvants et qu'on lui ait enfoncé cette « passion » dans la gorge me paraît tout à fait plausible. Ça n'a pas été mon cas. J'ai adoré la gymnastique dès les premiers entraînements.

Bien entendu, au départ, c'était un jeu. Comme tous les enfants, j'aimais faire des pirouettes et des sauts. Au club, non seulement on m'incitait à le faire, mais on me montrait comment mieux les réussir. C'était extraordinaire! Je pense que dès le premier cours, j'ai aimé la gymnastique, spécialement les mouvements artistiques. J'aimais ces gestes gracieux que font les gymnastes et j'adorais m'amuser sur les grands tapis. C'était un peu comme participer à un ballet. J'en raffolais. Pendant longtemps, ma sœur, nos amies et moi préparions des chorégraphies que nous présentions à nos parents. Des « pestacles », comme disent les enfants, que les parents regardent avec plaisir, indulgence et tendresse. J'aime à penser que nos mouvements étaient aussi élégants que ce que j'imaginais, mais j'ai parfois des doutes. À cette époque, nos exploits étaient plus des cabrioles, des bonds ou des sauts que de véritables mouvements de gymnastique. J'en garde toutefois d'excellents souvenirs. J'aime toujours la danse et quand j'en ai l'occasion, je n'hésite pas à aller sur la piste pour me laisser aller. Bref, mes deux premières années de gymnastique ont été plus récréatives que compétitives.

À six ans, les choses sont cependant devenues plus sérieuses: je suis passée au club Gymnix, qui nous préparait à aller plus loin. Ce club était reconnu pour l'excellence de sa formation en gymnastique féminine, et c'est encore le cas aujourd'hui. On y forme des athlètes qui participent à des compétitions internationales, et certaines se rendent même aux Jeux olympiques. Les entraîneurs sachant dépister les talents, ils ont dû déceler un certain potentiel en moi puisque mes sessions de gymnastique « récréative » ont pris un nouveau tour. Mon apprentissage s'est accéléré au point que j'ai consacré énormément de temps et d'énergie à la gymnastique, qui occupait désormais une place centrale dans ma vie. Je m'entraînais plusieurs heures par jour, six jours par semaine, n'ayant congé que le dimanche. Chaque jour, j'étais au club de 16 à 20 h, et le samedi, de 8 à 12 h ; 24 heures d'entraînement au total, sans compter le transport et l'école. De quoi occuper la vie d'une jeune fille !

J'adorais la gymnastique et jamais je n'ai senti les exigences de l'entraînement comme un fardeau...

Par exemple, à six ans, j'ai commencé le primaire à l'école des Saints-Anges, près de chez moi, à Saint-Lambert. Durant toute cette période, je n'ai pas eu beaucoup d'amies. Pas que je sois difficile d'accès. En tout cas, je ne le crois pas. Mais lorsqu'on ne peut jamais jouer avec les autres après l'école ou durant les fins de semaine, en raison des entraînements, il est plus difficile d'établir des liens. J'avais quand même quelques amies que j'aimais bien. Il arrivait parfois que l'une d'elles m'invite à aller passer la fin de semaine chez elle ou à participer à une activité. La plupart du temps, je devais refuser. Et jamais cela ne m'a pesé. Jamais je n'ai eu de peine. J'aimais trop mon sport. La vie était simple et tout tournait autour de la gymnastique.

On a beau aimer son sport, la pratique de ce dernier représente un grand investissement en temps, ne serait-ce que pour les déplacements. Si vous additionnez tout le temps que j'ai passé en voiture, alors que mes parents faisaient le taxi, c'est énorme. Nous demeurions à Saint-Lambert, sur la Rive-Sud, et le club Gymnix est situé au complexe sportif Claude-Robillard, au nord de Montréal. On peut alors imaginer facilement les milliers d'heures passées sur la banquette de l'auto.

Chaque jour, ma mère venait me chercher après l'école pour m'amener au club. Je prenais une bouchée dans la voiture pendant le trajet. De quoi discutions-nous ? Honnêtement, je n'en sais rien. Quels sujets peuvent bien être abordés par une enfant de six, sept ou huit ans ? De tout et de rien, de ce qui s'était passé à l'école, des petites joies et misères d'une fillette de mon âge. Pour en avoir reparlé à mes parents, je sais qu'ils ont apprécié ces moments privilégiés pendant lesquels nous étions ensemble.

Il est clair que notre vie familiale a été chamboulée par nos horaires d'entraînement. En effet, Séverine, ma sœur, après avoir pratiqué la gymnastique durant quelques années, s'est ensuite tournée vers la natation. En somme, le dimanche était à cette époque le seul moment où nous pouvions nous retrouver tous les quatre en famille. Jamais, cependant, je n'ai senti qu'il me manquait quelque chose. J'ai toujours su que mes parents étaient présents et me soutenaient dans ma passion pour la gymnastique. Mon père et ma mère m'ont toujours fourni les outils dont j'avais besoin pour m'améliorer et me dépasser. En fait, pendant de très nombreuses années, l'horaire de mes parents était entièrement soumis aux activités de leurs filles.

Récemment, mon père m'a avoué que lorsque ma sœur et moi sommes devenues moins dépendantes d'eux, quand nous avons été en mesure de nous occuper de nos transports, quand, finalement, nous sommes devenues moins « demandantes » à leur endroit, ils se sont retrouvés avec beaucoup de temps dont ils ne savaient pas quoi faire. Rassurez-vous, ça n'a pas duré très longtemps. Comme ce sont des gens très actifs, ils sont arrivés sans peine à se réajuster.

Néanmoins, ils ont continué à faire leurs choix en pensant à nous et en nous réservant une place dans leurs plans. Juste pour vous donner une idée, récemment ils ont décidé d'aller passer quelques jours en Floride pour une pause hivernale. Ils ont trouvé une occasion extraordinaire, un condo avec plusieurs chambres dans un secteur agréable et à un prix intéressant. Quand ils nous en ont parlé, nous nous sommes spontanément invitées ! Aussi rapidement et simplement que ça. Notre arrivée n'était pas prévue au programme, mais il a été tout aussi naturel pour nous de les accompagner que pour eux d'accepter. Voilà comment est notre famille…

Malgré nos horaires chargés, nous avons su partager des activités. Comme mes parents aimaient le ski et y excellaient, ils nous ont initiées à ce sport. Pendant quelques années, nous en avons fait régulièrement en famille.

J'ouvre ici une autre parenthèse. Certaines personnes pensent, étant donné que j'ai fait du plongeon depuis la tour de 10 mètres, que je suis une casse-cou, téméraire et kamikaze, qui ne craint aucun défi. Désolée de vous décevoir : je suis plutôt peureuse. En ski, ce n'est pas moi qui dévalais les pentes à une vitesse folle, pas plus que je n'empruntais des sentiers bosselés, comme le font beaucoup de jeunes. Je ne me livrais pas à de telles extravagances. Je m'amusais, je slalomais, je profitais de la montagne, mais je ne faisais pas de folies. En vérité, je le répète, je suis peureuse. Craintive et un peu gaffeuse. Chaque fois que je me suis essayée à une nouvelle activité ou à un nouveau sport, j'ai « bêché », comme nous disions alors, c'est-à-dire que je suis tombée et que je me suis fait mal. Alors, je ne prenais pas de risques ou je les limitais au maximum.

Tenez, une année, mes parents ont voulu que nous allions faire du ski de fond. Pourquoi pas ? Naturellement, nous n'avons pas emprunté les sentiers balisés. Ça aurait été trop facile. Nous avons donc opté pour le ski hors-piste. Je ne me souviens plus où nous étions, mais il y avait plein de montées et, surtout, de descentes. Bon, les montées, ça allait. Pas facile et exigeant, car les foutus skis ne veulent pas nécessairement mettre du leur pour nous aider à grimper. Alors il fait chaud et c'est fatigant. Mais au total, ça allait. Les descentes toutefois... Comment ça se contrôle, ces engins ? Dans le secteur où nous étions, il y avait de bonnes dénivellations, mais, surtout, c'était très étroit. Avec plein d'arbres partout. Bien entendu, j'ai eu peur et je suis tombée. Je tombais régulièrement. C'était la seule façon pour moi d'arrêter. Alors, je vais être franche avec vous : j'ai détesté le ski de fond.

Il y a quelques années, j'en ai refait avec mon conjoint. Il a décidé, lui aussi, que nous irions dans un sentier hors piste. Je ne sais pas s'ils se sont donné le mot pour me rendre la vie difficile, mais le résultat a été le même qu'à ma première expérience. Je suis tombée régulièrement et j'ai eu peur.

J'ai recommencé un peu plus tard, mais cette fois sur une vraie piste balisée, ce qui a été plus simple et plus accessible pour une débutante. Finalement, j'ai apprécié l'expérience. Il était temps !

L'été, nous faisions parfois du vélo en famille. Honnêtement, je n'aimais pas cette activité. Quand mes parents décidaient que nous partirions tous en randonnée, je me souviens surtout que je râlais, car je ne voulais pas les accompagner. Mais mon père avait trouvé le moyen de me motiver. Il disait que c'était pour aller prendre une crème glacée. Voilà qui était bien, mais pourquoi fallait-il toujours se rendre chez le glacier le plus éloigné de la maison ? Je bougonnais à l'aller et au retour. Ce ne devait pas être bien intéressant pour mes parents. Pourtant, ils tenaient tellement à ce que nous fassions des choses ensemble qu'ils composaient avec ma mauvaise humeur.

Cela dit, il ne faut pas me plaindre, car j'ai tout de même gardé d'excellents souvenirs de ces moments.

**

Comme je l'ai souligné, j'étais aussi gaffeuse. Vous savez, le genre à s'enfarger dans les fleurs du tapis ! C'était tout mon portrait. Quand il y avait une marche, je la ratais. C'était inévitable. S'il y avait un objet ou un obstacle par terre, je trébuchais immanquablement dessus. Si je devais tourner dans un couloir, il fallait que je heurte le coin du mur avec mon épaule. J'étais affreusement maladroite ! Pourquoi ? J'étais faite ainsi, j'avais la tête ailleurs, je ne voyais pas les choses et je ne faisais pas attention. Cela m'a causé quelques bobos, mais surtout attiré beaucoup de sarcasmes.

Je me souviens d'une fois : je devais avoir huit ou neuf ans. Nous étions allés au restaurant tous les quatre avec des amis de mes parents. Un restaurant de type buffet, si ma mémoire est bonne.

Pendant que nous allions nous servir, mon père m'a dit : « Fais attention à ton verre de lait, Émilie ! » Il me le répétait sans arrêt, comme une litanie.

— Voyons, Éric, laisse-la un peu tranquille. C'est une grande fille maintenant, lui dit son ami.

— Tu ne la connais pas. Elle est tellement distraite.

— Mais non. Laisse-la faire. Tu verras, quand on les laisse faire, ils savent se prendre en main.

Mon père a décidé de ne plus intervenir, son scepticisme quant à la suite des choses se lisait sur son visage. Et il avait raison. Dans les minutes qui ont suivi, j'ai fait tomber mon verre de lait. Trois fois plutôt qu'une.

Aujourd'hui, je crois être moins maladroite. Enfin... un peu. Mais je dois dire que ça me prend encore beaucoup de concentration. Et, malgré tout, il m'arrive souvent des petits incidents...

* * *

Bon. Où en étais-je ? Ah oui ! Au transport pour me rendre aux entraînements de gymnastique. J'ai mentionné que ma mère allait me conduire. Et c'était généralement le cas. Mais il arrivait parfois que ce soit mon père qui se charge de cette tâche. J'aimais bien qu'il le fasse, car après l'entraînement, il s'arrêtait au dépanneur pour m'acheter un sac de chips, une gâterie dont je raffolais et qui m'était généralement interdite. Je n'étais pas à la diète, mais chez nous, nous avons toujours mangé santé, et ce genre de friandises ne faisait pas partie du menu... Bien entendu, personne à la maison n'avait de problème d'embonpoint. Enfin... presque.

Cela dit, j'ai parfois l'impression que le contrôle de mon poids fait partie de mes préoccupations depuis que je suis toute jeune. À mes débuts en gymnastique, à quatre ans, j'étais une petite blonde aux yeux bleus. C'était très mignon, mais une petite fille, même blonde, ça grandit. En tout cas, moi, j'ai grandi. Et beaucoup. Or, grandir implique aussi une augmentation du poids. On recherche souvent des gymnastes qui sont petites et menues. On estime, et probablement avec raison, qu'elles sont plus habiles et plus flexibles pour effectuer certains mouvements. Or, plus les années passaient et moins c'était mon cas.

Je n'étais pas la seule dont le poids augmentait progressivement. Comment aurait-il pu en être autrement alors que nous grandissions toutes ? Chaque semaine, nos entraîneurs de gymnastique nous faisaient grimper sur le pèse-personne. En fait, c'est nous qui le faisions et nous avions un cahier dans lequel nous inscrivions, hebdomadairement, notre poids. Ce calepin était régulièrement consulté par les coachs, qui y notaient les programmes et les exercices à faire.

Au début d'une saison, alors que nous avions huit ou neuf ans, mes amies et moi avons constaté que nous avions gagné beaucoup de poids. Nous n'étions pas grosses, mais la balance nous indiquait que nous étions trop lourdes. Nous avons décidé de ne pas noter exactement ce qu'indiquait la balance. D'en mettre un peu moins. Nous complotions en nous imaginant que jamais les entraîneurs ne verraient la différence et que tout se replacerait sous peu. Ai-je besoin de vous dire qu'ils n'ont pas été dupes bien longtemps et que nous nous sommes fait passer un savon ? Ça nous a enlevé à jamais le goût de mentir.

Quoi qu'il en soit, plus je vieillissais, plus je grandissais. Or, il y a certains mouvements ou certains appareils pour lesquels ma taille devenait un handicap. Prenez les barres asymétriques : la barre supérieure est à 2,50 m du sol et la plus basse, à 1,70 m. La distance maximale entre les deux barres est fixée à 1,80 m. Cet écart peut varier selon les gymnastes, mais c'est le maximum possible.

Pour la plupart des autres filles, une figure comme le « soleil » — qui consiste en un grand tour arrière, en extension, depuis la barre supérieure — s'effectuait sans qu'elles aient à modifier la position de leur corps. En ce qui me concerne, je devais ramener légèrement les jambes pour éviter que mes pieds heurtent la barre inférieure. Avec les bras en extension et les pieds pointés, je faisais pas mal plus que le mètre quatre-vingt réglementaire. Techniquement, bien que cet exercice ait été un peu plus difficile à réaliser pour moi, puisque j'avais un élément de plus à contrôler, les juges ou les entraîneurs n'auraient pas dû voir de différence quant à la réussite du mouvement. Mais plier les jambes, c'est moins beau. Moins gracieux. Ce qui explique sans doute pourquoi les barres asymétriques étaient l'appareil sur lequel je réussissais le moins bien et qu'il soit devenu celui que j'aimais le moins.

Voilà que ma taille et mon poids devenaient un problème. Je n'avais pas la morphologie idéale pour ce sport. Mais j'adorais la gymnastique. Je me voyais prendre part aux plus grandes compétitions internationales. Je m'imaginais déjà aux Jeux olympiques.

La réalité m'a rattrapée. Oh, j'avais du talent! Mais réussir et performer au niveau international en gymnastique demande plus que du talent et du travail. Cela demande aussi un corps idéal, adapté aux mouvements et aux appareils. Ce corps, je ne l'avais pas!

Au cours de ma brève carrière, je ne me souviens pas d'avoir participé à beaucoup de compétitions de gymnastique. Peut-être était-ce une question d'âge. Mais en 1992, alors que j'avais 11 ans, je me rappelle m'être rendue à des championnats provinciaux. Il faut savoir que les gymnastes doivent participer aux quatre volets de la discipline, soit le saut de cheval, les barres asymétriques, la poutre et le sol. J'ai déjà avoué que les barres asymétriques n'étaient vraiment pas ma force. J'étais meilleure sur la poutre, mais... comment dire? Je n'étais pas exceptionnelle. Cependant, j'aimais beaucoup le sol, où nous faisions des mouvements complexes qui ressemblaient à de la danse, et le saut de cheval, qui demande de la vitesse, de la force, de la grâce et de la précision.

C'est d'ailleurs sur cet appareil que j'avais terminé troisième à ces compétitions. Troisième au Québec, ce n'est quand même pas vilain !

Mais ça a été mes dernières compétitions. Dans les jours qui ont suivi le retour à l'entraînement, on m'a changé de groupe. J'ai été insérée dans un groupe légèrement plus faible. Ça a été une catastrophe pour moi. Cela signifiait d'abord que je n'étais plus avec mes amies d'entraînement, mais c'était aussi difficile de savoir qu'on ne croyait pas en mon potentiel. Depuis près de sept ans, je pratiquais intensivement cette discipline et voilà que les entraîneurs décidaient que je n'avais pas ce qu'il fallait pour aller jusqu'au bout, que je ne pourrais jamais être de calibre international. Ils préféraient consacrer davantage de temps à développer des filles qui avaient les ressources physiques voulues.

J'ai assez mal pris la chose. Mes parents comprenaient parfaitement ce que je ressentais et ont d'abord décidé de me changer de club. J'ai alors quitté Gymnix pour le Gym Richelieu, un club situé plus près de la maison. Comme j'arrivais d'un gymnase reconnu et que j'avais plusieurs années d'entraînement à mon actif, ils ont accepté de m'évaluer pendant l'été. Il faut noter que le Gym Richelieu, bien que peut-être un peu moins prestigieux que Gymnix, était tout aussi reconnu pour former des athlètes de haut niveau, pour développer ceux et celles qui représenteraient éventuellement le Canada.

Peu de temps après mon arrivée, j'ai eu un malencontreux accident et je me suis cassé un orteil. Si cette blessure ne m'a pas obligée au repos complet, elle me handicapait cependant beaucoup dans mes entraînements. Est-ce que cela a influencé leur évaluation ? Je n'en sais rien. Le constat des entraîneurs a cependant été le même qu'à Gymnix, puisqu'on a considéré que je n'avais pas le potentiel pour atteindre l'équipe nationale. J'étais une bonne gymnaste, mais on ne croyait pas à mes chances de percer dans ce sport extrêmement exigeant et compétitif. D'une certaine façon, les responsables ont avoué à mes parents que mon corps m'empêcherait toujours d'atteindre les plus hauts niveaux. J'avais beau être l'une des meilleures au Québec, les entraîneurs croyaient que je ne progresserais jamais suffisamment pour faire partie de l'élite canadienne et internationale.

Ma mère m'a appris la nouvelle dans l'auto en revenant du club, et, quand j'ai réalisé ce que cela impliquait, j'ai pleuré. À cet âge, c'était, ni plus ni moins, la fin du monde. J'avais toujours su que rien ne m'assurait une participation aux Jeux olympiques, mais ce rêve existait quand même. Je croyais qu'à force d'espoir, de travail et de détermination, je pourrais y arriver. Comme je n'étais pas acceptée dans le club, ce rêve disparaissait définitivement. Je ne voulais pas arrêter, mais je voyais que je n'avais pas d'autre choix. Cet été 1992, mon rêve olympique s'est évanoui et j'ai renoncé à la gymnastique.

Je dois cependant dire que les entraîneurs, autant à Gymnix qu'au Gym Richelieu, ont suggéré à mes parents de m'inscrire dans une discipline où mes connaissances seraient un atout. On parlait, entre autres, de plongeon.

Ma mère m'en a touché un mot. Mais je préférais la danse. Pour moi, l'eau, surtout quand elle est froide, ne présente aucun intérêt. J'étais très récalcitrante. De plus, quand je me baignais à la piscine familiale et que je plongeais, je devais me boucher le nez pour que l'eau ne s'y engouffre pas.

— Tu pourrais tenter le coup pendant quelques semaines, m'avait dit ma mère. Si tu n'aimes pas ça, on t'inscrira en danse. Serais-tu d'accord pour essayer?

Bon. Je pouvais au moins faire une tentative. On me disait que plusieurs anciennes gymnastes avaient très bien réussi en plongeon. Les vrilles et les différentes figures nécessitent en effet une grande capacité à toujours se situer dans l'espace. La gymnastique m'avait enseigné ces notions. En septembre 1992, j'ai débuté au club de plongeon CAMO, dont les installations sont situées au complexe sportif Claude-Robillard. Je retournais dans un endroit que je connaissais bien, mais dans une discipline qui ne m'attirait pas énormément.

À ma première visite, je n'en savais encore rien, mais ma vie allait changer.

Chapitre 2

J e connaissais très bien le complexe sportif Claude-Robillard. Je m'y rendais six jours par semaine pour mes entraînements de gymnastique depuis des années. Mais Claude-Robillard est vaste. Les sportifs peuvent y découvrir une piste d'athlétisme intérieure, une salle omnisport, des salles de combat (pour, entre autres, le judo, le karaté ou la boxe), et la palestre de gymnastique que j'avais tant fréquentée. Au cœur du complexe, on trouve aussi un bassin de natation et un autre pour le plongeon, avec des tremplins de 1 et 3 mètres et des tours de 5, 7,5 et 10 mètres. À vrai dire, je ne connaissais pas grand-chose de ce secteur.

En septembre 1992, j'avais 10 ans et je m'y rendais pour apprendre le plongeon. Cette première fois, j'ai été accueillie par Linda, la conjointe de Michel Larouche, entraîneur de renommée internationale du club CAMO. Inutile d'ajouter qu'à l'époque, j'ignorais complètement de qui il s'agissait. C'est donc Linda qui s'est occupée de moi.

Sans être intimidée, j'avoue que je n'étais pas très à l'aise. Me retrouver sur le bord de la piscine, en maillot, à regarder la profondeur presque abyssale de ce bassin n'avait rien de rassurant. C'était normal, non ?

Linda et moi avons discuté un peu. Elle m'a expliqué ce que nous ferions : je commencerais par plonger du bord du bassin, puis peut-être du tremplin d'un mètre. Elle voulait savoir comment je réagirais et comment je me sentirais dans l'eau. Elle m'a assurée qu'elle serait là pour m'accompagner, ajoutant que mon expérience en gymnastique m'aiderait certainement. Bref, elle m'a mise à l'aise. Une question me trottait toutefois dans la tête depuis mon arrivée au bassin.

— À la maison, lui ai-je avoué, quand je plonge, je me bouche le nez pour ne pas avaler d'eau. Alors…

— Ce n'est pas grave. Ici, tu vas apprendre comment régler ça. Cependant, si tu préfères, pour les premiers essais, tu peux utiliser un pince-nez. Comme ça, tu n'auras pas ce problème, m'a-t-elle répondu en souriant.

En jetant un coup d'œil autour de moi, j'ai immédiatement constaté que personne ne portait de pince-nez. Même les plus jeunes n'en utilisaient pas. Je ne croyais pas non plus avoir jamais vu, à la télé ou en photo, quelqu'un plonger avec un pince-nez. Une petite bouffée d'orgueil — ou peut-être était-ce de la coquetterie — a balayé mon esprit.

— Non, je vais plonger sans ça. Merci, lui ai-je dit comme si j'étais sûre de moi, ce qui n'était pas du tout le cas.

Et voilà qui a été réglé. Jamais je n'ai porté de pince-nez, même si je dois admettre que mes premières tentatives ont été un peu plus inconfortables : l'eau m'est entrée par le nez, ce qui est extrêmement désagréable…

Pour être tout à fait honnête, je ne me rappelle pas quels plongeons j'ai bien pu faire à cette journée d'initiation. On a certainement dû me demander de me placer au bord du bassin et de me lancer, bref, de montrer ce que je savais déjà. En tout cas, plus tard, j'ai constaté que c'est ce qu'on imposait généralement aux nouvelles recrues. En ce qui me concerne, on a vite fait le tour de mon expérience : je ne savais rien.

Première surprise, agréable celle-là : l'eau n'était pas si froide. En fait, elle était même plutôt bonne !

Voilà comment s'est déroulée mon initiation à la piscine. Tout en douceur...

Je me souviens d'avoir été très rapidement à l'aise. J'aimais beaucoup ce sport, d'autant plus que mes années de gymnastique m'étaient bénéfiques pour le pratiquer. Je savais, presque d'instinct, comment placer mon corps pendant l'envol. Je savais de quoi les entraîneurs parlaient quand ils discutaient de vrilles, de sauts avant ou arrière, de positions carpées ou de groupées. Jusqu'à un certain point, la gymnastique m'aidait à rester en terrain connu.

Je détenais un autre avantage : 10 ou 11 ans, c'était l'âge idéal pour débuter en plongeon. Même si la technique de plongeon est très différente de celle de la gymnastique, j'étais encore assez malléable pour apprendre rapidement les techniques de ce sport et connaître ainsi une bonne progression.

Dès le début, j'ai eu des entraînements quotidiens. Chaque jour, je passais deux heures à la piscine. Je devrais préciser que c'était chaque jour de la semaine, puisqu'on ne plonge pas la fin de semaine. Pourquoi ? Je l'ignore. Je ne sais pas si tous les clubs avaient le même type d'horaire, mais à CAMO et à Pointe-Claire, il n'y avait pas d'entraînement les week-ends. J'ai plongé pendant plus de 20 ans et je n'ai jamais su pourquoi il en était ainsi.

Mes débuts en plongeon m'ont permis de constater une chose : les entraînements étaient moins longs qu'en gymnastique. Je passais en effet de 24 heures d'entraînement à moins d'une dizaine. Le club Med, quoi ! De plus, comme nous n'étions jamais à la piscine les fins de semaine, j'avais mes samedis et mes dimanches libres. Pour la première fois depuis des années, je pouvais mettre des choses à l'agenda du week-end !

Bon, je n'en ai peut-être pas profité autant que je l'aurais voulu. À 10 ans, j'étais en cinquième année du primaire et je n'avais pas beaucoup d'amis à l'école. Oui, c'est vrai que les entraînements auxquels je me pliais depuis longtemps m'avaient empêchée de me rapprocher des autres. Aussi, toutes mes amies étaient en gymnastique, où nous nous voyions tous les jours depuis des années, alors qu'à l'école, c'était plus difficile de créer de tels liens. Et la situation ne s'est pas améliorée à la fin de mon primaire. Pour être franche, je me rends compte aujourd'hui qu'en classe, je me sentais un peu délaissée, mise de côté. Ma seule véritable amie s'appelait Éliane Jolicœur, et c'est avec elle que je passais absolument tous mes temps libres.

Je ne me sentais pourtant pas persécutée par les autres. Jamais je n'ai eu à subir les foudres de quiconque. Je me sentais simplement un peu… Quelle était l'expression que nous utilisions alors? J'étais un peu «rejet». Voilà le mot! Mais je n'ai jamais été «taxée» ou prise à partie par quelqu'un. En fait, j'étais — et je suis encore — une fille plutôt discrète et solitaire. Le peu de loisirs dont je disposais explique sans doute en partie le fait que je n'ai pas eu beaucoup d'amis et que je me suis souvent sentie isolée. Par ailleurs, je dois avouer que l'école a été pour moi un mal nécessaire, un lieu où il m'a fallu passer des heures en attendant les entraînements de plongeon. Je réussissais assez bien en classe — surtout en mathématiques —, mais l'école était loin de me passionner. Cette découverte a été l'une des plus importantes de ces premières semaines d'entraînement. J'aimais le plongeon au-delà de tout. Autre constat: je l'aimais encore plus que la gymnastique.

Ma mère m'a raconté un jour qu'en abandonnant la gymnastique, j'ai été très triste. Pour la première fois, je lui avais alors dit clairement que je voulais participer aux Jeux olympiques. Que j'y tenais vraiment! Savoir que je ne pourrais plus y aller me rendait mélancolique. Les Olympiques… D'où me venait cette idée? Là encore, je n'en sais rien. Bien entendu, il y avait la fabuleuse histoire de Nadia Comaneci. L'immense championne de gymnastique aux

Jeux de Montréal était une puissante inspiration pour toutes les gymnastes. Il y a eu aussi quelques jeunes dont Mylène Fleury, avec qui j'ai parfois travaillé à Gymnix, qui a participé aux Jeux de Barcelone de 1992, se classant 10ᵉ en équipe. Enfin, il y a eu ma propre mère qui a pris part aux Jeux de Montréal et qui en a gardé un merveilleux souvenir dont elle nous parlait parfois.

Cela dit, il n'y a pas eu de déclencheur précis. Je voulais y aller, sans savoir ce que cela représentait. Parce que c'étaient les Olympiques, tout simplement. J'étais donc triste de laisser la gymnastique qui pouvait m'ouvrir cette porte. À ce moment, j'étais certaine de n'avoir jamais la chance de vivre ce rêve.

Selon moi, c'est en partie ce qui a incité ma mère à me proposer le plongeon. De son point de vue, le plongeon me permettrait de penser de nouveau aux Jeux. Pour elle, il valait la peine de tenter le coup dans une discipline qui avait l'avantage d'être un sport olympique. Si j'aimais le plongeon et si j'y avais du talent, ce goût des Olympiques pourrait me revenir. Maman a eu raison : mon rêve est revenu encore plus fort. Toutefois, quand j'ai commencé à m'entraîner en plongeon, je n'avais aucune attente ni d'autre ambition que d'essayer. J'étais loin de penser aux Jeux !

Mon père m'a rappelé récemment que nous avions un jour participé en famille à une émission télévisée animée par Marguerite Blais, qui est plus tard devenue ministre responsable des Aînés sous le gouvernement libéral de Jean Charest. Bref ! Pendant cette émission, madame Blais recevait deux familles : l'une était nettement orientée vers les études pour leurs enfants, tandis que l'autre (la mienne), sans délaisser l'aspect scolaire, favorisait une bonne pratique sportive. Je faisais alors du plongeon depuis un peu plus d'un an et je progressais très vite, alors que ma sœur excellait en natation.

À un moment donné, madame Blais dit à mon père :

— Donc, vous avez une fille qui souhaite se rendre aux Jeux olympiques ?

— Oui, répond mon père. Émilie est très déterminée et il semble bien que ce soit son vœu.

Marguerite Blais se penche vers moi :

— C'est vrai que tu veux aller aux Olympiques ?

— Non ! ai-je répondu catégorique.

Pendant plusieurs secondes, je n'ai rien ajouté. Malaise sur le plateau. Mon père, un peu inquiet, se demande ce que je m'apprête à ajouter, car j'ai exprimé plusieurs fois mon désir de participer aux Jeux et mon attitude l'étonne. Il sait aussi que je peux parfois avoir des réactions imprévisibles.

— Non ! ai-je finalement continué, je ne veux pas juste y aller, je veux y réaliser une excellente performance.

Mon père a poussé un soupir de soulagement et Marguerite Blais s'est mise à rire. Pour moi, il ne s'agissait pas d'une blague. Il n'était pas question de seulement y aller. Je voulais y affronter les autres, lutter à la hauteur de mon talent et obtenir de bons résultats. C'était ça, le rêve et le défi.

Quelques semaines plus tard, je me souviens d'avoir dit à ma mère de cesser les recherches pour la danse ou une autre activité, car j'avais adopté mon nouveau sport. J'étais désormais une plongeuse.

* * *

À mes débuts en plongeon, j'ai été admise dans un groupe à caractère plus « récréatif ». Je progressais très bien et j'adorais plonger. Naturellement, ma mère m'accompagnait à mes sessions. Je n'avais que 10 ans et nous vivions toujours sur la Rive-Sud de Montréal, ce qui représentait un long trajet en transport en commun pour une jeune comme moi.

Un soir, peut-être une semaine ou deux après mon initiation, j'étais sur le tremplin d'un mètre, me préparant à effectuer mon plongeon. Michel Larouche est alors passé près de moi et a observé ma position. Il s'est approché et m'a fait quelques commentaires sur le plongeon que je venais d'effectuer. Je suis remontée sur le tremplin pour recommencer. Quand je suis ressortie de l'eau, Michel était toujours là et a continué à s'occuper de moi jusqu'à la fin de la session.

Il faut ici que je vous explique brièvement ce qu'est le CAMO et qui est Michel Larouche. D'abord, CAMO signifie : Club aquatique Montréal olympique. L'objectif est clair dès le départ : on veut former de futurs champions olympiques. Quant à Michel Larouche, il avait été membre de l'équipe nationale et venait de terminer son baccalauréat à l'Université Laval lorsqu'il a été engagé, en 1985, pour s'occuper des compétitions nationales par groupe d'âge. En 1988, il a été promu entraîneur-chef, s'occupant principalement des seniors du club, c'est-à-dire ceux qui sont aux plus hauts niveaux de compétition. Les résultats ne se sont pas fait attendre, car en 1992, aux Jeux olympiques de Barcelone, deux plongeurs du club, Évelyne Boisvert et Bruno Fournier, ont fait partie de l'équipe canadienne. Le CAMO est dès lors devenu l'un des meilleurs clubs juniors et seniors du pays. Quand j'ai commencé, j'ai pu voir d'excellentes plongeuses s'entraîner avec Michel, dont Myriam Boileau et Annie Pelletier, qui est, certains s'en souviendront, montée sur le podium en 1996 aux Jeux olympiques d'Atlanta.

Le fait que Michel Larouche s'intéresse à moi était donc très positif. En fait, c'est ma mère qui me l'a fait comprendre après l'entraînement. Pour ma part, j'ai cru qu'il ne s'agissait que d'un concours de circonstances, car les seniors s'entraînaient l'après-midi, sous la supervision de Michel, et finissaient avant que je ne commence mon propre entraînement. J'ai pensé qu'il avait terminé un peu plus tard et qu'en passant près de moi, il avait simplement voulu me donner quelques instructions utiles. Je n'avais rien vu là d'exceptionnel.

En revenant à la maison, j'ai senti que ma mère était très fière. En ce qui me concerne, je n'avais pas conscience de ce que l'intervention de Michel signifiait. Après tout, je m'entraînais depuis quelques jours seulement et n'avais que quelques dizaines de plongeons dans le corps. Le fait qu'il s'occupe de moi ne me faisait ni chaud ni froid… Puisque je ne comprenais pas vraiment qui il était, pour moi, c'était seulement un autre entraîneur.

Toutefois, les choses ont évolué rapidement. Michel Larouche a formé un groupe de « développement » avec des plus jeunes qui, j'imagine, avaient selon lui le potentiel pour aller loin. J'ai fait partie de ce groupe et Michel est devenu mon entraîneur. Soyons clairs : pas mon entraîneur personnel. Qu'est-ce que vous croyez ? Mais il me coachait comme il le faisait avec les meilleurs seniors du club et les autres nouveaux qu'il avait choisis.

Parmi ces recrues, il y avait trois autres filles, venant aussi de la gymnastique, et un tout jeune garçon arrivé récemment. Un certain Alexandre Despatie, qui devait n'avoir que sept ans. Quand je vous disais que cet entraîneur savait repérer les talents…

Quoi qu'il en soit, après environ un mois en plongeon, je changeais, pour ainsi dire, de statut. Je passais du « récréatif actif » à un développement plus intensif menant à la compétition. Parmi ceux de mon âge, j'étais celle qui avait le plus d'heures de travail au bassin.

Peu après ce transfert, il y a eu une « Coupe » régionale. Mon père, qui était venu y assister, a rencontré Michel Larouche.

— Alors, lui a-t-il demandé, vous croyez qu'Émilie va bien réussir à cette compétition ?

— Bien entendu, a répondu l'entraîneur comme si cela allait de soi. Elle va gagner dans sa catégorie.

C'est ce qui est arrivé. J'ai gagné cette compétition. Après seulement quelques semaines d'entraînement, je rencontrais les standards provinciaux sans problème.

Il faut savoir que le plongeon comporte plusieurs aspects très techniques. Pour que vous compreniez la suite des choses, il est important que je vous en parle un peu. Toutefois, je tiens à vous dire que ce que vous allez apprendre ne vous sera pas d'une grande utilité, puisque les règlements ont été modifiés depuis ce temps et que beaucoup de choses ont changé. Mais, quand j'ai commencé, il fallait s'y conformer.

D'abord, il y a quatre paliers de compétition. Pour atteindre chacun d'eux, il faut pouvoir remplir certaines exigences en matière de nombre et de difficulté de plongeons. Le régional est le premier niveau, par lequel chacun commence, puisque les athlètes qu'on y retrouve en sont généralement à leurs débuts. Il n'y a donc pas de standards véritables à cette étape. Cependant, grâce aux résultats que les athlètes obtenaient aux compétitions régionales, ils pouvaient atteindre les normes provinciales et, donc, passer à ce niveau. Venaient ensuite les standards canadiens et, enfin, ceux de l'international. Cependant, satisfaire aux exigences canadiennes vous permettait aussi d'atteindre les standards internationaux. Le Canada est en effet un pays très fort, qui jouit d'une excellente réputation en plongeon. Ses exigences sont plus élevées que celles de l'international.

Donc, pour en revenir à mon cas, en gagnant une compétition régionale, j'atteignais, du coup, les standards provinciaux et je pouvais compétitionner à ce niveau. À partir de là, je pouvais commencer à m'attaquer aux exigences nationales. Il y a ici une autre subtilité à saisir : les standards nationaux sont réévalués chaque année en fonction de la performance générale des plongeurs et plongeuses. Il est normal qu'au cours des années, les athlètes s'améliorent et repoussent les limites. Juste pour vous dire, quand j'ai commencé, il y a certains plongeons qui étaient considérés comme difficiles et que peu de plongeurs réussissaient régulièrement. Après quelques années, certains de ces mêmes plongeons étaient devenus des prérequis presque obligatoires pour atteindre des niveaux supérieurs. Cela dit, comme les standards nationaux sont réévalués chaque année, il faut constamment participer à des compétitions provinciales pour nous permettre de les atteindre. C'est ce qui explique que même les meilleurs athlètes de Michel Larouche prenaient part à ces compétitions.

Voilà pour les niveaux. Mais ce n'est pas tout : il y a aussi les juniors et les seniors. Les premiers sont divisés par groupe d'âge autant chez les garçons que chez les filles. Il y a le groupe des moins de 9 ans, celui des 10-11 ans, ceux des 12-13 et des 14-15 ans, et enfin celui des 16-18 ans. Ensuite, vous devenez senior.

Et, comme il y a toujours une particularité, il faut comprendre qu'un plongeur peut compétitionner dans un groupe plus âgé, mais jamais dans un groupe plus jeune. Enfin, dernier petit détail, l'âge des plongeurs et des plongeuses est calculé entre le 1er janvier et le 31 décembre. Quelle importance cela peut bien avoir, vous demandez-vous ? Eh bien, disons que, d'une certaine façon, plus vous êtes né tard dans l'année, plus vous êtes désavantagé. Prenons l'exemple de deux plongeuses dont l'une serait née le 31 décembre et l'autre, le 4 janvier. Supposons maintenant qu'en 1995, la première aurait eu 11 ans jusqu'au 31 décembre, journée où elle a célébré ses 12 ans. Eh bien, pendant toute cette année, elle aurait dû concourir dans le groupe des 12-13 ans, puisqu'elle a eu 12 ans pendant l'année, même si c'était le dernier jour. L'autre plongeuse, dont l'anniversaire arriverait en janvier — soit quelques jours seulement après la première —, aurait passé presque toute l'année 1995 dans le groupe des 10-11 ans. Elle n'aurait été mutée dans le groupe des 12-13 ans qu'à partir de janvier, puisqu'elle aurait atteint 12 ans durant l'année 1996.

Ouf! Pas facile tout ça. Et en quoi cela me concerne-t-il? Eh bien, j'avais 10 ans quand j'ai commencé en septembre. Pourtant j'allais avoir 11 ans le 14 décembre. En conséquence, cet automne-là, j'avais été du groupe des 10-11 ans. Toutefois, quand 1993 a commencé, j'allais avoir 12 ans à la fin de l'année. Alors j'ai intégré automatiquement, dès janvier, le groupe des 12-13 ans.

***

Notre entraînement était très intense. Par ailleurs, dans le monde du plongeon, les nombreuses compétitions nous permettent de nous situer par rapport aux autres.

Pendant l'hiver 1993, j'ai été sélectionnée pour participer aux Jeux du Québec qui se tenaient à Baie-Comeau. C'était la première fois que je prenais part à un tel événement. Les Jeux du Québec offrent une opportunité exceptionnelle aux athlètes. Durant une même période et dans une même ville, des milliers d'athlètes de dizaines de sports se côtoient et s'affrontent. Les meilleurs de leur discipline de toute la province y rivalisent. Une expérience fantastique qui nous permet de connaître, à une moindre échelle naturellement, l'impression de participer à une grande réunion sportive. D'une certaine façon, les Jeux du Québec sont de mini-jeux olympiques. Je crois que tous ceux et celles qui ont vécu cette expérience en sont ressortis grandis.

J'ai donc été sélectionnée pour représenter la région de Montréal. Je sais, je résidais sur la Rive-Sud, mais mon club était à Montréal, ce qui me permettait de représenter la région. Malheureusement, je n'ai pu vivre pleinement cette expérience. Généralement, les athlètes y passent une semaine complète, afin de s'habituer aux équipements, de s'entraîner et, naturellement, de participer aux compétitions. Dans mon cas, j'ai été malade presque toute la semaine. Mais, alors là, malade comme rarement je l'ai été. J'étais si fiévreuse que j'ai dû rester au lit pour me reposer, si bien que je n'ai pu me rendre aux Jeux que pour la fin de semaine pendant laquelle devaient se tenir les compétitions de plongeon.

Et encore, c'est un coup de chance qui m'a permis d'y être. En effet, une amie de l'époque de la gymnastique participait aussi à ces jeux. Or, ses parents devaient aller la voir cette même fin de semaine. J'ai ainsi pu profiter d'un transport pour aller rejoindre ma délégation. Je tenais vraiment à y aller.

Inutile d'ajouter que je n'étais pas au meilleur de ma forme. J'étais faible, encore un peu nauséeuse, et je ne m'étais pas entraînée depuis plusieurs jours. Qu'importe, j'y étais. J'ai passé trois jours à Baie-Comeau, dont les jeunes avaient pris possession. Ils étaient partout, prenant part à toutes les activités. Quant aux athlètes de ma délégation, ils dormaient tous dans les classes d'une école. J'y ai retrouvé Alexandre Despatie, entre autres, qui avait aussi été sélectionné pour représenter Montréal.

Je venais d'avoir 11 ans, mais on m'avait inscrite dans la catégorie des 14-15 ans. C'était une question de stratégie, m'avait-on expliqué, car Montréal avait de bonnes candidates dans le groupe des 12-13 ans. Comme les responsables avaient jugé que je rivaliserais facilement avec les plongeuses d'une catégorie d'âge plus élevée, ils m'y avaient incorporé. Oh, je n'y ai pas réalisé la performance de ma vie ! Soyez-en certains. Mais j'y étais !

J'ai adoré ces quelques jours de proximité, de réjouissances, de rencontres et, bien entendu, de compétitions. Aujourd'hui, je réalise encore davantage l'importance d'avoir insisté pour y participer, puisqu'ils ont été mes seuls Jeux du Québec. Pour toutes sortes de raisons, je n'ai jamais ensuite été en mesure de représenter ma région et mon sport à cet événement.

Petite anecdote : chaque région fournissait à ses athlètes un coton ouaté aux couleurs de son coin de pays. Je me souviens que cette année-là, le chandail représentant notre région était blanc. Il était d'usage de le porter aussi souvent que possible pour bien distinguer chaque délégation. Mais on conviendra que le pire choix de couleur pour un tel chandail est sans contredit... le blanc! C'était pourtant celui de Montréal. Imaginez quelques dizaines d'adolescents portant leur chandail pendant une semaine. Après quelques jours, ils étaient dans un état de malpropreté inouï. Quand on sait que la cafétéria offrait des pâtes chaque jour, il est facile de deviner de quoi nous avions l'air...

N'empêche, j'ai conservé de si bons souvenirs des Jeux du Québec que je n'hésiterai jamais à inciter les jeunes qui le peuvent à y participer.

***

J'ai mis peu de temps à atteindre mes standards provinciaux, bien que ça n'ait pas été aussi simple que prévu. J'étais alors, je le rappelle, dans le groupe de Michel Larouche et je m'entraînais avec les séniors.

Avant d'aller plus loin, je dois encore parler d'aspects techniques. En compétition, il fallait donner sa liste de plongeons 24 heures avant la performance, laquelle devait inclure les plongeons de base et les plongeons optionnels. Les plongeons de base sont des plongeons avec une limite de coefficient de difficulté, donc des plongeons plus faciles. Il y avait aussi les plongeons optionnels que nous décidions d'effectuer et dont le coefficient de difficulté était plus élevé. Or, le fait de soumettre sa liste de plongeons 24 heures avant la compétition faisait en sorte qu'on ne pouvait modifier nos choix selon les résultats que nous ou nos concurrents avions obtenus. On ne pouvait pas décider, au milieu de la finale, d'y aller d'un plongeon plus difficile — et donc plus payant en matière de points — parce qu'une adversaire avait bien réussi ses sauts. Tout était déterminé à l'avance.

À tout cela s'ajoutait une règle interdisant de faire deux plongeons avec la même direction de rotation. Par sens de rotation, on n'entend pas seulement avant ou arrière, car une vrille est considérée comme un sens de rotation. Je vous avais prévenus : en plongeon, les notions techniques sont complexes et parfois obscures...

La veille de mes premières compétitions provinciales, Michel, mon entraîneur, a modifié ma liste à la dernière minute pour y insérer un plongeon avec vrille. Comme une vrille était déjà prévue à mon programme d'optionnel — et même si je l'ai réussie —, ce plongeon n'a pas compté, ce qui m'a reléguée pas mal plus loin au classement. Je n'ai donc pu obtenir mes standards nationaux cette fois-là et j'ai dû attendre une autre compétition provinciale pour y arriver.

Pour atteindre les exigences de niveaux, il faut se conformer à un système basé sur une règle de pointage. Vous savez que chaque plongeon est noté par des juges qui lui accordent un certain nombre de points. Disons, par exemple (et je sais très bien que ce ne sont pas les bons chiffres), que, pour atteindre les standards nationaux juniors, il faut que la plongeuse amasse 300 points ; elle devra les obtenir dans une seule compétition. Si le total de ses points à une compétition provinciale junior est de 325 — ce n'est toujours qu'un exemple —, elle satisfait alors aux standards nationaux et peut participer aussi aux Championnats canadiens juniors dans sa catégorie.

De mon côté, moins de trois mois après mes débuts, je faisais les standards canadiens juniors dans mon groupe d'âge. Pour quelqu'un qui devait se boucher le nez pour sauter dans la piscine familiale, voilà ce qu'on pouvait qualifier de progression rapide... Je dois reconnaître que mes années en gymnastique ont été déterminantes et ont beaucoup facilité mon développement.

***

Le plongeon m'a amenée très rapidement à voyager. Bien entendu, au début, les compétitions se tenaient surtout au Québec. Mais, pour les niveaux supérieurs, il fallait aller un peu partout au Canada et, plus tard, partout dans le monde. À l'été 1993, comme j'avais mes standards nationaux en poche, j'ai pu participer à mes premiers Championnats canadiens juniors, tenus à Edmonton. J'avais 11 ans.

J'ai terminé au deuxième rang sur le tremplin de trois mètres (je ne concourais pas encore à la tour à cette époque). C'est Alida Di Placido qui a gagné. Nous avons, plus tard, toutes deux fait partie du groupe de Michel Larouche au CAMO et nous sommes devenues d'excellentes amies.

J'ai donc rapidement été appelée à me déplacer pour participer aux compétitions. Je savais déjà ce que c'était de voyager, puisque mon père avait toujours de la famille en Belgique et que nous allions les visiter à l'occasion. Je crois y être allée trois ou quatre fois avec mes parents au cours des ans. Mon dernier séjour remonte à 1993, nous y avions passé trois semaines.

À la fin de l'été, ma sœur et moi avions en effet obtenu une pause suffisamment longue pour nous permettre d'accompagner nos parents. J'aimais beaucoup la Belgique. J'y voyais mes grands-parents (paternels), mais aussi mes oncles, mes cousins et mes cousines. Et puis, il y avait Laurier, un cousin du même âge que moi avec qui je m'entendais bien.

Nous allions notamment à Bruxelles, puisque c'est là que résidaient les frères de mon père. Or, Bruxelles est une très belle ville. C'est un peu vieillot certes, mais absolument magnifique. Et puis, on y mange tellement bien. Où que nous allions, chez mes oncles ou mes grands-parents, il y avait toujours de bons repas, surtout de la tarte, des gaufres et du chocolat. Ma sœur et moi avions découvert une friandise chocolatée belge connue sous le nom de Chokotoff. Nous en étions folles. C'étaient de petits carrés tous enveloppés séparément. Ils étaient faits d'un cœur de caramel chocolaté semi-dur enrobé de chocolat noir. Un délice que l'on ne déguste cependant pas n'importe comment : il faut d'abord laisser fondre lentement le chocolat noir dans la bouche en le suçant. Cela permet de ramollir le caramel du centre qui se laisse alors déguster délicatement. Un bonheur, je vous dis...

Juste avant les Jeux olympiques de Londres, en 2012, mes parents et ma sœur sont passés par la Belgique avant de venir me retrouver pour assister aux compétitions. Séverine m'a acheté un énorme paquet de deux kilos et demi de Chokotoff. Une véritable montagne d'enchantement. Rassurez-vous, je n'y ai pas touché avant mes compétitions. Mais à la fin de celles-ci, je m'en suis donné à cœur joie !

Où en étais-je ? Ah oui, mon dernier séjour en Belgique avec ma famille. Nous en avons aussi profité pour aller au bord de la mer. Mes grands-parents possédaient un charmant petit appartement à Nieuport, dans le nord du pays, où nous avons passé quelques jours. C'était bien parce que nous pouvions, quand le temps le permettait, aller nous baigner. Nieuport est une belle ville côtière, reconnue pour être l'un des ports de plaisance les plus vastes d'Europe du Nord, et qui possède aussi de très belles plages de sable. Nous y avons passé de merveilleux moments.

Il nous arrivait aussi de rendre visite à des amis de mon père. Je me souviens, entre autres, de cet ami qui avait deux filles dont l'une avait mon âge et l'autre, celui de ma sœur. Elles sont plus tard venues au Québec avec leurs parents pour visiter la province. Bien entendu, nous les avons accueillis à la maison et, quand je n'étais pas à l'entraînement, je les ai guidés dans leur voyage. J'y ai pris beaucoup de plaisir.

J'ai donc gardé d'excellents souvenirs de Belgique. Cependant, comme pour mes autres séjours là-bas, j'ai eu un petit problème à mon retour à l'entraînement. Comment pouvait-il en être autrement ? J'avais passé trois semaines sans travailler et je m'étais (légèrement) empiffrée de bonnes choses. Michel Larouche, avec toute la délicatesse qu'on lui connaît, n'a pas manqué de me le faire remarquer quand je suis revenue. J'avais pris du poids. Heureusement, je parvenais assez facilement à faire fondre ces quelques livres en trop. Même si je n'étais plus en gymnastique, je devais constamment surveiller ma ligne. Quelle misère !

* * *

Tous ces déplacements m'avaient aussi convaincue qu'il était important de parler anglais, moi qui n'étais pas bilingue. C'est pourquoi, en cinquième année, j'avais été inscrite dans une classe d'immersion anglaise à l'école. Pour être franche, je n'ai pas beaucoup travaillé et cela n'a pas apporté les dividendes escomptés. Je baragouinais bien un peu l'anglais, mais de là à dire que je le parlais, il y avait un pas important, sinon infranchissable.

Le déblocage est venu plusieurs années plus tard, quand j'ai rencontré Blythe Hartley, une plongeuse de Vancouver. Le hasard a fait que nous avons souvent partagé la même chambre lors des compétitions internationales. Et puisque nous sommes devenues amies, Blythe a dû subir mon anglais. Je ne lui parlais que dans cette langue, car je tenais absolument à l'apprendre. De plus, je croyais qu'elle ne parlait pas du tout la mienne. J'ai appris plus tard qu'elle comprenait très bien le français, ce qu'elle ne m'avait jamais avoué. Quand j'y repense, je me dis qu'elle a dû me trouver assez lourde à l'occasion... Qu'importe, puisqu'à partir de ce moment, les résultats sont venus : je suis passée des bredouillages souvent inintelligibles à des conversations dignes de ce nom dans la langue de Shakespeare.

Pour la petite histoire, j'ajouterai que Blythe a joint le CAMO en 2004, que nous nous sommes entraînées ensemble et que je lui ai toujours parlé en anglais.

***

En 1994, les compétitions se sont succédé. Je réussissais généralement à bien me positionner. Cette année-là, les Championnats canadiens juniors se déroulaient à Calgary. Je participais aux plongeons sur le tremplin de 1 mètre, sur celui de 3 mètres et sur la tour de 7,5 mètres. Je ne faisais pas encore de haut vol depuis la tour de 10 mètres. J'étais particulièrement déterminée à bien réussir, car cette compétition servait aussi de sélection pour les Can-Am-Mex juniors, une compétition nord-américaine de plongeon où je pourrais affronter certaines des meilleures jeunes athlètes du Canada, des États-Unis et du Mexique. Mais rien n'a marché comme je le souhaitais. Je n'ai pas bien plongé et je n'ai pas été retenue, ce qui m'a passablement attristée.

Voilà d'ailleurs quelque chose que j'ai compris rapidement en compétition. J'ai appris à être dans ma bulle, comme le disent les sportifs. Quand j'exécutais mes plongeons, je ne sentais pas vraiment que je livrais bataille aux autres compétitrices. Je devais m'affronter moi-même, ce qui se traduit souvent par rencontrer le plus dur des adversaires. Cette attitude allait à jamais changer ma façon de voir les résultats.

Supposons en effet que je terminais première au tremplin de trois mètres dans une compétition provinciale. Je pouvais parfaitement sortir déçue de ma performance si j'estimais que je n'avais pas bien plongé; à l'opposé, je pouvais terminer troisième ou quatrième et être très heureuse si j'étais convaincue d'avoir fait du mieux que je pouvais. Dans un monde idéal, il fallait que je gagne en sachant que j'avais bien plongé et que mes adversaires avaient aussi réussi leurs meilleurs plongeons. Alors, j'étais satisfaite.

Les entraînements et les compétitions aident à forger son caractère et à se fixer des objectifs. C'est vers la fin de cette année 1994 que j'ai entendu dire que les Championnats du monde juniors se tiendraient l'année suivante en Chine. Jamais je n'avais voyagé aussi loin, et les Chinoises avaient déjà une réputation d'excellence à l'échelle internationale. Je tenais à me mesurer à elles.

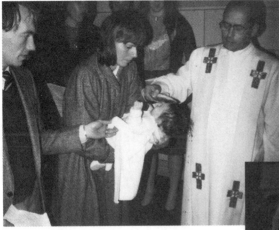

J'ai été baptisée en Belgique. Je suis dans les bras de ma mère, sous le regard attentif de mon père, alors qu'on procède à la cérémonie que, probablement comme tous les enfants, je n'ai pas beaucoup appréciée.

Ma mère m'avait remis mon bonnet en sortant de l'église, après mon baptême. L'hiver est moins rigoureux en Belgique qu'au Québec, mais beaucoup plus humide.

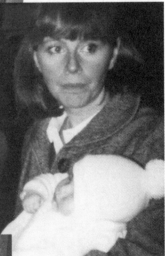

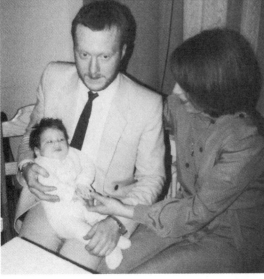

De retour à la maison après mon baptême, mon parrain et ma marraine se sont occupés de moi. On ne peut pas dire que mon parrain a l'air très à l'aise avec un bébé dans les bras.

D'aussi loin que je m'en souvienne, Séverine et moi avons toujours tout partagé. C'est ma grande sœur et nous nous adorions déjà quand j'étais bébé.

À deux ans, j'étais très impressionnée par le vélo de ma grande sœur.

Séverine et moi; elle a quatre ans et j'en ai un.

Avouez que j'étais mignonne dans cette poussette ! J'avais environ 18 mois.

Nous voici toute la famille. Séverine sur ma mère, moi sur mon père, et Jérémy qui fait le guet.

J'ai toujours été proche de ma mère, comme le prouve cette photo prise quand j'avais cinq ans, lors d'un voyage en Europe.

J'avais cinq ans sur cette photo prise
à Nieuport, au nord de la Belgique.
Entre ma sœur et moi se trouve Laurier,
le fils de mon parrain.

Fiona, la fille des amis belges de
mon père qui nous avaient rendu
visite, est devenue une excellente
camarade. Lors de leur séjour, nous
avions visité plusieurs endroits
touristiques du Québec, nous
avions entre autres effectué ce
voyage aux chutes du canyon
Sainte-Anne, près de Québec.

J'ai toujours été très proche et très complice de ma grande sœur, Séverine.

Je garde d'excellents souvenirs de mes voyages en Belgique, où j'ai pu rencontrer ma famille qui vit là-bas. Ici, mon père et ma mère sont debout, à l'arrière. Devant, je suis assise sur ma tante Sylvie, à côté de mon arrière-grand-mère, de ma sœur Séverine et de ma grand-mère.

Dans mon groupe de maternelle, à l'école des Saints-Anges de Saint-Lambert. Je suis debout, la troisième à partir de la gauche.

Je vous ai déjà dit que j'avais mon petit caractère. Sur cette photo, j'ai cinq ans et je faisais la baboune. Inutile de dire que je ne me souviens plus de la raison de cette petite crise...

Cette fois-là, ma mère avait décidé de nous habiller de la même façon, un peu comme si nous étions des jumelles. En tout cas, moi, je n'y voyais pas de problème.

Noël était toujours une occasion spéciale, comme cette fois, chez mon oncle Jean-Luc, où nous avions mis nos plus belles robes pour déballer nos cadeaux.

Nous avons toujours entretenu des liens très étroits avec la famille, même ici, au Québec. Ici, je suis avec ma cousine Justine Boulet-Laurier.

Nous visitions souvent de nouveaux endroits avec mes parents, comme c'est le cas ici, alors que nous sommes près d'une rivière, ma sœur et moi. Avez-vous remarqué que j'ai mon maillot de gymnastique sur le dos ? Je me rappelle que je le portais aussi souvent que possible, car j'aimais énormément ce sport.

Voici ma classe de deuxième année à l'école des Saints-Anges. Comme j'étais grande, j'étais presque toujours à l'arrière. Sur cette photo, je me trouve à l'extrémité gauche de la rangée du haut, juste à côté de mon enseignante.

Mes grands-parents possédaient un charmant petit appartement à Nieuport, dans le nord de la Belgique, où nous allions parfois passer quelques jours. C'était bien parce que nous pouvions, Séverine et moi, aller nous baigner ou faire des constructions dans le sable.

Même en camping, même avec une tenue en coton ouaté, je trouvais toujours une façon de jouer les gymnastes.

Me voici avec Jérémy, notre boxer. C'était une bête adorable qui, malgré sa grande taille, acceptait de se laisser mettre dans des situations plutôt inconfortables.

En quatrième année, j'étais encore et toujours parmi les plus grandes. Je suis encore ici dans la rangée du haut et, une fois de plus, je suis encore tout près de mon enseignante.

Le frère de ma mère, oncle Jean-Luc, a possédé des chevaux pendant quelque temps. J'ai eu l'occasion de monter l'un d'eux lors d'une de nos visites. Honnêtement, je dois avouer que je ne suis pas du tout une bonne cavalière.

Nous avons toujours eu des animaux à la maison. Voici Jérémy, sur les jambes de Séverine.

Quand j'avais huit ans, tout mon groupe de gymnastique s'était rendu au magasin Sears pour se faire prendre en photo. Je portais mon maillot de compétition, et je trouve que j'ai fière allure...

Alors que nous étions en visite chez mon grand-père, nous avons décidé de jouer les vahinés. Je m'en veux, mais je ne me souviens plus du nom de la fille de gauche. Près d'elle, il y a Virginie, ma tante (mon grand-père s'était remarié et avait eu une fille qui était la demi-sœur de ma mère et qui avait à peu près le même âge que nous). Je suis la troisième, à côté de ma sœur. Je vous concède que je n'ai pas l'air très à l'aise avec cette danse.

Après les Jeux olympiques de Pékin, en 2008, mon amoureux Christian et moi avons pris quelques jours de vacances bien méritées à Québec.

En 2007, Christian et moi avons rendu visite à ma grand-mère.

Chapitre 3

Bien sûr, présentée ainsi, ma progression en tant que plongeuse ressemble à un parcours de rêve. D'une certaine façon, vous avez probablement raison. Or, il serait faux de croire que tout était facile. Ce ne sont pas les compétitions proprement dites qui posaient problème. J'aimais bien y prendre part, même si certaines d'entre elles ont été ardues physiquement et psychologiquement. Non! Ce sont plutôt les entraînements, surtout durant les deux ou trois premières années, qui ne se sont pas toujours déroulés dans la joie et le plaisir.

L'entraîneur est une personne extrêmement importante pour un athlète, particulièrement quand vous n'avez qu'une dizaine d'années. Michel est quelqu'un de très exigeant, qui a une façon bien à lui de dire ce qu'il pense. Je vous ai déjà raconté qu'à mon retour de Belgique, il m'avait sermonnée parce que j'avais pris du poids. Trois ou quatre kilos à perdre. C'est beaucoup, évidemment, mais se le faire dire quand on est en train de passer de l'enfance à l'adolescence, ça marque une fille. Et ce n'est que la pointe de l'iceberg...

Les commentaires de Michel m'ont régulièrement fait pleurer lors de mes entraînements, et ce, pendant des années. Je ne pleurais pas devant lui, bien entendu... ou, en tout cas, pas souvent. J'étais trop orgueilleuse. Mais j'ai pleuré. Comprenons-nous : Michel n'est pas une mauvaise personne et jamais, absolument jamais, il ne m'a menacée physiquement. Ce n'était pas son genre. Mais il parlait fort et faisait des observations acérées, de celles qui font mal. En tout cas, moi ça me touchait. Il avait la réputation d'être très dur avec ses athlètes ; une rigidité qui faisait dire à certains qu'il était inhumain. Honnêtement, je ne pense pas qu'il ait été volontairement blessant.

Tout était dans le ton et dans les gestes. Cela me bouleversait. Pas dans les mots. Il ne me disait pas des choses comme : « Tu es grosse, laide, et tu n'as pas de talent. » Cependant, ce qu'il me disait me faisait me sentir laide, grosse et nulle. Je comprenais, au moins en partie, qu'il agissait ainsi pour me faire réagir, pour me motiver, pour mon bien. Il voulait m'amener à aller au bout de mes capacités. Mais dans les faits, sa façon de m'aborder créait souvent le résultat inverse.

Inutile de préciser que Michel est un homme, et que les hommes ont une façon différente de celle des filles de comprendre les choses, et d'interpréter les commentaires et les situations. Comme il entraînait à la fois des garçons et des filles, il n'ajustait pas son attitude ni le ton de ses messages en fonction des uns et des autres. Il ne visait que l'excellence.

Permettez-moi de vous raconter une anecdote qui ne me concerne pas directement, mais qui illustre mon propos. Un de mes amis joue au hockey dans une ligue de garage. Une ligue très amicale où on aime d'abord et avant tout le hockey. Comme tout le monde, il a un emploi et ne veut pas risquer de se blesser ; il n'y a donc ni contacts ni mises en échec. Dans son équipe joue une fille qui, selon lui, se tire très bien d'affaire. Elle fait partie du groupe et personne ne fait de différence entre elle et les boys. À l'une de ses premières parties, en revenant au banc après avoir raté un but malgré une belle passe reçue devant le filet, Michel lui a lancé : « Eh ben là, la Grosse, t'en as manqué un beau… »

Pour lui, « la Grosse » était un terme affectueux et il ne faisait pas un drame d'un but raté. Ça arrivait à tout le monde. Il lui a parlé comme il aurait parlé à n'importe quel autre joueur. Mais elle a très mal pris la chose. Elle a été dévastée. Elle n'a rien fait de bon du reste de la partie. Elle ne se sentait plus de taille à jouer dans cette équipe. Lui n'a évidemment pas compris l'impact de ses paroles. En fait, il ne s'est rendu compte de rien. La semaine suivante, il l'a croisée en arrivant à l'aréna. Elle lui a annoncé qu'elle avait perdu presque un kilo. C'est seulement là que le déclic s'est produit. Il a compris que la communication avait été coupée entre eux. Il a dû lui expliquer qu'il n'y avait rien dans ses paroles signifiant qu'elle n'était pas bonne, et encore moins qu'elle était grosse. Il lui avait seulement parlé comme on parle à n'importe quel autre coéquipier. Mais la réaction de la fille a été totalement différente de ce à quoi il s'attendait.

Ce n'est qu'une histoire et ce ne sont pas toutes les filles qui réagissent ainsi, mais si on fait le lien avec ce que j'ai vécu, on peut imaginer l'effet que les paroles et l'attitude de Michel ont pu avoir sur la jeune adolescente que j'étais. Je suis certaine que les filles comprennent ce que je veux dire.

Une fois mon plongeon terminé, il me criait souvent les correctifs que je devais apporter. Il faisait ça devant tout le monde. Et je peux vous jurer qu'il y en avait du monde près du bassin quand nous nous entraînions. Il pouvait y avoir 40 ou 50 personnes et j'étais convaincue que chacune écoutait ce que Michel Larouche me criait ; en tout cas, c'était difficile de ne pas l'entendre.

Parfois, il m'emmenait un peu à l'écart et pouvait me faire un sermon d'une heure sur tout ce que je faisais qui n'était pas bien, et sur tout ce que je devais améliorer si je voulais un jour avoir une mince chance de réussir. Il citait tous mes défauts et aucune de mes qualités. Je ressortais découragée et démolie après ces rencontres.

Je me souviens qu'à mes débuts sur le tremplin de 3 mètres, j'hésitais beaucoup avant de m'élancer pour tenter un plongeon.

Vous savez, quand le plongeur est sur le tremplin en position arrière, il prend deux ou trois élans pour faire bouger le tremplin avant son départ. Dans mon cas, je pouvais bondir 30 ou 35 fois. J'avais peur. Et ça énervait beaucoup Michel. À un entraînement où je pratiquais un nouveau plongeon, j'ai dû prendre une vingtaine d'élans sur le tremplin.

— Écoute, Émilie, m'a crié Michel, c'est trop long. Tu dois plonger. Tout le monde attend après toi. Alors, tu vas faire trois bonds et plonger. Je te donne trois chances pour y arriver ou tu retournes chez toi. Vas-y !

Évidemment, j'avais trois essais pour tout l'entraînement. Pas seulement pour ce plongeon. Bien sûr, j'en ai été incapable. La troisième fois où j'ai fait plus de trois bonds, il m'a sortie du cours. Naturellement, quand je suis revenue à l'entraînement le lendemain, la règle n'avait pas changé, mais comme je ne voulais pas manquer d'autre entraînement, je n'ai eu d'autre choix que de réussir ce qu'il me demandait. Je savais que je n'étais pas la seule avec une telle directive. Bien d'autres ont eu à goûter à cette médecine. Je savais que tout ça avait pour but de me faire progresser. Sa méthode fonctionnait donc, bien qu'elle ait été difficile à supporter psychologiquement. En tout cas pour moi…

Comment réagissaient mes parents quand je leur racontais cela, me demanderez-vous ? En fait, je ne leur en parlais pas vraiment. Je l'ai dit, je suis d'un tempérament assez discret. Je garde mes problèmes pour moi. Il est cependant arrivé qu'ils me questionnent, car ils sentaient parfois que les choses n'allaient pas à mon goût. Ce sont mes parents. Ils me connaissent bien et ils m'aiment. Cela dit, ils savent aussi en quoi consiste le rôle de l'entraîneur, car ils ont eux-mêmes été des sportifs de haut niveau. Je me souviens avoir eu une discussion à ce sujet avec ma mère. Elle a parfaitement compris ce que je sentais et ce que je vivais, mais elle a aussi tenté de remettre les choses en perspective. Elle souhaitait par-dessus tout que je ne me sente pas atteinte dans mon intégrité. Elle me rappelait que c'était la façon d'être de Michel. Je devais accepter cette façon de faire si je voulais continuer à plonger avec lui. « Tu vois, avait-elle dit, dans le fond, tu devras plutôt commencer à t'inquiéter quand il ne te parlera plus de cette manière, car alors, il n'aura plus d'attentes ni d'espoirs pour toi. » Je crois qu'elle avait raison. Au fond, à tout prendre, je préférais sa dureté à l'indifférence. Il reste que la situation était difficile.

En outre, je n'aimais pas (pas plus que je n'aime cela aujourd'hui) qu'on me marche sur les pieds. Un jour, j'ai commencé à réagir.

Nous étions en 1996. Je m'en souviens parce qu'à ce moment, je plongeais de la tour de 10 mètres. J'avais été malade ; j'étais restée au lit pendant une semaine et je ne m'étais donc pas entraînée.

Il faut que je vous explique que lors des entraînements, nous avons un cahier dans lequel le coach inscrit les plongeons que nous devons pratiquer. J'ignore si c'était pour me punir de mon absence, mais, à mon retour, Michel avait noté dans le fameux cahier tous les plongeons optionnels (les plus difficiles) de la tour de 10 mètres. Malheureusement, je ne me sentais ni la force ni la concentration pour effectuer de tels plongeons à ce moment-là. Je me sentais encore faible. J'ai tout de même tenté de les faire.

Ça n'allait pas du tout, et mes plongeons étaient loin d'être excellents. Voyant que je n'y arrivais pas, Michel a commencé à m'engueuler. J'étais furieuse… Cette fois, ma réaction a été rapide.

— Ça fait une semaine que je suis malade et que je n'ai pas pratiqué, lui ai-je crié à mon tour. Penses-tu vraiment que j'ai assez confiance en moi et que je me sens assez forte pour faire mes optionnels du 10 mètres ?

— Sors de mon cours, a-t-il aussitôt répliqué. Et tu ne reviendras que quand tu te seras excusée.

De son point de vue, remettre en question sa planification d'entraînement relevait de l'insubordination, ce qu'il considérait comme inacceptable. Sans compter, il est vrai, que j'avais aussi crié après lui, car j'étais hors de moi. D'où sa décision de m'expulser.

Alors, je suis sortie et j'ai décidé que je ne m'excuserais pas, que je ferais à ma tête. Le lendemain, je suis revenue m'entraîner, mais cette fois auprès d'Isabelle Cloutier, qui s'occupait des juniors. Michel savait que je poursuivais mon travail, car je le voyais tous les jours. Un bassin de plongeon, c'est grand, mais pas au point de ne pas savoir qui s'y trouve. Ce petit manège a duré deux semaines. Un jour, un autre entraîneur du club est venu me dire :

— Tu sais, Émilie, tu devrais retourner avec Michel. C'est avec lui que tu progresses. Je t'observe depuis quelques jours, et tu réussis moins bien pendant les entraînements. Tu ne t'aides pas…

J'ai réfléchi à ce qu'il m'a dit, et j'ai compris qu'il avait raison. Je ne m'améliorais plus. J'ai donc décidé de retourner auprès de Michel pour m'excuser. À vrai dire, je ne croyais toujours pas avoir eu tort, mais c'est moi que je pénalisais en faisant la tête. Voilà la réalité !

Il est encore arrivé par la suite que je retourne à l'entraînement après une solide grippe ou une absence de quelques jours. Je comprenais désormais qu'il me réserverait toujours un programme intense à mon retour. Dans son esprit, si jamais je devais être malade juste avant une compétition, je saurais à quoi m'attendre en remontant sur le tremplin. Toutefois, j'ai remarqué qu'en ce qui me concerne, les entraînements intensifs après une maladie ou une blessure n'étaient jamais les meilleurs. Au bout du compte, je devais tout recommencer le lendemain. Il me semble que deux sessions moins rigoureuses auraient fait le même travail sans saper mon moral. Mais Michel Larouche ne voyait pas les choses ainsi. C'était sa façon de travailler que d'être exigeant. Chaque entraîneur a ses méthodes. C'était la sienne et j'ai fini par l'accepter, car j'avais une totale confiance en ses qualités, en son professionnalisme et en son expérience. Dans mon esprit, il savait ce qu'il fallait faire et ce qui était le mieux pour moi. Je n'étais encore qu'une adolescente et si Michel me disait que c'était ainsi que je progresserais, je le ferais. Voilà tout !

En reprenant les entraînements avec Michel, je me suis rendu compte qu'il y avait des gestes ou un comportement qu'il détestait. Quelques années plus tard, quand j'étais fâchée contre lui parce qu'il me criait après, je m'efforçais de lui faire la vie dure. Il haïssait, par exemple, que nous n'appliquions pas immédiatement les consignes qu'il nous donnait. Si bien que, lorsque j'étais en colère contre lui, je n'apportais aucun correctif ou bien je prenais tout mon temps. Je savais que ça le mettait hors de lui. C'était ma façon de répliquer, de lui montrer que je ne me laissais pas piler sur les pieds.

Bref, j'avais moi aussi mon petit caractère. Je travaillais très fort pour m'améliorer et réussir. Il m'était parfois difficile de digérer les commentaires de Michel, mais comme j'obtenais de bons résultats en compétition, j'ai accepté sa méthode. J'étais ouverte à ses commentaires, car je savais qu'ils me permettaient de continuer à me développer. Par contre, sa façon de me les transmettre, sa façon parfois de m'engueuler, ne me motivait absolument pas. Au contraire, ça me décourageait.

J'ai vécu une période un peu contradictoire. D'un côté, je n'aimais pas son attitude à mon égard, mais d'un autre côté, je savais qu'il était parmi les meilleurs sinon le meilleur entraîneur au Canada. Donc, si je voulais continuer à me développer et à progresser, j'avais tout intérêt à demeurer avec lui et à accepter sa façon de faire. C'est aussi ce que mes parents m'expliquaient quand nous discutions de tout ça à la maison.

Peut-être avez-vous vu le film *La championne*. Une production canado-roumaine réalisée en 1990. Voilà un film que j'ai beaucoup aimé. C'est l'histoire d'une Roumaine de 10 ans qui veut participer aux Jeux olympiques. On nous montre tous les efforts, les sacrifices, le courage et la volonté qu'il lui a fallu pour y arriver. On voit aussi comment son entraîneur tyrannique la pousse à la limite. Alors, sans aller aussi loin, c'est un peu comme cela que je me sentais par rapport à Michel. Dans ce type de relation.

Selon moi, Michel Larouche ne saisissait pas toutes les nuances entre la psychologie des filles et celle des garçons. Je peux me tromper, bien entendu, mais de mémoire, jamais un des garçons n'a quitté son équipe pendant tout le temps où j'ai été dans son groupe. Alors que chez les filles, Myriam Boileau et Annie Pelletier ont décidé de changer d'entraîneur. Et ce n'étaient certes pas les moins bonnes plongeuses. Annie, rappelons-le, a remporté la médaille de bronze aux Jeux d'Atlanta. Bien entendu, je ne sais pas ce qui a véritablement motivé leur décision. Peut-être étaient-elles simplement rendues là dans leur évolution. Peut-être n'était-ce pas une question de personnalité ou de méthodes d'entraînement. C'est tout à fait possible. Il est cependant certain que, quand moi aussi j'ai pris cette décision plus tard, le comportement de Michel y a été pour quelque chose.

Avant d'en arriver là, je suis passée par plusieurs étapes. Ainsi, en 1998 ou en 1999, j'ai, en quelque sorte, cessé d'être la victime. Non! Le terme est un peu fort. Disons plutôt que j'ai cessé d'accepter les réprimandes sans réagir. Quand Michel m'engueulait pendant un entraînement, je m'éloignais tout simplement, ou je remontais sur la tour en faisant semblant de ne pas l'écouter. Je trouvais parfois humiliante sa façon de me parler et je ne croyais pas mériter cette attitude. En fait, il criait tellement fort que même si je m'éloignais, je pouvais tout de même entendre les correctifs que je devais apporter. Je sais parfaitement qu'il n'est pas le seul entraîneur à agir de cette façon. J'ai rencontré, autant ici que lors de compétitions internationales, d'autres coachs qui avaient la même approche. C'est probablement ainsi qu'ils ont appris et c'est ainsi qu'ils enseignaient à leur tour. Peut-être les garçons sont-ils stimulés par ce genre de comportement. Mais en ce qui me concerne, ce n'était pas l'idéal. Voyez-vous, pour une athlète, surtout quand elle est jeune, l'entraîneur, c'est un peu comme un parent. Quand il me demandait d'apporter des correctifs à un plongeon, je le faisais pour moi, mais aussi pour lui faire plaisir, pour qu'il soit fier de moi et de mes efforts. J'avais besoin d'être félicitée ou, du moins, encouragée à l'occasion. Il est peut-être normal qu'un père passe un savon à son enfant de temps à autre, mais pas tout le temps. Comme le dit l'adage, « trop, c'est comme pas assez ».

J'ai l'impression que, pour Michel Larouche, l'entraînement au plongeon devait ressembler à un exercice militaire. Pour lui, si un entraînement n'était pas difficile, il n'était pas valable. Aussi simple que ça.

Je ne lui en veux pas. Je ne lui en ai jamais voulu. Il était aussi exigeant envers les autres plongeurs qu'il l'était envers moi. Il était tout aussi exigeant envers lui-même. C'était sa nature. Et puis, il m'a permis d'atteindre plusieurs de mes objectifs. Ce n'est pas rien.

Je dois aussi ajouter que, malgré la peine que je ressentais parfois, je suis assez bien passée à travers tout ça. D'abord, je suis heureusement dotée d'une forte personnalité et je sais (presque toujours) trouver en moi les ressources nécessaires pour faire face à l'adversité. De plus, je n'ai jamais aimé me faire piler sur les pieds et, comme je viens de le mentionner, je lui ai parfois rendu un peu la monnaie de sa pièce.

***

Cela dit, certaines personnes rencontrées en 1993 et en 1994 m'ont aidée à passer par-dessus les inconvénients dont je viens de parler. D'abord, à l'automne 1993, Marie-Ève Brasseur a intégré le groupe de Michel.

Marie-Ève, elle, avait commencé à plonger vers l'âge de cinq ans dans le club Agami de Brossard, avant de se joindre au CAMO.

Je la croisais régulièrement là-bas, car elle y était déjà quand je suis arrivée au club; mais elle s'entraînait avec quelqu'un d'autre. Je crois qu'elle était avec César Henderson, qui s'occupait de quelques-uns des meilleurs juniors, mais je n'en suis pas certaine. Marie-Ève demeurait sur la Rive-Sud, tout comme moi, mais ce n'est pas tout. Pour la petite histoire, j'ajouterai que nous nous ressemblions beaucoup. Elle était de mon âge, à peu près de ma taille, et elle avait les cheveux blonds, comme moi. À tel point qu'on nous prenait pour des jumelles... Mais comme j'ai grandi plus vite, les comparaisons sont devenues plus rares, même si nous avions encore un petit air de famille. En plus, elle était née le 21 décembre et moi, le 14. Comme tout nous unissait, ça a rapidement cliqué entre nous lorsque nous nous sommes retrouvées dans le groupe de Michel Larouche.

D'ailleurs, pour intégrer son groupe, lors de notre dernière année de primaire, nous devions ajouter un entraînement, le lundi matin, entre 6 h et 9 h. Pour ce faire, mes parents ont dû passer une entente avec l'école que je fréquentais pour me permettre d'arriver plus tard ce matin-là. Je manquais un cours d'éducation physique, mais comme je faisais pas mal d'exercices à la piscine, ça n'avait pas de conséquences trop évidentes. Marie-Ève et ses parents ont certainement fait le même genre d'arrangements, mais comme nous n'étions pas à la même école, je ne me souviens pas de la matière dont elle était privée.

De plus, comme nous n'habitions pas trop loin l'une de l'autre, nos parents avaient pris des ententes pour le covoiturage. Le dimanche soir, Marie-Ève couchait à la maison et, le lendemain aux aurores, ma mère venait nous conduire au complexe Claude-Robillard. À 9 h, la mère de Marie-Ève venait nous chercher et nous amenait à l'école pour notre journée de classe.

Grâce à tout cela, Marie-Ève et moi sommes devenues d'excellentes amies.

L'année suivante, nous avons commencé notre secondaire à l'école Antoine-de-Saint-Exupéry, à Saint-Léonard. L'institution était assez éloignée de la maison, tant pour Marie-Ève que pour moi, mais cette école a été l'une des premières à offrir un programme sports-études, un avantage indéniable pour une athlète.

Pour ceux ou celles qui l'ignoreraient, un tel programme permet de continuer ses études tout en poursuivant un entraînement intensif et de haut niveau. Il y avait toutefois des exigences scolaires importantes. En effet, pour prendre part à cette formation, il faut avoir obtenu de très bonnes notes au primaire. En ce qui me concerne, je sais pertinemment que je frôlais la limite pour y être acceptée.

De plus, une fois inscrits, les étudiants doivent maintenir une moyenne générale d'au moins 80 % et une moyenne d'au moins 70 % dans chaque cours. Sinon, retour au circuit normal.

Cela dit, je sais que la direction de l'école faisait preuve de compréhension si les performances de l'athlète étaient vraiment excellentes. À un certain niveau de compétition, en plus des entraînements, il y a beaucoup de déplacements, ce qui gruge encore le peu de temps qui est consacré aux études. La direction de l'école agissait donc avec discernement dans certains cas.

Quant à moi, je dois dire que je réussissais dans ce programme, mais que je n'étais pas parmi les meilleurs élèves. Je me maintenais généralement autour de la note de passage requise pour ce programme, ce qui n'était quand même pas si mauvais. D'autant plus qu'au début du secondaire, d'autres sessions d'entraînement avaient été ajoutées. Désormais, je m'entraînais chaque jour (de la semaine naturellement) de 13 à 16 h et de 17 à 20 h, à l'exception du mercredi après-midi, prévu pour les travaux et les devoirs à l'école. Je passais donc à neuf entraînements de trois heures chaque semaine.

Comme Marie-Ève et moi étions dans la même classe, à midi, après nos cours du matin, nous prenions l'autobus pour nous rendre au complexe Claude-Robillard, où se tenaient nos deux entraînements quotidiens. En somme, nous étions pratiquement toujours ensemble.

Même nos parents, qui venaient souvent nous chercher et assister aux entraînements, se sont liés d'amitié. Le père de Marie-Ève, qui était médecin et aimait le plein air, avait une roulotte sur un terrain de camping au Vermont. Un jour, il nous a invités à aller y passer une fin de semaine. Mes parents ont adoré l'expérience. Ils ont toujours aimé être dehors, et cette formule qui offrait confort et nature leur a tellement plu qu'ils ont, peu de temps après, acheté une roulotte qu'ils ont installée sur le même terrain. Nous y avons passé beaucoup de bons moments pendant quelques années, d'autant plus que je pouvais retrouver ma bonne amie Marie-Ève.

Comme le père de Marie-Ève était maintenant un ami de la famille, il est aussi devenu notre médecin. Un jour, je devais avoir 12 ou 13 ans, j'ai souffert d'une forte grippe et mon père m'a amenée consulter le docteur Brasseur, le père de Marie-Ève. Pendant l'examen, il s'est rendu compte que j'entendais mal de l'oreille droite ; il m'a donc envoyée voir un spécialiste. Après une batterie d'examens, ce dernier a déclaré à mes parents que j'étais sourde de cette oreille. « Il y a deux possibilités, leur a-t-il précisé. Cette surdité peut être causée par un cancer, sinon, il s'agit d'une surdité de naissance. Les résultats des tests nous donneront la réponse. » Il les a ensuite laissés partir sans plus d'explications, estimant probablement que son travail était fait, et sans aucune considération pour l'anxiété normale que des parents peuvent ressentir quand on leur annonce que leur enfant est peut-être atteint d'une forme de cancer. Je ne me souviens plus si mes parents m'ont alors expliqué ce que le spécialiste leur avait révélé. Je sais toutefois qu'ils ont été très inquiets en attendant que tombe le verdict. Et, même s'il n'a fallu que quelques jours, quand il existe une possibilité que votre fille soit malade, c'est très long. Trop long.

Finalement, j'étais en effet sourde d'une oreille, et c'était lié à une malformation de naissance. C'était problématique, mais pas grave. Heureusement, ce n'était pas le cancer, qui fait toujours si peur.

Vous vous demandez peut-être comment il se fait que ni moi ni mes parents ne nous en soyons rendu compte ? C'est un peu difficile à expliquer. Mais il faut comprendre qu'en ce qui me concerne, jamais je n'ai entendu de cette oreille. Il était donc normal qu'il n'y ait pas de son de ce côté. Alors, naturellement, je ne me suis jamais plainte. J'avais développé des trucs pour entendre ce que les gens disaient autour de moi, dont une façon de me placer par rapport aux autres. Il a bien dû, à l'occasion, y avoir des situations bizarres où on a peut-être cru que j'étais distraite ou snob. Allez savoir ! Pour ma part, j'ai été surprise en apprenant que j'étais partiellement sourde de constater que ce n'est pas tout le monde qui était comme moi.

Selon mes parents, cette déficience pourrait expliquer les petites difficultés que j'ai éprouvées au primaire. En réalité, je ne crois pas avoir réellement eu de problèmes en classe ; toutefois, mes exigences et celles de mes parents étaient très élevées, ce qui biaisait peut-être un peu ma perception. Ainsi, même si j'obtenais toujours plus de 80 %, je me trouvais plutôt moyenne. Je savais parfaitement que je ne mettais pas toute l'énergie dont j'étais capable dans mes études, sans compter que, pour une bonne partie de mon primaire, en fait toute la période pendant laquelle je pratiquais la gymnastique, je faisais mes devoirs et j'apprenais mes leçons le matin en déjeunant, puisque c'était le seul moment qui me restait. Rappelez-vous que j'avais des entraînements tous les jours jusqu'à 20 h. Tout cela pour dire que je n'étais pas si mauvaise en classe, mais que j'aurais pu faire mieux… Je n'étais pas vraiment paresseuse, mais je n'aimais pas tellement l'école.

J'étais donc sourde d'une oreille. Ce n'était pourtant pas la première fois qu'on se rendait compte que j'avais un petit handicap physique. Ainsi, j'avais appris en cinquième année que ma vue était un peu faible. Je ne m'étais jamais plainte, car je croyais encore que c'était la même chose pour tous mes camarades. Le fait de mal voir ce qui était écrit au tableau me paraissait normal. Et puis, comme j'étais souvent parmi les plus grandes, j'étais toujours installée à l'arrière de la salle, ce qui ne m'aidait pas, mais qui expliquait que ceux et celles qui étaient assis devant aient plus de facilité à lire.

Un jour, à la maison, j'ai mentionné que je ne comprenais pas pourquoi tout était si flou sur le tableau. Mes parents, eux, ont compris. Quelques jours plus tard, je portais des lunettes. Or ça, c'est quelque chose que je n'ai jamais aimé. C'est fantastique de bien voir, mais avouez que des lunettes, ce n'est pas toujours très beau… En tout cas, moi je trouvais que ça ne m'allait pas bien. Aussitôt que j'ai pu, j'ai adopté les lentilles cornéennes et j'ai eu le meilleur des deux mondes.

***

À l'automne 1994, alors que Marie-Ève et moi commencions le secondaire, une autre fille a intégré le groupe de Michel: Alida Di Placido. Je connaissais Alida depuis déjà un moment, car elle était également au CAMO, où elle s'entraînait avec un autre coach. Et, dois-je le rappeler, elle m'avait battue à mes premiers Championnats canadiens à Edmonton. Alida avait toujours été plongeuse et n'était pas, comme moi, passée par un autre sport. Marie-Ève, Alida et moi sommes rapidement devenues d'excellentes amies. Si Marie-Ève me ressemblait physiquement, je dirais qu'Alida me ressemblait psychologiquement. Marie-Ève était plus extravertie. Elle exprimait facilement ses émotions et ses sentiments. C'était le boute-en-train des trois. Alida et moi étions plus introverties. Tout se passait à l'intérieur, ce qui d'une certaine façon contribuait aussi à nous rapprocher.

Alida était un peu moins souvent avec nous puisqu'elle habitait à Montréal et fréquentait une autre école. Mais quand nous nous entraînions ou étions en compétition, nous étions toujours ensemble. Surtout en compétition. En effet, quand nous devions aller plonger ailleurs au Québec ou au Canada, les plongeuses (ainsi que les plongeurs) étaient généralement logées à trois ou quatre par chambre. Comme nous étions du même âge, du même groupe et dans la même catégorie, on nous réunissait la plupart du temps. Et nous avions beaucoup de plaisir.

Au début, Alida était la meilleure au Canada dans son groupe d'âge. On la considérait comme un prodige du plongeon. Elle avait beaucoup de talent, une bonne éthique de travail et elle passait pas mal de temps à s'entraîner, puisqu'elle pratiquait à la fois le plongeon et la natation. Malgré cela, six mois après mon arrivée en plongeon, j'avais battu Alida. À l'une de mes premières compétitions, j'avais terminé première et elle, deuxième. J'étais consciente d'avoir gagné seulement parce qu'Alida n'avait pas très bien plongé. Elle m'était alors supérieure, j'en suis convaincue.

Avant d'intégrer le groupe de Michel Larouche, Alida s'entraînait moins au plongeon que Marie-Ève et moi. Avec Michel, nous avions des entraînements de trois heures, alors que ceux d'Alida étaient de deux heures. Pendant cette période où nous consacrions plus de temps qu'elle au plongeon, nous avons probablement progressé plus rapidement. Lorsqu'elle s'est jointe à notre groupe, il y avait déjà une parité entre nous, et une grande complicité s'est établie.

Nous nous entendions à merveille. Quand nous étions en compétition à l'extérieur de Montréal, aussitôt que nous avions un peu de temps, nous nous retrouvions dans la chambre pour discuter, ou encore nous allions magasiner. J'ai toujours aimé la mode, alors je raffolais des boutiques. Même quand j'étais toute petite et que je jouais avec mes poupées Barbie, j'aimais qu'elles soient bien vêtues. J'ai même en mémoire que je leur fabriquais des vêtements. Ce qui semble impossible, car je ne savais pas coudre à cet âge et que ma mère n'est pas couturière. Mais vous savez ce que c'est. Nous avons parfois des souvenirs que nous aimons croire vrais. C'est certainement le cas ici.

Bref, Marie-Ève, Alida et moi étions non seulement très amies, mais rapidement nous avons aussi fait partie des meilleures plongeuses du Canada dans notre groupe d'âge. Et c'est ici que revient cette fameuse compétition pour les Championnats du monde juniors en Chine. Pour y aller, il fallait être sélectionné soit au tremplin de 1 mètre, soit à celui de 3 mètres, ou encore à la tour de 7,5 mètres lors d'une épreuve de qualification. Les trois meilleurs Canadiens par groupe d'âge, autant chez les garçons que chez les filles, étaient désignés pour représenter le Canada.

Les qualifications se sont déroulées pendant les Championnats canadiens juniors de 1995 à Halifax. Il y avait deux groupes d'âge représentés, qui réunissaient des athlètes susceptibles d'aller au Championnat du monde, soit les 14-15 ans et les 16-18, autant chez les filles que chez les garçons. Naturellement, vous commencez à le comprendre, le calcul pour savoir et déterminer qui pourrait participer était assez complexe. Je vous en ferai grâce, mais sachez seulement ceci : si, chez les filles, il y avait trois gagnantes différentes pour chacune des épreuves, elles étaient automatiquement qualifiées. Toutefois, si une même fille gagnait à deux épreuves, le processus de sélection se compliquait.

Dans notre groupe des 14-15 ans, Alida, Marie-Ève et moi participions aux trois épreuves, comme c'est généralement le cas pour les juniors qui n'ont pas encore de spécialisation. Alida avait remporté l'épreuve au tremplin d'un mètre et j'avais terminé première au 3 mètres. Il restait à déterminer qui serait la troisième de la délégation. Marie-Ève devait obligatoirement gagner à la tour, sinon, elle ne serait pas du voyage.

Il nous restait un plongeon à exécuter à cette épreuve et je devançais Marie-Ève, qui était deuxième, alors qu'Alida occupait la troisième position. Comme je l'ai expliqué plus tôt, quand j'étais en compétition, je ne regardais jamais ce que les autres faisaient. Je ne suivais même pas le classement sur le tableau. Je luttais contre moi-même, pour faire du mieux que je pouvais. J'ignorais donc que j'étais en tête.

Au dernier tour, j'ai complètement raté mon plongeon. Un véritable flop… Pourtant, c'était un plongeon de base que je réussissais pratiquement toujours. Au classement final, ce mauvais plongeon a permis à Marie-Ève de me devancer en prenant la première place. Bien entendu, comme tout le monde savait que nous étions très amies, on m'a ensuite soupçonnée d'avoir fait volontairement un mauvais plongeon. Je vous jure qu'il n'en était rien ; j'ai simplement raté un plongeon, le dernier. Peut-être un manque de concentration. Je n'en sais rien ; mais ce n'était assurément pas voulu.

Quoi qu'il en soit, je n'ai jamais été si contente d'en avoir manqué un. Nous avons pu, toutes les trois, être de la délégation pour la Chine et les Championnats du monde juniors. De plus, puisque le Canada pouvait envoyer deux représentants par épreuve et que j'avais terminé deuxième à la tour, j'ai aussi été sélectionnée pour cette dernière. Le bonheur, quoi !

Quel voyage ça a été ! Toute la délégation est partie à l'été 1995. Un long voyage. Un très long voyage. Curieusement, je n'ai jamais eu peur ni été malade en avion. Mais Dieu que je détestais ça. Je n'ai jamais aimé ce moyen de transport. Il n'y a pas beaucoup de place, on peut rarement se promener dans les allées, tout est étroit et le voyage est toujours trop long. Cependant, pour ce premier séjour en Chine, accompagnée de mes amies, le temps a passé relativement rapidement.

La Chine offre un total dépaysement. Ce n'est pas juste loin, tout y est différent. Les gens, la langue, l'architecture, les habitudes, tout.

Malheureusement, pendant les compétitions internationales, il y a peu de temps pour le tourisme. Nous partions généralement pour une semaine ou 10 jours, afin de nous acclimater un peu et d'avoir quelques jours d'entraînement dans les nouveaux bassins avant la compétition, puis c'était le retour. Voilà le scénario qui était aussi prévu en Chine.

Aucune de nous trois ne savait à quoi s'attendre en compétition. Comme nous en étions à notre première année dans le groupe des 14-15 ans — ce qui était le cas d'environ la moitié des concurrentes —, nous faisions toutes nos débuts en compétition internationale. Dans ces conditions, il était difficile d'établir des objectifs réalistes, puisque personne ne nous connaissait, pas plus que nous ne connaissions les autres plongeuses.

De plus, j'ignorais complètement comment les juges réagiraient. Le plongeon est une discipline jugée. Si nous avions une idée de la façon de penser des juges canadiens, ce qui se passerait en Chine, avec des juges internationaux, nous était inconnu. Probablement que nos entraîneurs savaient à quoi s'attendre dans ce domaine, mais en ce qui me concerne, j'étais un peu dans le noir.

À l'époque, cependant, je ne me posais pas ce genre de question. Pour moi, la Chine n'était qu'une étape dans mon processus de développement et je suivais la planification annuelle que Michel avait établie pour ma progression. D'ailleurs, il n'était pas présent à ce rendez-vous en Chine. Michel ne suivait généralement pas les épreuves des juniors. C'est donc César qui s'occupait de nous. Bref, mes amies et moi voulions simplement faire de notre mieux et bien réussir nos plongeons. Voilà à quoi se résumaient nos attentes.

Le championnat se déroulait dans une petite ville dont je n'ai jamais pu prononcer le nom. Ma première impression des lieux n'a pas été très positive. Les installations étaient vieilles et sales. Le bassin de plongeon, ça allait encore, puisque l'eau était relativement propre. Mais la piscine de natation, un peu plus loin, était absolument dégoûtante. Pour tout vous dire, des larves se promenaient à la surface du bassin. Jamais je n'y aurais mis les pieds.

Les vestiaires étaient également dans un état douteux. D'ailleurs, aucune de nous ne s'y est changée. Il y avait toujours deux ou trois centimètres d'eau croupie sur les planchers. Tout à fait repoussant. Pour enfiler nos maillots, nous allions un peu à l'écart du bassin et, pendant que les autres faisaient écran avec des serviettes, nous nous changions.

Dans tout le secteur, il n'y avait qu'une seule toilette qui a été, pendant tout le temps de notre séjour, continuellement hors d'usage et verrouillée. Avec un peu d'imagination, on devine la raison de cette fermeture, dans ce coin de pays surpeuplé, où ce type d'installation était assez rare.

Cela dit, les compétitions se sont assez bien déroulées. En tout cas, pour une première fois. Je n'y ai pas fait mes meilleurs plongeons, ça, c'est sûr! Je n'ai d'ailleurs pas terminé parmi les médaillées. En fait, j'ai réalisé une performance très ordinaire. Je n'ai pas mal plongé ; toutefois, la qualité de mes plongeons était encore insuffisante pour me retrouver parmi les premières. Il ne faut pas chercher d'excuse ailleurs.

Malgré tout, j'ai bien apprécié cette première chance de participer à une compétition de calibre international. L'expérience acquise m'a servi par la suite. Cela nous a aussi permis de rencontrer des plongeuses d'autres pays, dont certaines avaient beaucoup de talent. Je me souviens, entre autres, d'Anna Lindberg, une Suédoise de mon âge. Elle avait terminé première au tremplin d'un mètre. Nous avons pu échanger un peu, elle et moi, en baragouinant l'anglais. Spécialiste des tremplins de 1 et de 3 mètres, Anna a même fait les Jeux d'Atlanta en 1996, les premiers d'une série de cinq. C'est donc dire que, par la suite, nous nous sommes revues à quatre olympiades. Nous nous sommes aussi rencontrées durant des championnats ou des coupes du monde, si bien que nous sommes devenues amies. Pas de grandes amies, bien sûr, la fréquence de nos rencontres étant trop rare, mais de bonnes camarades quand même.

* * *

La saison 1995-1996, qui a débuté en septembre, a été riche en compétitions importantes. Bien sûr, il y avait ces fameux Jeux d'Atlanta, mais je ne croyais pas y participer. Il me restait plusieurs étapes à franchir avant d'arriver au sommet. L'une d'entre elles a été le Championnat canadien senior auquel j'ai participé. Cette épreuve s'est tenue dans l'Ouest canadien et j'y avais bien réussi, terminant troisième à la tour 10 mètres. Ce n'était pas une sélection pour les Jeux olympiques, mais j'étais heureuse parce que les filles qui s'y trouvaient seraient aussi présentes aux qualifications olympiques, qui auraient lieu quelques mois plus tard.

Un peu avant, en mai, Montréal a été l'hôte de la Coupe Canada senior, et cette compétition s'est déroulée à mon club, au complexe Claude-Robillard. C'était la première fois que je performais au niveau international senior. J'étais contente de vivre cette expérience dans le bassin où je m'entraînais depuis le début et devant ma famille. Concourir dans un environnement aussi familier me procurait une énergie et une confiance assez extraordinaires. Malheureusement, un peu comme c'était arrivé à ma première compétition provinciale, un problème est survenu avec ma liste de plongeons.

J'ai déjà expliqué que cette liste était préparée à l'avance et remise à l'organisation 24 heures avant l'épreuve. Il y a, vous vous en souviendrez, toute cette question de plongeons différents à réaliser et de sens de rotation, mais il y a aussi, pour chaque plongeon, le coefficient de difficulté qui lui est associé et qui doit être indiqué.

Eh bien, j'avais commis une erreur concernant l'un des plongeons de ma liste. J'avais inscrit un 2 sauts périlleux ½ en position groupée — celui que je devais faire — avec le coefficient d'un 2 sauts périlleux ½ en position carpée, dont la valeur est supérieure, et j'avais mis ma liste dans la boîte prévue à cet effet. Un des responsables de l'organisation de la compétition, en prenant cette liste, l'a vérifiée et s'est rendu compte de l'erreur. Mais c'est la position du plongeon qu'il a modifiée, croyant que le niveau de difficulté était le bon, alors que ce n'était pas le cas. Cela dit, à cette époque, je ne faisais pas le 2 sauts périlleux ½ en position carpée.

Bref, le matin de l'épreuve, en consultant la liste officielle des plongeons prévus pour toutes les filles, je me suis rendu compte de l'erreur. J'en ai parlé à Michel, qui est allé vérifier puisqu'il était toujours possible qu'il y ait eu méprise dans la transcription des listes par les officiels. Ce n'était toutefois pas le cas. C'est sur notre formulaire qu'avait été faite la correction.

Lorsqu'est venu le moment de faire ce fameux plongeon, j'étais quatrième au classement. J'ai effectué celui qui était initialement prévu et que je maîtrisais bien. Le juge-arbitre a constaté que mon plongeon avait été exécuté dans la mauvaise position. La règle est qu'un maximum de deux points par juge peut être accordé pour un plongeon qui est effectué dans une mauvaise position. Alors, même si j'ai réussi un bon plongeon (puisqu'on m'a accordé le maximum de points qu'il était possible de donner dans un tel cas), ma note a été bien inférieure à ce que j'aurais dû obtenir, ce qui m'a finalement sortie du groupe des meilleures.

J'étais très en colère quand j'ai compris ce qui s'était passé. La communication a clairement été déficiente entre moi et l'organisation. J'avais cependant ma lourde part de responsabilité. J'aurais dû aller faire vérifier moi-même la liste par mon entraîneur avant de la déposer. Je ne l'ai pas fait. J'ai voulu faire ma grande, celle qui avait beaucoup d'expérience et qui n'avait pas besoin de consulter qui que ce soit. Peut-être l'organisateur qui a vérifié ma liste aurait-il dû aussi venir contre-vérifier avec moi ou mon coach avant de faire le changement. C'est possible. Je considère néanmoins être la principale responsable de ce qui est arrivé. On ne peut revenir sur ce qui s'est passé, mais on doit toutefois apprendre de ses erreurs. Cette fois-là, j'ai compris que lors d'une compétition, tout est important, pas seulement l'exécution du plongeon. Je vous assure que c'est la dernière fois qu'une telle chose allait m'arrivée.

Et la vie a continué.

Au printemps 1996 se sont finalement tenues les qualifications olympiques, dont j'étais. J'avais terminé troisième à la compétition précédente qui réunissait les mêmes athlètes. J'avais fait des progrès énormes à la tour, et, comme les deux gagnantes seraient retenues, bien entendu, j'avais des chances. Tout peut arriver pendant une épreuve. Toutefois, je n'étais pas la favorite, et je ne m'attendais pas du tout à aller à Atlanta. Il n'y avait pas si longtemps que je plongeais, je ne croyais pas pouvoir être de l'équipe qui se rendrait aux Jeux. D'ailleurs, encore une fois, le destin s'en est mêlé. En effet, une dizaine de jours avant la qualification, je me suis foulé une cheville, ce qui m'a obligée à réduire mon entraînement : j'ai dû me contenter d'une septième place. En réalité, je n'étais pas aussi déçue qu'on pourrait le croire. Bien sûr, il existait une possibilité pour moi de participer à ces jeux, mais elle était bien mince, surtout si j'ajoute la blessure dans l'équation. J'avais seulement 15 ans et c'était ma première tentative à ce niveau. Il aurait vraiment fallu que je réussisse une performance extraordinaire pour être sélectionnée. Ce serait pour une prochaine fois. C'était tout !

Au début de juillet, j'ai participé au Championnat canadien junior, qui servait de qualification pour les Can-Am-Mex, qui allaient se tenir à Winnipeg quelques semaines plus tard. Je désirais y participer, d'autant plus qu'il était déjà prévu que je plonge au Championnat canadien senior qui se déroulerait dans la même ville à quelques jours d'intervalle. Cette fois, j'y ai très bien réussi, terminant parmi les deux premières aux tremplins de 1 et de 3 mètres, ainsi qu'à la tour. Finalement, Alida, Marie-Ève et moi nous sommes qualifiées pour le Can-Am-Mex et nous avions les standards exigés pour participer au Championnat canadien senior.

Une fois à Winnipeg, plutôt que de revenir à Montréal entre les deux compétitions — par l'entremise de la compagnie de gestion immobilière familiale qui s'occupait alors d'un immeuble à Winnipeg —, nous avons disposé d'un logement pendant deux semaines, et pour la troisième nous avons rejoint l'équipe des Can-Am-Mex à l'hôtel. Il s'agissait d'une économie importante pour nos parents, qui sans cela auraient dû payer l'aller-retour en avion. Et pour nous, ce séjour a été extraordinaire. Une des entraîneuses, Isabelle Cloutier, est restée avec nous. Comme nous avions une auto, il a été possible, pour une rare fois en compétition à l'extérieur de la maison, de faire un peu de tourisme. Évidemment, c'est Isabelle qui conduisait et elle a de bon gré participé à nos escapades. Je me souviens que nous avons même passé une journée à la plage, située à environ une heure de voiture. Une journée magnifique de baignade, de soleil et de détente comme nous avions rarement l'occasion d'en avoir. Nous avons aussi découvert un restaurant que nous avons rapidement adopté, puisqu'on y offrait en promotion des coupons que nous pouvions ensuite échanger contre des bonbons ou des jeux. Nous avons donc presque eu une véritable semaine de vacances, malgré les entraînements, toujours intensifs, dans les installations de Winnipeg, qui sont d'excellente qualité. Ce que je retiens de ce séjour concerne davantage ces heureux moments avec mes amies que les compétitions elles-mêmes, dont j'ai oublié les résultats !

En septembre 1996, quatre ans après mes débuts en plongeon, j'ai intégré l'équipe nationale senior. Encore une fois, je vous fais grâce du calcul qui permet de déterminer si une athlète y accède ou non, car il est extrêmement compliqué. En résumé, on retient vos deux meilleures performances de l'année — l'une sur la scène nationale et l'autre sur l'internationale —, qui sont ensuite pondérées en fonction des règles établies par la Fédération internationale de natation. Bref, ce n'est pas simple. En septembre 1996, toutefois, Blythe Hartley, de Colombie-Britannique, et moi sommes devenues les 11e et 12e membres de l'équipe.

Et faire partie de cette équipe, c'était important à bien des égards. D'abord, c'est très prestigieux de faire partie de l'équipe nationale et de pouvoir représenter son pays. De plus, cela me permettrait éventuellement de bénéficier de subventions gouvernementales pour continuer à pratiquer mon sport et de libérer mes parents de cette lourde charge financière.

C'était le meilleur scénario possible. Je pouvais dorénavant être des Coupes du monde seniors, tout en continuant à participer à des compétitions canadiennes et internationales juniors puisque j'étais toujours en âge de le faire. Les années s'ouvraient sur une tonne de défis et de promesses.

Chapitre 4

Que 1997 soit une année post-olympique ne changeait rien pour moi. En effet, si plusieurs athlètes ayant participé aux récents Jeux prévoyaient un programme moins chargé, ce n'était pas mon cas. La planification avait été élaborée pour continuer à favoriser mon développement et ma progression. L'année 1997 a donc été bien remplie et j'ai participé à des épreuves tant juniors que seniors.

Il y avait, entre autres, les Championnats canadiens juniors qui permettaient de sélectionner les plongeuses qui pourraient participer aux Championnats du monde juniors que la Malaisie recevait en 1997. Si ma mémoire est bonne, Alida et moi avions terminé première et deuxième dans chaque épreuve de la sélection (au tremplin de 1 et de 3 mètres et à la tour de 10 mètres), ce qui nous a désignées pour la rencontre internationale prévue en août et qui marquait aussi la fin de notre saison.

César Henderson nous a accompagnées en Malaisie. Il faut dire que César n'est pas le premier venu en matière de plongeon. Il s'est joint au CAMO en 1988 et s'est occupé des juniors pendant de longues années, leur permettant de développer au mieux leur potentiel, et est plus tard devenu entraîneur du groupe « haute performance » du club. Sa présence n'était pas inusitée, car Michel Larouche avait pris l'habitude de lui laisser la supervision des événements internationaux juniors, ou encore de la confier à Isabelle Cloutier, celle qui nous avait accompagnées à Winnipeg l'année précédente. Je crois que cela lui donnait une petite pause; il devait en effet être de toutes les compétitions seniors. De plus, cela permettait à César ou à Isabelle d'acquérir de l'expérience au niveau international.

C'était mon deuxième séjour en Asie, et j'ai trouvé la Malaisie très différente de la Chine. Bien sûr, je pouvais difficilement avoir une bonne opinion de la Chine après un seul voyage, surtout qu'il n'y avait pas eu de volet touristique. Cependant, pour le peu que j'en connaissais, j'ai préféré la Malaisie. Nous sommes passés par Kuala Lumpur pour nous rendre dans la ville où se tenait le championnat.

Aujourd'hui, je pense aux très nombreux voyages que j'ai faits dans tous ces pays sur divers continents et je me rends compte que nous, les athlètes, nous y connaissons peu en tracasseries douanières. En effet, il y a toujours quelqu'un pour s'occuper de tout, même des visas. Quand on arrive à l'aéroport, on nous dit quoi faire, où attendre et à quel moment passer. Quand nous atterrissons dans le pays où se déroule la compétition, c'est la même chose: quelqu'un s'occupe des formalités douanières, des problèmes de bagages, s'il y en a, et de tous ces petits soucis que connaissent tous les voyageurs. Même chose avec l'hébergement: tout est prévu et organisé d'avance. En sortant de l'aéroport, on utilise le moyen de transport retenu pour aller à un hôtel déterminé où des chambres ont été préalablement réservées. Il y a donc toute une équipe qui prépare pour nous ces choses que l'on tient parfois pour acquises. L'entraîneur qui nous accompagnait savait toujours à quel endroit aller, où auraient lieu les épreuves et quand nous pourrions nous entraîner. Nous n'avions qu'à écouter et à suivre.

Oui! Finalement, il est simple de parcourir le monde quand on est une athlète de haut niveau. Alors, laissez-moi prendre un moment pour remercier ceux et celles qui, quel que soit le sport, aplanissent les difficultés et planifient les choses pour que les athlètes puissent être au mieux de leur forme pour les compétitions. On ne vous le dit peut-être pas souvent, mais tous vos efforts sont très appréciés.

Nous voilà donc en Malaisie. Un pays magnifique où les gens semblent chaleureux et sympathiques. Au hasard de la route, je me souviens d'avoir aperçu de superbes plages bordant une mer extraordinaire. Toutefois, il n'y avait que peu ou pas de baigneurs. Curieuse, je me suis renseignée et on m'a dit que dans ce pays, comme en Chine et dans plusieurs autres pays asiatiques, les gens ne voulaient pas s'exposer au soleil afin de conserver une peau très pâle, les femmes au teint crème étant souvent considérées comme les plus belles. Voilà qui expliquait le peu de monde sur ces plages. Les gens ne veulent pas bronzer, la couleur de l'épiderme, comme dans bien des pays, ayant souvent une influence sur le statut social. J'imagine cependant que ce n'était pas la seule raison. Probablement le fait que les gens travaillaient, car c'était le milieu de la semaine, ou la difficulté d'accès de ces lieux ou je ne sais quoi encore, contribuaient aussi à ce que l'on y voie peu de gens. Mais, je le répète, c'étaient de très belles plages.

Le lendemain, nous avons découvert des installations de plongeon tout à fait adéquates. Il n'y avait pas de murs autour du bassin, mais simplement un toit, ce qui n'était toutefois pas une situation exceptionnelle pour nous. Plusieurs piscines dans le monde sont exposées aux quatre vents, simplement protégées des intempéries par un toit. Ailleurs, certains bassins n'en ont même pas. Et, avant que vous n'imaginiez des choses, ils ne se trouvent pas nécessairement dans des pays tropicaux ou en voie de développement. Au contraire, il y a un important complexe extérieur en Floride. Il y en a même à Montréal. Rappelez-vous que les Championnats du monde aquatiques de 2005 se sont tenus à l'île Sainte-Hélène, à Montréal, où toutes les installations sont en plein air et, si je me souviens bien, il ne faisait pas très chaud pendant les épreuves. Cela dit, en Malaisie, en 1997, la température ne posait vraiment pas de problème.

Bref, Alida et moi étions fébriles et excitées à l'idée de participer à cette compétition. On parlait tout de même d'une rencontre entre les meilleures plongeuses du monde dans cette catégorie. Cependant, je savais très bien qu'à la tour de 10 mètres, la compétition la plus féroce venait d'Alida. De son côté, elle savait que j'étais sa principale rivale. Nous nous entraînions ensemble depuis un moment, nous étions très copines et nous étions conscientes d'être parmi les plus fortes du monde dans cette épreuve.

Mais il y avait d'autres excellentes plongeuses sur les tremplins. Il y avait, entre autres, Anna Lindberg, que j'avais rencontrée en Chine et que je retrouvais avec beaucoup de plaisir. Elle était excellente sur les tremplins de 1 et de 3 mètres.

Les épreuves de la tour se sont déroulées en deux temps. D'abord, le matin, nous avons présenté nos quatre plongeons de base. Les quatre optionnels ont été effectués en après-midi. Comme on a un optionnel de moins que dans les compétitions seniors, j'ai eu la joie de retirer le 3 sauts périlleux ½ avant en position carpée, car c'était le plongeon que je détestais le plus pratiquer. Tiens, c'est vrai ! Je ne vous ai pas raconté ça. Eh bien, ça vaut la peine de prendre un moment pour le faire.

* * *

Comme je l'ai souligné, la Malaisie marquait la fin de la saison. Mais d'autres compétitions importantes avaient eu lieu plus tôt ; parmi celles-ci, les Championnats canadiens, qui servaient aussi de qualification pour la Coupe du monde senior, prévue à Mexico un peu plus tard. Or, cette étape était importante, car le Mexique accueillait une compétition pratiquement aussi prestigieuse que les

Championnats du monde. Les meilleurs de la discipline devaient s'y trouver. On allait revoir plusieurs de ceux et celles qui avaient été aux Olympiques de 1996, et certainement ceux et celles qui espéraient être au prochain rendez-vous. Je voulais donc y participer.

Les Championnats canadiens pour la sélection des athlètes se tenaient au PEPS de l'Université Laval, à Québec. Seules les deux premières de chaque épreuve pourraient aller à Mexico. Et je croyais à mes chances d'être sélectionnée au 10 mètres.

On imagine, souvent à tort, que ceux et celles qui s'élancent depuis la tour ne connaissent pas la peur. Je vous ai déjà avoué que je n'étais pas la plus téméraire, quel que soit le sport. C'est vrai aussi pour le plongeon, en particulier celui de haut vol, même si j'en ai exécuté des centaines, sinon des milliers dans ma carrière. Il me fallait parfois beaucoup de détermination et de volonté pour y arriver. Bien sûr, nous avons un entraînement qui nous permet d'apprivoiser ces sauts dans le vide. On ne se lance pas d'aussi haut sans y être préparé. Chaque nouvelle étape, chaque nouveau plongeon est pratiqué des dizaines et des dizaines de fois, jusqu'à ce que nous nous sentions à l'aise. On finit par trouver nos repères et par développer les réflexes moteurs qui nous permettent de réussir.

Il y a quand même certains endroits où l'environnement rend la chose encore plus stressante. Il existe, comme je l'ai expliqué, des bassins où il n'y a qu'un toit et pas de murs, et d'autres où vous êtes littéralement à l'extérieur, à trois étages de hauteur et en plein vent. Quand vous arrivez au bord de la plateforme ; quand vous vous retournez pour faire dos au bassin, quand il n'y a plus que vos orteils qui vous tiennent là-haut ; quand vous visualisez les figures que vous effectuerez dans un instant, vous êtes conscient du danger, même si vous vous sentez en pleine possession de vos moyens. Le saut que vous vous apprêtez alors à faire durera à peine deux secondes, et pourtant… Pendant ce bref moment où vous êtes dans le vide, vous devez réfléchir à chaque mouvement, tout en étant concentré sur l'eau, qui demeure votre principal point de repère. Vous vivez plein d'émotions, l'adrénaline coule à flots dans vos veines. Voilà ce que j'appelle des sensations fortes...

À chaque nouveau bassin, il faut réapprivoiser certaines choses et trouver de nouveaux repères pour éviter la catastrophe. Sur ce point, la piscine du PEPS était un endroit difficile. J'ignore pourquoi, mais il s'y est produit plusieurs incidents, pas nécessairement très graves, mais toujours douloureux pour l'athlète qui manquait son coup. En ce qui me concerne, il y avait un rideau bleu, tout au fond, qui pouvait facilement être confondu avec l'eau.

Je dois vous expliquer la structure de ces compétitions qui est la même pour les garçons et les filles. D'abord, à l'étape préliminaire, il y avait cinq plongeons optionnels. Les 18 athlètes qui obtenaient les meilleurs résultats passaient en demi-finale. Au second niveau, il fallait effectuer les quatre plongeons de base. Les pointages que les juges nous accordaient étaient ensuite additionnés à ceux des préliminaires pour déterminer notre position. Les 12 meilleurs passaient en finale pour une nouvelle série de cinq plongeons optionnels. À cette étape, toutefois, les résultats des préliminaires ne comptaient plus. On additionnait seulement les points des demi-finales et des finales pour déterminer les gagnants.

J'en étais donc à mon deuxième plongeon de la phase préliminaire. J'étais tout là-haut et je me suis avancée pour un 3 sauts périlleux ½ avant en position carpée, dont le coefficient de difficulté de 3,0 est assez élevé. J'ai regardé devant moi en me concentrant sur mes mouvements et je me suis élancée. Je ne sais pas vraiment ce qui s'est passé. Tout semblait bien aller; au moment que je croyais opportun, j'ai allongé les bras au-dessus de ma tête pour une entrée à l'eau bien verticale. Mais, à la vérité, j'ai manqué de vitesse de rotation et je suis entrée dans l'eau alors que mes bras pointaient vers l'horizon en direction des rideaux bleus plutôt que vers la piscine. En d'autres mots, je suis tombée en pleine face, à 50 km/h depuis une hauteur de 3 étages. Un *flat* épouvantable qui ne me donnait aucun point. Comme mes pieds avaient touché à l'eau légèrement avant les mains, j'avais donc fait 3 rotations au lieu de 3 rotations et ½, et les juges ne m'ont rien accordé pour ce plongeon.

J'ai récemment revu ces images, tournées par la mère d'une coéquipière. Après une quinzaine d'années, je suis encore partagée entre l'envie de rire en voyant le ridicule de la chose et le souvenir de la douleur que j'ai ressentie en entrant en contact aussi violemment avec l'eau.

Inutile de dire que j'ai été sonnée. J'avais le souffle coupé à cause de l'impact sur l'eau. J'ai, de peine et de misère, réussi à nager jusqu'au bord. En sortant du bassin, j'avais le nez qui saignait parce que l'eau s'y était engouffrée. J'avais des contusions un peu partout. Je crois même avoir subi une légère commotion cérébrale. À cette époque, on ne savait pas encore trop ce que c'était. On disait seulement qu'on se sentait étourdi. Et pour être étourdie, je l'étais !

Michel Larouche s'est précipité pour m'aider à sortir de la piscine et me demander comment j'allais. J'étais ébranlée. C'est le moins que je puisse dire. Il m'a emmenée en peu en retrait, le temps que je retrouve mes esprits.

Je n'étais pas la première à faire un *flat*, qu'est-ce que vous croyez ? Il y en avait eu avant moi et il y en aurait d'autres après. Chaque plongeur connaît très bien cette sensation. Ça nous arrive régulièrement. Quand nous pratiquons un nouveau plongeon, ou même un plongeon que nous contrôlons bien, il arrive que l'entrée dans l'eau soit mauvaise. Eh oui, ça fait mal. Ça fait partie du sport que nous avons choisi.

Cependant, je dois avouer que ce *flat* était d'une classe à part ; je m'étais écrasée comme rarement ça arrive. Michel m'a regardée attentivement.

— Est-ce que ça va ?

— Je crois que oui, lui ai-je répondu en hésitant.

— Est-ce que tu préfères arrêter la compétition ou est-ce que tu veux continuer ?

Généralement, quand une telle chose se produit, les athlètes abandonnent la compétition.

J'ai réfléchi un moment, pendant que les sauveteurs me couvraient de glace pour empêcher l'enflure et les bleus. Je savais d'une part que la meilleure façon de passer par-dessus ce genre d'incident était de replonger le plus rapidement possible. Mais j'avais le corps meurtri et encore douloureux. D'autre part, je savais que mes notes des préliminaires seraient oubliées si je parvenais à passer en finale. Il fallait seulement que je me classe parmi les 12 meilleures. Je savais que c'était possible, j'avais encore une chance d'être sélectionnée pour la Coupe de monde et je ne voulais pas la laisser passer. De plus, je savais parfaitement que je maîtrisais très bien le plongeon suivant prévu à mon programme. Enfin, j'étais consciente qu'abandonner m'empêcherait d'aller à la Coupe du monde senior.

Tout ça m'est passé par la tête en quelques secondes.

— Veux-tu continuer ? m'a doucement redemandé Michel.

— Oui.

C'est vraiment un trait de ma personnalité qui m'a fait décider. Chaque fois que je rate un plongeon, je suis fâchée. Ça me fouette. Je veux revenir le plus tôt possible pour réussir. En plus, je ne suis pas une lâcheuse. Je voulais me battre jusqu'à la fin pour prendre ma place. Je savais que si j'abandonnais maintenant, je le regretterais. Même si je ne passais pas cette étape, au moins j'aurais essayé et j'aurais raison d'être fière de ce que j'avais tenté parce que je me serais battue jusqu'au bout. C'est ainsi que, moins de 10 minutes après mon fiasco, je me suis retrouvée en haut de la tour. Vous savez déjà que je ne suis pas plus courageuse que les autres. Quand je suis de nouveau montée là-haut, j'avais une peur bleue. Je ressentais la douleur du choc que je venais de subir, et c'était traumatisant. J'entendais les encouragements des coéquipiers et de la famille, ce qui m'a donné la force de continuer. J'avais une confiance énorme en mon plongeon suivant, un 2 sauts périlleux et ½ renversé en position groupée que je maîtrisais bien. Mais à ce moment, vous devez comprendre que mon assurance en avait pris un grand coup. Tout le monde sur le bord de la piscine et dans les estrades avait les yeux rivés sur moi. Personne ne parlait. Tout était devenu extrêmement silencieux. J'ai respiré un grand coup, j'ai repris ma concentration, refait ma routine et je me suis élancée. En touchant l'eau, j'ai ressenti un soulagement énorme. Dès que j'ai refait surface, j'ai entendu les cris et les applaudissements de la foule. J'étais abasourdie, sonnée, mais surtout heureuse. J'avais réussi à la perfection, ou presque. Les juges m'ont accordé des 9,5, ce qui m'a aidée à retrouver ma confiance. Mes autres plongeons ont été tout aussi bons, en tout cas suffisamment bien faits pour que j'atteigne les demi-finales.

J'ai ensuite continué à bien plonger, de sorte que j'étais au septième rang après les demi-finales, et tout ça malgré un « zéro » pour l'un de mes sauts.

Pourtant, je n'étais pas encore sortie d'affaire. Une fois la demi-finale terminée, alors que la plupart des autres compétitrices partaient, Michel a voulu que je reprenne immédiatement mon fameux plongeon, puisque j'allais devoir le refaire lors de la finale, deux jours plus tard. Résignée, je suis remontée sur le tremplin de 5 mètres et j'ai commencé par quelques plongeons préparatifs. En réalité, il s'agissait du même plongeon, mais avec une rotation de moins puisque je le faisais de moins haut. Quand est venu le temps de remonter pour le 10 mètres, je savais que je n'avais pas le choix. Plus j'attendrais, pire ce serait. Étonnamment, bien des gens étaient restés pour m'encourager et me soutenir. J'ai puisé dans les dernières réserves de courage qui me restaient pour trouver la force de replonger. Heureusement, cette fois j'ai réussi. Je pouvais enfin respirer.

J'ai donc participé à la finale le surlendemain, où je me suis classée deuxième, et j'ai été sélectionnée pour la Coupe du monde.

Je peux vous assurer que jamais je n'oublierai ce mauvais plongeon. C'est le genre de chose que l'on garde très longtemps en mémoire. Pas seulement parce que j'ai eu très mal, mais aussi parce que j'ai surmonté la douleur et la crainte pour continuer à lutter et, finalement, atteindre mon objectif. Sincèrement, je crois qu'on ne fait cela que lorsqu'on est très jeune. Je ne suis pas certaine que j'aurais pris la même décision à 25 ou 30 ans. On est alors beaucoup plus conscient des risques. J'aime croire que j'aurais fait la même chose. Mais honnêtement, j'en doute.

Cela dit, je n'ai jamais aimé pratiquer ce plongeon, même si je l'effectuais généralement avec beaucoup de succès et qu'à l'époque, il y avait peu de filles qui tentaient le 3 sauts périlleux ½ avant en position carpée. Cette figure m'a toujours fait très peur. Vous savez, pour exécuter ce type de plongeon, il faut faire quelques enjambées avant d'arriver au bout de la tour, ce qui nous donne plus de vitesse et permet une meilleure impulsion. Mais j'avais toujours peur de mal calculer mon approche et d'être soit trop loin du bout de la tour lors de l'impulsion, soit, pire encore, d'être trop longue dans mes enjambées et d'arriver les pieds dans le vide.

Cela dit, j'étais qualifiée pour participer à cette Coupe du monde senior et j'en étais aussi heureuse que fière. Je n'avais qu'un regret : ni Alida ni Marie-Ève ne seraient avec moi. C'est Myriam Boileau qui avait été sélectionnée pour cette compétition. Je connaissais assez bien Myriam, car elle s'entraînait aussi au CAMO. De quelques années plus âgée que moi, elle avait eu le même genre de parcours que le mien. Myriam a commencé très tôt en gymnastique avant de passer au plongeon à l'âge de 9 ou 10 ans. Elle a aussi connu une progression fulgurante, de sorte qu'en 1997, elle était pratiquement au sommet de sa forme et de sa carrière.

Aller à Mexico représentait beaucoup pour moi. J'étais maintenant sur le terrain des grands. Je savais parfaitement que je pourrais y faire bonne figure, car les plongeuses et plongeurs canadiens sont

très forts au niveau international. Mais c'était ma première participation auprès d'athlètes de ce calibre et je comptais bien acquérir le
plus d'expérience possible. C'était même mon principal objectif : prendre de l'expérience. Je n'avais pas d'ambition précise quant aux
résultats. J'espérais seulement terminer parmi les douze premières.
Pourquoi les douze premières ? À cause du format de la compétition. En effet, de toutes les compétitrices inscrites, seulement douze
passeraient en demi-finale. Elles seraient ensuite réparties en deux
groupes de six plongeuses, et les trois meilleures de chaque groupe
accéderaient à la finale.

Étonnamment, malgré l'importance de l'enjeu, j'étais assez
calme quand l'épreuve a débuté. Je me sentais en contrôle, même si
j'étais consciente qu'il s'agissait d'une compétition importante.

Pour ma performance à la tour de 10 mètres, je me souviens
parfaitement de la liste des plongeons que j'ai effectués en demi-
finale. Bien entendu, elle incluait ce fameux 3 sauts périlleux ½
avant en position carpée. Mais tout s'est bien passé : j'ai terminé en
septième position, soit à une seule place des finales. Pour une première, j'étais satisfaite de ma performance. Me mesurer aux meilleures de la planète, que ce soient les Chinoises, les Australiennes,
les Américaines, les Russes ou les Allemandes, me permettait d'évaluer où j'en étais par rapport aux autres.

La réaction de Michel Larouche a cependant été un peu différente. Je savais que je n'avais pas offert ma meilleure performance,
et il me l'a clairement rappelé après l'épreuve. Si j'avais été assez
satisfaite de ce que j'avais réalisé, il a vite dégonflé ma bulle. Comme
je l'ai déjà dit, il était comme ça : il nous poussait toujours plus loin,
car il ne visait rien de moins que la perfection.

Qui, croyez-vous, a gagné cette épreuve ? Eh oui ! Myriam
Boileau, qui est devenue la première Canadienne à remporter une
compétition internationale depuis Sylvie Bernier, en 1984.

J'étais heureuse pour elle. Comment pouvait-il en être autrement? Toutefois, même si nous étions du même club, même si nous avions le même entraîneur, même si nous étions de la même épreuve au 10 mètres et même si nous avions passé ces quelques jours au Mexique en partageant la même chambre, nous n'étions pas très proches l'une de l'autre. Il faut dire qu'en 1997, j'avais 15 ans et elle 20. Une différence colossale à cet âge. Elle n'était pas vieille, bien entendu, mais elle faisait partie des doyennes de l'équipe. De plus, Myriam avait déjà une forte expérience de la compétition internationale. Tout ça me mettait un peu en retrait. J'étais l'aspirante, mais j'espérais pouvoir bientôt lui faire une concurrence encore plus vive.

À cette compétition au Mexique, j'ai aussi pu faire l'apprentissage d'une nouvelle discipline qui venait de commencer: le plongeon synchronisé. J'ai été jumelée à Myriam Boileau pour cette épreuve. Nous nous y sommes inscrites une fois au Mexique, car nous ne nous étions pas entraînées pour le synchro, les installations du complexe Claude-Robillard n'étant pas conçues pour le plongeon en duo. Pour ceux ou celles qui l'ignoreraient, ce type de plongeon s'effectue en paire, depuis le tremplin de 3 mètres ou la tour de 10 mètres. Les deux athlètes doivent effectuer le même plongeon ensemble avec le plus de cohésion et de synchronisme possible. C'est extrêmement délicat. Le départ, les rotations, les vrilles et l'entrée dans l'eau doivent se faire simultanément. Le plongeon synchronisé a été ajouté au programme olympique officiel en 2000. Pour ma part, c'est en 1997 que j'ai expérimenté cette discipline, que j'ai bien aimée. Évidemment, le manque d'entraînement ne nous a pas permis de rivaliser avec les autres compétitrices.

En somme, l'expérience de la Coupe du monde a été exceptionnelle pour moi, pour Myriam et pour le club, qui comptait désormais une championne internationale et une autre dans le top 10 des plongeuses à la tour de 10 mètres.

Cette septième position avait une autre conséquence sur ma carrière. Comme je faisais partie de l'équipe nationale canadienne depuis quelques mois, ce résultat en compétition internationale me faisait obtenir un brevet « B », ce qui me permettait de recevoir des subventions gouvernementales et diminuait donc le fardeau financier qui pesait sur les épaules de mes parents.

* * *

Ce long détour explique pourquoi j'avais, quelques semaines après les Championnats nationaux seniors d'été, retiré le 3 sauts périlleux ½ avant en position carpée de ma liste de plongeons à la tour pour les Championnats du monde en Malaisie. Comme les juniors n'avaient que quatre plongeons optionnels à faire — alors que les seniors en avaient cinq —, c'est celui-là que j'écartais. D'autant plus qu'à cette compétition, je concourais non seulement à la tour, mais aussi sur les tremplins de 1 et de 3 mètres, ce qui représente une charge de travail suffisante pour éviter d'en ajouter inutilement.

Au un mètre, j'avais encore beaucoup de progrès à faire. Au niveau international, même junior, je n'étais pas de taille à rivaliser avec les autres plongeuses, dont ma copine Lindberg, qui y excellait. D'ailleurs, le tremplin d'un mètre n'était au programme qu'au niveau junior et il disparaissait généralement dans les compétitions seniors, où il ne restait que le 3 mètres et la tour de 10 mètres.

Au tremplin de 3 mètres, je n'ai pas réussi aussi bien que je l'aurais souhaité. Ma liste incluait un 2 sauts périlleux ½ avant en position carpée que j'ai raté — le même type de plongeon, mais avec une rotation en moins, que celui que j'avais éliminé de mon programme à la tour. Et quand je dis raté, c'est presque une figure de style. J'ai mal fait mon saut d'appel sur le tremplin et j'ai manqué d'impulsion, si bien que j'ai terminé avec un douloureux *flat*. Ce seul faux pas m'a écartée définitivement d'un podium, puisque les juges ne m'ont accordé aucun point. Je n'étais pas satisfaite de moi, mais ce n'était pas non plus la fin du monde. Par chance, ma philosophie de la vie me fait accepter assez aisément ce qui arrive. Si je rate un plongeon, j'accepte la réalité et je passe à l'étape suivante. Je ne me sens pas dévastée.

Je dois aussi signaler que j'avais beaucoup plus de facilité à la tour de 10 mètres qu'au tremplin de 3 mètres. Cela s'expliquait, en partie, parce que je m'y entraînais beaucoup plus. Michel Larouche avait-il décelé que j'avais, à cette époque, plus de potentiel et de talent à la plateforme ? En tout cas, le programme qu'il avait établi pour moi prévoyait que j'y passe beaucoup plus d'heures. Il faut aussi dire que la technique au tremplin de 3 mètres est plus difficile à assimiler. Le 3 mètres exige une parfaite maîtrise du mouvement du tremplin que seul un entraînement intensif permet d'acquérir. À la tour, l'impulsion s'effectue depuis une plateforme en béton, il y a donc un élément de moins à contrôler, puisque celle-ci est stable. De là-haut, le véritable défi est d'ordre psychologique, puisqu'il faut surmonter ses émotions et sa crainte des hauteurs. Même si j'avais un peu peur de la hauteur, j'ai été capable de la vaincre.

À la tour, tout a fonctionné comme je le voulais et j'ai très bien plongé, puisque j'ai décroché la médaille d'or. Je devenais du coup la meilleure plongeuse junior au monde à la tour de 10 mètres. Et puis, ma grande amie Alida a terminé deuxième. Il y avait de quoi être fier.

À titre anecdotique, c'est au cours de ce voyage que j'ai adopté une manie que je trouve sympathique et que j'ai répétée durant toute ma carrière. Lorsque nous étions en compétition à l'extérieur, nous avions rarement l'occasion de faire du tourisme et de rencontrer les gens du pays. Par contre, nous avions toujours à côtoyer des bénévoles dont la plupart, naturellement, étaient originaires du lieu visité. Mais la barrière de la langue et ma timidité ne me permettaient pas d'échanger vraiment avec les gens. En Malaisie, j'ai toutefois appris à dire le mot « merci » dans la langue du pays. C'est peu, mais c'est déjà ça. J'ai donc, au cours de mes voyages, appris ce mot en russe, en allemand, en espagnol et en chinois. Je ne comprenais pas toujours ce que les bénévoles me disaient, mais je les remerciais dans leur langue, ce qui me valait régulièrement de magnifiques sourires. C'était une attention minuscule, mais je pense que les gens l'appréciaient.

Voilà pour cette année de compétition. Ma saison se terminait donc en beauté, et j'ai ensuite pu profiter de quelques jours de vacances en toute sérénité.

* * *

Quand l'automne est arrivé et que l'entraînement a repris, j'ai connu une grande déception. J'ai déjà mentionné que Marie-Ève Brasseur n'avait pas été sélectionnée pour les Championnats du monde qui se tenaient en Malaisie. En fait, elle a abandonné le plongeon cet été-là. Pire encore, elle a aussi changé d'école. Nous avions été très proches et étions d'excellentes amies depuis des années, et le destin faisait en sorte que nos routes s'éloignaient.

C'est un peu de tout ça que je suis nostalgique. Marie-Ève et moi nous sommes revues pendant quelque temps, selon nos disponibilités respectives. Il est clair que mes entraînements et les compétitions me laissaient peu de temps libre. Nos rencontres se sont donc espacées. Au bout d'un moment, même ces rares rencontres ont cessé. En fait, je l'ai revue quelques années plus tard. Figurez-vous que Marie-Ève est devenue pharmacienne. Le hasard a voulu qu'elle travaille dans un établissement près de chez moi, justement celui que je fréquentais, et je la croise aujourd'hui plutôt régulièrement. Nous nous sommes naturellement immédiatement reconnues, mais

nous n'avons pas encore recréé les liens et la complicité qui existaient entre nous à l'époque.

J'aurais peut-être dû faire plus d'efforts pour entretenir notre
relation. J'aurais peut-être dû me donner les moyens de ne pas la
perdre de vue et m'assurer que notre amitié perdure. Mais je ne l'ai
pas fait. Et je le regrette parfois. Maintenant que je suis à la retraite
du plongeon, j'espère avoir le courage et la détermination de
reprendre contact non seulement avec elle, mais aussi avec d'autres
amies que j'ai perdues de vue au fil des ans. Le plongeon était toute
ma vie et je me rends maintenant compte que j'ai fait beaucoup de
sacrifices.

Toutefois, je n'ai jamais vu cela comme tel ; c'étaient mes choix
et je les acceptais de bon gré. J'aimais et j'aime toujours mon sport,
si bien que perdre de vue certaines personnes pouvait faire partie du
prix à payer pour atteindre mes objectifs. Dans ce sens, je n'ai jamais
eu l'impression qu'il me manquait quelque chose. Je savais que si je
voulais réaliser mes rêves, il me fallait faire des choix et je devais
aller concourir quelque part sur la planète plutôt que d'aller à une
soirée avec des amis. Mais ce n'était que partie remise. Voilà comment je voyais les choses.

* * *

Il était prévu que la saison 1997-1998 soit fort chargée. Plusieurs grands événements étaient à l'agenda, dont trois particulièrement importants. Au niveau junior, il y avait le Can-Am-Mex aux
États-Unis, tandis qu'au niveau senior se tiendraient les Championnats du monde aquatiques à Perth, en Australie, ainsi que les Jeux
du Commonwealth à Kuala Lumpur, en Malaisie.

D'abord l'Australie. Les Championnats du monde aquatiques
ont été créés en 1973 et, jusqu'en 1998, ils ont eu lieu tous les
quatre ans. À partir de 2001, pour leur donner encore plus d'am-

pleur, la Fédération internationale de natation (FINA) a décidé de les tenir tous les deux ans. Montréal a accueilli ces championnats en 2005. Cette compétition réunit toutes les disciplines gérées par la FINA. On y trouve des athlètes en natation, en nage synchronisée, en nage en eau libre, en water-polo et en plongeon. Il s'agit donc d'un événement prestigieux et important.

Les qualifications pour cette compétition d'envergure ont eu lieu à Calgary à l'automne 1997. Je participais aux épreuves du tremplin de 3 mètres et de la plateforme de 10 mètres. Comme j'étais meilleure à cette dernière discipline – puisque, comme je l'ai expliqué, je m'y entraînais davantage –, c'est là que je pensais pouvoir me qualifier dans l'équipe qui se rendrait à Perth. À la tour, les deux premières seraient du voyage en Australie. Cependant, Myriam Boileau, championne de la Coupe du monde, s'était blessée peu avant et ne pouvait participer à la compétition dans l'Ouest canadien. Avec son titre, elle profitait toutefois d'un laissez-passer pour Perth, ce qui voulait dire qu'il ne restait qu'une place à combler.

Cette année-là, Anne Montminy était de retour à la compétition. Elle avait déjà une réputation enviable. Née à Pointe-Claire en 1975, elle s'est initiée au plongeon à l'âge de six ans et s'est spécialisée à la tour de 10 mètres. En 1993, elle avait raflé l'or aux Championnats du monde juniors, à Londres. En 1994, elle a aussi remporté l'or aux Jeux du Commonwealth, à Victoria, en Colombie-Britannique. Toutefois, elle a connu une contre-performance aux Jeux d'Atlanta en 1996 et a ensuite pris une année sabbatique. À l'automne 1997, elle revenait à l'entraînement et à la compétition.

Anne était donc aux qualifications et représentait, malgré son absence d'une année, une concurrente redoutable. Même si elle s'entraînait au club de Pointe-Claire, j'avais eu l'occasion de la rencontrer à quelques occasions. Assez, en tout cas, pour constater qu'elle était directe et très déterminée, des traits de caractère que nous avions en commun.

Voilà pour la mise en situation. Cela dit, à Calgary, j'ai mieux fait qu'Anne Montminy, car j'ai bien plongé à toutes les étapes de la compétition et j'ai terminé première à la tour, ce qui me procurait mon passeport pour Perth.

***

Quelques semaines avant de partir, comme chaque année, mes parents ont organisé une soirée pour souligner mon anniversaire et celui de ma sœur. En fait, puisque Séverine et moi sommes nées à quatre jours d'intervalle, la plupart du temps, mes parents préparaient une fête commune. De plus, comme nous sommes venues au monde environ une semaine avant Noël, je me souviens qu'on nous offrait généralement un seul cadeau, un peu plus gros bien entendu, pour souligner les deux événements. Le plus souvent, mes parents nous demandaient ce que nous souhaitions recevoir, pour être certains que nous aimerions notre présent. De toute façon, je n'ai jamais beaucoup aimé les surprises. J'ai toujours eu l'impression que j'étais un livre ouvert, incapable de cacher mes émotions. Paradoxalement, j'avais aussi de la difficulté à montrer que j'aimais ce que j'avais reçu. Alors, si j'aimais le présent, je ne le montrais pas autant que je l'aurais voulu, et si je ne l'aimais pas, je ne pouvais jouer la comédie de celle qui apprécie quand même. Dans les deux cas, j'avais le sentiment de faire de la peine à celui ou à celle qui me l'offrait. C'est pourquoi j'ai toujours préféré donner des suggestions afin de savoir d'avance ce que je recevrais.

Donc, en tout début d'année, je suis partie pour l'Australie. Janvier 1998, ça vous rappelle quelque chose? Je suis certaine que beaucoup se souviennent de la célèbre et mémorable crise du verglas. Comme j'étais déjà loin de la maison, je n'ai pas été témoin des premiers moments catastrophiques de cette tempête qui s'est abattue sur le sud du Québec en début d'année. J'en ai évidemment entendu parler par mes parents, qui, comme des milliers d'autres personnes, ont été privés d'électricité pendant un bon moment. Puisque j'étais en compétition, j'ai eu la veine de ne pas subir les pénibles inconvénients causés par cette crise.

Au tout début de janvier, nous nous sommes donc envolés pour l'Australie. Dieu, que c'est loin ! Partis de Montréal, nous sommes passés par Toronto, Los Angeles, Honolulu et Sydney, pour enfin atterrir à Perth. C'était interminable ! Nous étions tous un peu crevés quand nous sommes enfin arrivés à l'hôtel.

L'équipe canadienne de plongeon comptait quatre hommes et quatre femmes, dont Myriam et moi à la tour de 10 mètres. Pour une rare fois, nous avons eu un peu de temps pour visiter le pays. En effet, pour l'occasion, nous sommes restés en Australie durant toute la durée des compétitions, soit environ trois semaines. Et puisque le plongeon à la tour était parmi les premières épreuves, j'ai eu ensuite quelques jours de congé.

Nous avons pu visiter un zoo et approcher des kangourous et des koalas. Nous avons aussi passé une journée entière sur une île voisine de la ville. Je crois me souvenir qu'elle s'appelait Garden Island et que nous devions nous y rendre en bateau. Nous y avons fait du vélo, de la baignade, mais surtout de la plongée en apnée. La mer entourant l'île était exceptionnellement claire et limpide. J'ai vu de superbes coraux, des poissons-chats et une multitude d'autres animaux exotiques affichant des couleurs incroyables. C'était magnifique !

Pour en revenir à la compétition, les Championnats du monde aquatiques sont encore plus importants, au moins sur le plan de la participation, que la Coupe du monde. Toutes les disciplines y sont représentées, et on compte encore plus d'athlètes dans chacune d'elles. Quant au plongeon, c'est presque aussi gros que les Olympiques. Enthousiasmée par tout ce qui se passait autour de moi, je ne me souviens plus de la façon dont j'ai plongé. Je sais seulement que j'étais satisfaite, même si j'ai terminé huitième. Finalement, j'ai adoré l'Australie et je garde un excellent souvenir de ma première visite là-bas.

**

À la fin du printemps 1998, j'ai terminé mon secondaire. Je sais, je ne vous en ai pas beaucoup parlé, mais il n'y avait rien de spécial à dire. Je ne réussissais pas trop mal en classe et tout se passait assez bien. Comme j'étais du programme sports-études, j'avais tissé des liens avec quelques étudiants, pour la plupart des sportifs, comme moi.

Qui dit fin du secondaire dit aussi et surtout bal de fin d'année. Comme toutes les filles, je me faisais une joie de participer à cette belle fête. Cependant, le plongeon allait encore une fois prendre le dessus. Les sélections canadiennes pour les Jeux du Commonwealth se sont tenues à la fin juin, en même temps que le bal. Je n'ai pas eu le choix : il était inconcevable que je ne me présente pas à cette compétition.

Les Championnats canadiens, qui servaient de qualifications, ont eu lieu dans l'Ouest. Or, rien n'a fonctionné pour moi. Au tremplin de 3 mètres, j'ai glissé de ma position lors de mon dernier plongeon. J'ai, une fois de plus, fait un plongeon manqué. Résultat, je n'étais même pas parmi les 18 meilleures qui passaient à l'étape suivante.

À la tour, si j'ai été meilleure, je n'ai vraiment pas fait la performance dont j'étais capable. J'ai terminé quatrième, mais seules les trois premières étaient sélectionnées.

Évidemment, j'étais triste et déçue de ne pas avoir mieux plongé. Je sais que j'étais capable de me qualifier. J'ignore ce qui s'est passé, mais c'était comme ça. On ne pouvait rien y faire. Pour la petite histoire, j'ajouterai qu'Alexandre Despatie s'est qualifié pour faire partie de l'équipe qui se rendrait à Kuala Lumpur. À treize ans seulement, il est devenu le plus jeune médaillé d'or à la tour de 10 mètres. J'aurais bien aimé voir ça, mais j'aurais surtout aimé concourir à ces jeux.

* * *

Pour compléter la saison, il restait les Can-Am-Mex juniors. J'avais bien l'intention de m'y reprendre. Les Championnats canadiens juniors, qui servaient aussi de qualification pour le Can-Am-Mex, se sont déroulés à Winnipeg. L'année précédente, à la tour, Alida avait terminé première et moi, deuxième. Mais ce qui était le plus important, c'est qu'elle avait établi un nouveau record canadien de la discipline dans la catégorie des 16-18 ans. Un record qui n'avait pas été battu depuis un bon moment et qui tiendrait probablement très longtemps. Enfin, c'est ce que nous pensions. De mon côté, même en terminant deuxième, j'avais aussi battu le record précédent. Nous étions toutes les deux très contentes.

Je me sentais particulièrement en forme. J'allais participer aux tremplins de 1 et de 3 mètres, ainsi qu'à la tour. C'est cette dernière épreuve que j'attendais avec le plus d'impatience. Elle s'est d'ailleurs tenue à la toute fin du championnat. Je vous fais grâce des détails, mais j'ai connu LA performance de ma vie. Les astres devaient être alignés, parce que j'ai établi un nouveau record canadien junior grâce à un pointage de 480,12, pour gagner la médaille d'or. Alida, elle, a terminé deuxième, battant aussi son exploit de l'année précédente. À ce jour, c'est le seul record junior que j'ai établi et qui tienne encore. Je dois avouer que, chaque année depuis ce temps, je surveille attentivement cette compétition pour voir si une jeune plongeuse réussira à dépasser cette marque. Ce n'est pas encore arrivé. Quelques-unes s'en sont approchées, mais le record tient toujours. Je sais qu'il sera battu un jour ; toutefois, le seul fait qu'il soit encore l'objectif à dépasser, une quinzaine d'années après que je l'ai établi, je trouve ça extraordinaire… et j'en suis fière !

Et, pour une rare fois en compétition, Alida et moi avons pu célébrer. Il faut comprendre que nous participions souvent à plusieurs épreuves durant un même championnat, si bien que si nous avions de bons résultats dans une discipline et qu'il nous en restait une autre à faire, nous n'avions pas le temps de penser à la victoire ou à la fête. Nous devions immédiatement nous préparer pour la prochaine épreuve.

Ce qu'il y avait de bien avec ce championnat canadien, c'est que le 10 mètres le terminait. Nous avons donc pu en profiter et savourer notre succès, particulièrement lors du banquet de clôture. J'étais extrêmement heureuse et très confiante pour le Can-Am-Mex qui allait suivre.

Cette dernière compétition de l'année s'est tenue à Moultrie, dans l'État de Géorgie, aux États-Unis. Moultrie est une petite ville située au sud de l'État, à environ 300 kilomètres d'Atlanta. J'avais déjà participé à des compétitions aux États-Unis, mais c'était la première fois que j'allais dans cette petite municipalité d'environ 15 000 personnes. Comme on pouvait s'y attendre, les installations étaient à l'extérieur, mais elles étaient très belles.

J'ai continué sur ma lancée des Championnats canadiens. J'étais contente d'être aussi constante dans mes plongeons et j'étais très satisfaite de ma performance. J'avais raison de l'être puisque j'ai raflé l'or aux tremplins de 1 et de 3 mètres, de même qu'à la tour. Trois médailles d'un coup !

Mieux encore, mes parents et ma sœur avaient pu y assister, ce qui était rare pour une compétition à l'extérieur du pays. Ils s'étaient tapé le voyage en voiture, et nous avions prévu, quel que soit le résultat, de prendre ensuite une semaine de vacances près de la mer. Ce que nous avons fait. Or, les vacances sont toujours plus agréables quand on a le sentiment du devoir accompli. Séverine et moi en avons largement profité pour nous retrouver et nous baigner dans l'océan.

Voilà qui complétait en beauté une autre saison de plongeon. Après les vacances, d'autres défis importants m'attendraient. Je quitterais le secondaire pour le cégep, et l'année suivante nous rapprocherait encore des Jeux olympiques de Sydney. Je voulais tellement y participer !

Chapitre 5

Michel Larouche, que je n'avais pas vu au Can-Am-Mex ni revu depuis, m'a félicitée à mon retour à l'entraînement en septembre 1998. Mais du même souffle, si je me souviens bien, il m'a aussi dit que j'avais pris du poids et que je devais me surveiller. Bref, toujours la même rengaine au retour des vacances. On n'y pouvait rien…

Septembre marquait aussi mes débuts au cégep. Mon absence au bal des finissants ne m'avait évidemment pas empêchée d'obtenir mon diplôme. J'entrais au collège André-Grasset — situé au nord de Montréal —, un cégep privé qui avait la grande qualité d'être tout à côté du complexe Claude-Robillard, où je poursuivais mon entraînement. Je m'étais inscrite en sciences humaines et administration, sans savoir vraiment ce que je ferais après le plongeon. J'ai opté pour la formation qui offrait, à mon avis, le plus large éventail de possibilités pour l'avenir. J'ignorais totalement ce que je souhaitais faire quand je cesserais la compétition. J'avais quoi ? 17 ans ! Et à cet âge-là, il est encore difficile de prévoir ce que la vie nous apportera et ce qu'on voudra en faire. Je ne voyais que les Olympiques qui arrivaient. Pas au-delà.

Le programme proposé par Grasset était intéressant à bien des égards. Comme j'étais inscrite en sports-études, je pouvais obtenir mon diplome en quatre ans, au lieu des deux années habituellement prévues. De plus, comme les autres participants à cette formation, j'avais la possibilité d'effectuer mes choix de cours avant les autres élèves, ce qui me permettait d'harmoniser entraînement et études. Enfin, pour gérer le problème des nombreuses absences causées par les compétitions, il était facile de négocier des ententes particulières avec les professeurs pour les travaux et les examens.

J'ai « plongé » dans le milieu du cégep comme un poisson dans l'eau. Je m'y suis immédiatement sentie à l'aise et j'ai obtenu de bons résultats, sauf en français où je connaissais plus de difficultés. La formule me plaisait et je me suis rapidement fait de nombreux amis : des élèves qui partageaient mes cours, mais qui ne participaient pas à un programme sports-études. Je me souviens, entre autres, de Geneviève Brunet-Denis, de Karine Bruneau, de Matthieu Poirier et de Michelle L'Africain, avec qui je passais pas mal de temps quand j'étais au collège. Nous pouvions parler de tout et de rien dans d'interminables discussions où nous abordions tous les sujets, depuis le plus récent spectacle jusqu'à cette paire de chaussures extraordinaires, en passant par tel camarade ou tel professeur, ou encore cette nouvelle qui faisait la une des journaux. Parfois, nous nous voyions aussi les fins de semaine pour aller danser, ce que j'adorais. Quand nous allions dans des soirées ou dans un bar, je passais mon temps à danser sur les hits des vedettes de l'époque, comme Destiny's Child — le groupe dans lequel chantait Beyoncé Knowles —, l'indémodable Madonna et le toujours célèbre Michael Jackson. J'adorais la musique *dance* et la pop. Bref, j'aimais bouger.

Mais ce que j'aimais bien avec mes nouveaux amis, c'est qu'ils ne venaient pas du programme sport-études et qu'ils ignoraient complètement ce que je faisais et qui j'étais. Aucun élève de mon école secondaire n'avait opté pour le collège André-Grasset, alors je n'y connaissais personne et personne ne me connaissait. Pour mes amis, j'étais une élève comme toutes les autres, une personne normale. Je me souviens que Karine a, un jour et par hasard, jeté un œil à mon horaire de cours. Comme je m'entraînais plusieurs fois par semaine, le nombre de cours que j'avais au cégep était assez léger.

— T'as vraiment pas un gros horaire, m'a-t-elle alors dit, un peu surprise.

— Je m'entraîne en plongeon.

— Ah oui ? Ah bon ! a-t-elle répondu, ne voyant pas clairement le lien entre sa question et ma réponse.

Et la conversation est passée à autre chose. Karine m'a avoué plus tard qu'elle avait été très étonnée. En quoi mes cours de plongeon avaient-ils une influence sur mes cours au collège ? Elle faisait bien du « snow » les fins de semaine… Quelle différence ?

Bien entendu, mes amis ont rapidement appris ce que je faisais et le niveau de compétition auquel je participais. Voilà qui expliquait les trous dans mon horaire. Mais rien n'a changé dans leur attitude, et nous avons continué à jaser et à sortir comme nous le faisions depuis le début.

Cependant, ma meilleure amie durant cette période ne venait pas du cégep, mais du plongeon. Bien sûr, il y avait toujours Alida, avec qui je partageais beaucoup de choses pendant les entraînements et les compétitions, mais il y avait aussi Julie Rosse. Julie faisait du plongeon au niveau provincial. Elle était au CAMO, où elle travaillait avec Isabelle. Julie avait fréquenté la même école secondaire que Marie-Ève Brasseur et moi, et nous étions devenues de bonnes copines. Je me suis rapprochée de Julie quand Marie-Ève a abandonné le plongeon et quitté l'école de Saint-Léonard. En cinquième secondaire, nous passions beaucoup de temps ensemble, tant à l'entraînement qu'à l'extérieur. J'étais souvent avec elle, même les fins de semaine. Nous allions danser, bien sûr, mais aussi au cinéma, ou bien nous passions des soirées en pyjama à regarder des films. Pas seulement des films de filles. J'aimais tous les styles : films d'action, films sentimentaux, drames et, bien entendu, comédies. Parmi nos préférés, il y avait *Flashdance*, *Speed* — ou *Clanches*, en version française —, Robin des Bois — celui avec Kevin Costner — et *Pretty Woman* avec Julia Roberts. Comme vous le voyez, il y en avait pour tous les goûts… Cette amitié avec Julie a continué pendant le cégep, même si nous ne fréquentions pas le même établissement scolaire, et s'est poursuivie bien au-delà.

Voilà aussi qui vous donne une idée de mes occupations quand je n'étais pas à la piscine ou en compétition quelque part dans le monde. Toutefois, je n'avais pas beaucoup de temps libre. J'avais désormais neuf sessions d'entraînement de trois heures chacune, auxquelles s'ajoutaient des cours de ballet de deux heures, chaque mardi après-midi et samedi matin. Michel avait décidé que ce serait profitable. Je n'avais rien contre. Bien au contraire. Le ballet, c'est de la danse, j'aimais ces cours qui nous permettaient d'améliorer le maintien corporel tout en développant la grâce et la flexibilité, des éléments importants pour un plongeur ou une plongeuse.

Alors, entre le collège, les devoirs, la piscine, le ballet et la musculation, il ne restait pas beaucoup de place dans mon agenda. Je ne m'en plaignais pas. Ma vie tournait autour de mon sport et j'adorais ça. Les Jeux olympiques approchaient et je me croisais les doigts pour être parmi celles qui prendraient part au rêve !

* * *

Je viens de parler de se croiser les doigts. Avez-vous remarqué que beaucoup de sportifs sont superstitieux ? Rappelez-vous les joueurs de hockey, qui cessent de se raser la barbe pendant les séries éliminatoires. Je crois que c'est la même chose pour le baseball. Parfois, c'est mignon, mais pas toujours…

Dans les sports individuels, les superstitions sont également nombreuses. D'ailleurs, il me semble que ce n'est pas limité au sport. Ceux qui doivent faire des performances en direct sont aussi superstitieux. Je me suis laissé dire que les comédiens de théâtre ont des rituels avant d'entrer sur scène. Des gestes qu'ils doivent absolument faire, des manies, parfois même des vêtements ou des objets qu'ils doivent porter pour que le spectacle se passe bien.

De mon côté, j'en avais aussi. Pour être franche, j'en avais même plusieurs. Quand cela a-t-il commencé ? Voilà qui est difficile à dire. Il me semble en avoir toujours eu, mais c'est impossible. Je crois me souvenir que cette habitude a débuté sur la tour de 10 mètres. Être à pareille hauteur sur une petite plateforme, sachant qu'il faudra sauter dans le vide, c'est stressant. J'avais probablement besoin de me rassurer et de me donner un peu de courage. Voilà peut-être pourquoi j'ai pris l'habitude de porter un maillot noir quand je devais plonger de la tour pendant les entraînements. Pourquoi noir ? Je n'en ai pas la moindre idée, mais il me fallait celui-là. Quand nous arrivions pour les sessions d'entraînement, nous allions d'abord nous changer pour mettre un maillot par-dessus lequel nous portions short et t-shirt pour l'échauffement. Puis, quand le coach sortait le cahier d'entraînement du jour, j'allais jeter un coup d'œil : s'il avait prévu pour moi des plongeons de la tour, j'allais discrètement et rapidement me changer pour enfiler mon maillot noir. Mais je ne devais pas le porter en tout temps, sinon il perdrait ses qualités fétiches. Je l'enfilais seulement pour les sessions où j'étais à la plateforme de 10 mètres. Tout ça devenait parfois un peu compliqué !

J'avais aussi mes petites habitudes en compétition. Ainsi, je ne devais jamais porter le même maillot aux préliminaires, en demi-finales ou en finale. Il fallait qu'ils soient différents. Toutefois, pour la finale, il me fallait toujours endosser le même. Généralement, je le gardais pendant deux ans avant de le changer, à moins qu'à un moment donné je fasse une sérieuse contre-performance. Comme il ne me portait plus chance, je devais en trouver un autre. Cela dit, c'est rarement arrivé…

Plus étrange toutefois, comme nous terminions l'année de compétition en juillet ou en août et que la nouvelle saison ne débutait qu'en décembre, j'oubliais parfois quelle était ma combinaison gagnante de l'année précédente. Pas mon maillot sacré de la finale, bien entendu. Celui-là, impossible de l'oublier. Mais il y avait tous ces autres maillots, ces serviettes et ces survêtements qui devaient être mis dans un ordre précis pour procurer des résultats positifs. Si j'avais un doute quant à cet ordre, je devais choisir un nouveau scénario que je mettais à l'épreuve en compétition. Si je réussissais bien, c'est cette routine qui me suivrait l'année suivante.

Il est quand même étonnant de constater que les athlètes ont ce genre de manies. Comme si le résultat pouvait dépendre de certains gestes ou de la couleur d'un maillot. Je peux difficilement parler pour les autres, mais en ce qui me concerne, je pense que ces habitudes me permettaient simplement d'avoir l'esprit plus tranquille. Je pouvais ainsi m'isoler dans ma bulle, mieux me concentrer sur le plongeon que j'avais à faire. Rationnellement, je savais que ça n'avait rien à voir avec mes résultats, mais… eh bien quoi? Sait-on jamais?

Les superstitions deviennent un problème à partir du moment où l'on en est dépendant; quand nous sommes convaincus d'échouer si nous ne faisons pas tel geste ou ne portons pas tel objet ou vêtement. Or, quand on doute, quand on n'est pas convaincu de réussir, on rate souvent. Ne pas être persuadé qu'on peut y parvenir, c'est le premier pas vers l'échec.

Heureusement, je n'en suis jamais arrivée là. Toutefois, vers 2006, quand j'ai changé d'entraîneur, Yihua Li — qui a alors remplacé Michel Larouche dans ma vie — m'a fait comprendre que j'avais trop de ces manies, qu'elles étaient devenues un poids inutile et encombrant. Elle m'a fortement suggéré de laisser tomber toutes ces niaiseries. Ce que j'ai fait. Du moins en partie, parce que j'ai conservé quelques marottes pendant un certain temps. J'étais simplement plus discrète...

Durant les dernières années, en plus d'Yihua Li, j'étais accompagnée d'un préparateur physique, Alain, qui me créait des routines d'exercices spéciales pour chaque plongeon, afin que je sois bien échauffée et que j'évite les blessures. Les exercices qu'il développait ne laissaient plus de place au hasard dans ma préparation. À peu près à la même époque, j'ai commencé à consulter une psychologue sportive, Penny Werthner, avec qui j'ai abordé, entre autres, la question de ces petites habitudes. Plus que n'importe qui, elle m'a fait comprendre leur futilité. Alors, ces manies ont disparu. D'accord, elles n'ont jamais totalement disparu, mais elles avaient beaucoup moins d'importance et d'influence dans ma préparation. Penny Werthner m'a fait comprendre que l'important était que je sois prête à performer une fois arrivée sur le tremplin. La routine d'exercices qu'Alain avait développée répondait parfaitement à ce besoin.

* * *

Pendant la saison 1998-1999, je me suis préparée aux Olympiques. Une saison charnière. Un premier rendez-vous important était prévu à la Coupe du monde senior au début de janvier 1999. En décembre 1998, le club a organisé une compétition baptisée « Championnat international CAMO invitation » ; c'est à ce moment que devaient être choisis les athlètes canadiens qui se rendraient à la Coupe du monde en Nouvelle-Zélande.

Chez les filles, la lutte était vive. Il devait y avoir deux représentantes pour chacune des épreuves — le tremplin de 3 mètres et la tour de 10 mètres. À la plateforme, la lutte opposait Anne Montminy, Myriam Boileau et moi. La compétition a été aussi féroce qu'on pouvait l'espérer. Toutefois, j'ai si bien plongé que j'ai terminé première à cette épreuve, et Anne, deuxième.

Au tremplin de 3 mètres, la situation était un peu différente. Ni Myriam ni moi n'étions les favorites de la discipline. Nous étions très fortes, mais peut-être pas les meilleures. Cependant, nous avons particulièrement bien plongé et j'ai pris le deuxième rang derrière Myriam. Nous étions donc sélectionnées pour la Coupe du monde, et pour la première fois, j'allais participer à deux épreuves.

Début janvier, la délégation canadienne est partie vers Wellington, capitale de la Nouvelle-Zélande, où se tenait la compétition. Nous sommes arrivées à Auckland après un vol interminable, pour ensuite prendre un autre avion jusqu'à Wellington.

Je n'ai pas pu voir grand-chose de la Nouvelle-Zélande, même si nous y sommes restés une dizaine de jours. Je me rappelle cependant le paysage montagneux, les moutons qu'on voyait partout et la chaleur accablante qu'il y faisait.

Les installations étaient très belles et la compétition de plongeon avait lieu dans une piscine intérieure parfaitement aménagée. L'épreuve de la tour n'a pas été facile ni pour Anne Montminy ni pour moi. Nous avons cependant réussi à passer les préliminaires pour nous classer en demi-finale. Cette étape n'a pas été tellement plus simple, mais j'ai tout de même accédé à la finale, où, encore une fois, les choses ont été relativement ardues, de sorte que j'ai terminé en quatrième position, ce qui me satisfaisait malgré tout. La concurrence était forte et je sais que j'ai relativement bien plongé.

Au tremplin de 3 mètres, ça n'a pas été la même histoire. J'ai réussi très convenablement la plupart de mes plongeons, et seule une Chinoise a fait mieux. J'ai donc remporté la médaille d'argent, ce qui était excellent pour une première participation à deux épreuves de la Coupe du monde. Je me souviens que même Michel Larouche était content de ce que j'avais réalisé. Il m'a félicitée, ajoutant que cette compétition avait été rendue encore plus difficile à cause de l'horaire extrêmement serré qui nous avait été imposé.

C'est peut-être vers cette époque que j'ai noté un changement dans l'attitude de Myriam envers moi. Je ne jurerais pas que la Nouvelle-Zélande a été un moment décisif, mais il me semble que les choses ont alors changé. Jusque-là, j'avais eu l'impression d'être pour elle une jeune plongeuse prometteuse, mais sans plus. Or, la dernière année lui avait prouvé que j'étais capable de rivaliser avec les meilleures au monde. Il faut se rappeler que Myriam avait raté, de façon dramatique, sa sélection olympique pour les Jeux d'Atlanta. Ma progression constante, combinée au retour en force d'Anne Montminy, hypothéquait ses chances de sélection pour les Jeux de Sydney. Myriam sentait-elle le tapis lui glisser sous les pieds ?

Michel me consacrait beaucoup d'attention et Myriam avait peut-être aussi du mal à gérer cette situation. Mais comme je l'ai dit, ce n'était qu'une impression. J'ai quand même, au cours des semaines, senti s'installer une certaine tension entre nous, un début de jalousie de sa part. Dans son esprit, j'aurais toujours dû être la petite jeune de l'équipe, celle qui avait à faire ses preuves. Elle était plus âgée que moi et possédait donc une expérience qui me manquait. Mais elle ne pouvait plus m'ignorer ou ne pas tenir compte de mes résultats.

Il ne faut surtout pas oublier que les Jeux de Sydney approchaient et que Myriam désirait cette sélection autant que moi. Il devenait évident que ça jouerait dur dans les semaines à venir pour obtenir une place aux Olympiques. Ça a été le cas. Au fil des mois, je me suis sentie isolée du groupe du CAMO. J'avais des problèmes avec trois personnes en particulier : Myriam Boileau, Anne-Josée Dionne et Philippe Comtois, qui étaient parmi les doyens et qui ont connu de belles carrières.

Qu'une jeune de 16 ans bénéficie de beaucoup d'attention de la part de Michel et obtienne d'excellents résultats ne semblait pas leur plaire. Ils me l'ont d'ailleurs fait sentir. Tout était dans l'attitude et le comportement. Je m'entendais bien avec les autres membres du groupe de Michel, surtout les plus jeunes, qui, comme moi, se battaient pour faire leur place. Pendant toute cette période, comme je passais beaucoup de temps avec Marie-Ève et Alida, je ne me suis pas beaucoup occupée de ces agissements. Ça ne me troublait pas. Mais avec le départ de Marie-Ève et plus tard celui d'Alida — qui a changé de club d'entraînement en 1999 —, les choses sont devenues passablement plus difficiles. C'était avec les plus anciennes et certains de leurs amis que j'avais parfois des problèmes.

Le point culminant a été atteint aux Championnats canadiens d'hiver tenus à Etobicoke, en 1999. En plongeon, il est de tradition d'encourager de façon égale tous les membres de son club. Lorsqu'un athlète se présente sur le tremplin, il reçoit les encouragements de tous les équipiers de son club. Enfin, c'est généralement ainsi que ça se passe. À Etobicoke, sur le tremplin de 3 mètres, la lutte opposait Anne-Josée et moi. Quand elle se présentait sur le tremplin, ses amis l'encourageaient. Quand je m'y rendais, c'était le silence. On a beau être concentrée et dans sa bulle, on ressent profondément le malaise.

Je sais parfaitement qu'on ne peut être aimée de tout le monde. C'est impossible. Mais je trouvais ça mesquin. Je savais qu'ils agissaient ainsi parce qu'ils voulaient que leur amie réussisse une meilleure performance que moi. Les encouragements des spectateurs deviennent aussi une façon d'influencer les juges. Plus les encouragements sont bruyants, plus les juges ont tendance à donner une note élevée. Vous pouvez imaginer comment je me sentais une fois sur le tremplin. Nous étions dans la même équipe et avions les mêmes objectifs. Je sais, le plongeon est un sport individuel et, en fin de compte, nous sommes toujours en concurrence avec les autres athlètes. Mais quand on est dans le même club et qu'on s'entraîne ensemble, il me semble que des liens pourraient et même devraient se créer. Je me suis sentie rejetée par le club au complet, et cela m'a profondément blessée.

Bref, au cours des semaines et des mois qui ont suivi, je me suis éloignée des membres du club de plongeon CAMO. Durant les compétitions internationales, par exemple, j'étais souvent avec des plongeurs et plongeuses d'autres délégations, particulièrement celle de la France. L'attitude de mes coéquipiers me faisait mal, même si j'agissais comme si de rien n'était. Je me disais simplement que je ne pouvais rien y faire, que je ne contrôlais pas ce que les autres pensaient de moi. Je devais agir selon mes valeurs, sans leur faire de tort, et je ne pouvais rien changer à leur façon d'être à mon égard. Cependant, même si c'est bien de penser ainsi, ça n'a pas allégé le climat…

Avec le recul, quand j'y repense aujourd'hui, il me semble comprendre l'état d'esprit dans lequel devaient se trouver les vétérans de l'époque parce que, d'une certaine façon, j'ai vécu une situation similaire quelques années plus tard. Vous voyez, quand on se classe parmi les meilleures au pays depuis un bon moment, il est difficile d'accepter que des plus jeunes nous battent. On a l'impression qu'ils viennent prendre une place que nous occupons.

* * *

Pour en revenir à l'année 1999, il y a eu, après la Nouvelle-Zélande en janvier, une autre compétition qui possédait un caractère particulier : les Jeux panaméricains tenus à l'été. Les qualifications ont eu lieu au début de juillet, lors des Championnats canadiens seniors. Blythe Hartley et moi avons obtenu nos laissez-passer à la tour de 10 mètres.

Les Panaméricains se sont tenus à Winnipeg du 28 juillet au 8 août. Comme vous le savez, il s'agit d'une compétition multisport organisée tous les quatre ans et à laquelle participent des athlètes de tous les pays d'Amérique. La concurrence y est donc rude, même si elle est, en tout cas en ce qui concerne le plongeon, moins forte que lors d'une Coupe du monde. Comme cet événement était organisé au Canada et durait deux semaines, nous avons pu y rester pour la durée des compétitions. Nous étions logés au village des athlètes, dans les chambres du campus.

À cette occasion, nous n'étions que deux athlètes du groupe de Michel Larouche au CAMO : Philippe Comtois et moi. Les autres membres de l'équipe canadienne venaient d'autres régions, dont plusieurs de l'Ouest. Michel n'était pas à cette compétition. Je me rappelle que les deux entraîneurs officiels de l'équipe canadienne venaient de l'Ouest et que l'un d'eux, Boxi Liang, était l'entraîneur de Blythe. Comme nous étions toutes les deux à la tour, c'est lui qui s'est principalement occupé de nous. Or, il ne parlait presque pas l'anglais, et encore moins le français. Je me suis souvent demandé comment Blythe pouvait travailler avec lui. Cela dit, avec des signes et quelques mots saisis au hasard de ses explications, j'ai réussi à bien m'en tirer. En fait, ça a été l'une de mes meilleures compétitions au niveau senior. J'ai obtenu la médaille d'or à la tour, alors que Blythe terminait deuxième. Ce qui est bien avec ce genre de compétition, c'est qu'on peut se projeter vers une autre épreuve encore plus importante. Ainsi, comme j'avais obtenu 550,98 points, un record personnel, je pouvais comparer mon pointage avec ceux des gagnantes d'autres grands rendez-vous du plongeon, comme le Championnat du monde ou la Coupe du monde, et estimer où j'aurais terminé. Avec un tel résultat, il est plus que probable que je serais montée sur le podium. J'ignore sur quelle marche, mais c'était très encourageant.

En fait, chaque fois que je terminais une épreuve à l'une des deux premières positions, je me rapprochais de mon rêve d'aller à Sydney. Je savais parfaitement que certaines des meilleures plongeuses n'étaient pas aux Pan-Am, mais il y avait quand même une forte concurrence venant des États-Unis et de pays comme le Mexique. Alors oui, ça présageait bien pour l'avenir.

* * *

Pour compléter les plus importantes compétitions de cette saison-là, il restait les Championnats du monde juniors, auxquels j'étais encore en âge de participer. C'était d'ailleurs la dernière fois que je pourrais y aller, car j'allais avoir 19 ans l'année suivante et je deviendrais officiellement de niveau senior. Cette rencontre junior avait lieu en République tchèque au mois d'août. Les qualifications pour cette compétition se sont tenues au Stade olympique de Montréal au début de l'été. J'ai été sélectionnée pour les tremplins de 1et de 3 mètres, mais j'ai loupé la tour; Blythe et Alida m'ont devancée. J'ai terminé troisième, mais je pouvais quand même aller en République tchèque.

Je vous fais grâce du voyage et du pays, pas parce que ce n'est pas beau, mais parce que nous n'avons vraiment pas pu faire de tourisme. Nous ne sommes pas restés très longtemps là-bas, et les entraînements, les compétitions et la récupération ont occupé tout notre temps.

Au tremplin de 3 mètres, tout s'est bien déroulé puisque j'ai gagné la médaille de bronze. Au tremplin de 1 mètre toutefois, les choses ont été plus compliquées. D'entrée de jeu, je vous rappelle que je n'étais pas aussi forte sur celui-ci qu'au 3 mètres et encore bien moins qu'à la tour. En tout cas, à cette compétition, j'y ai connu des ennuis… comment dire? Particuliers.

Permettez que je vous explique. Cette épreuve se faisait en deux temps: nous faisions les plongeons de base le matin et les optionnels l'après-midi. Puisque notre hôtel était situé près du site des compétitions, tous les membres de l'équipe s'y étaient retirés pour aller prendre une bouchée et un peu de repos entre les deux sessions. Comme chaque fois que nous étions à l'extérieur du pays, nous logions à plusieurs par chambre. C'était normal et nous y étions habitués. En République tchèque toutefois, je ne sais par quel miracle, je me suis retrouvée seule dans ma chambre, et celle-ci n'était pas qu'une petite pièce, c'était presque une suite. Quelque chose de très grand et de très confortable. Je ne m'en suis pas plainte, je vous l'assure !

Ce midi-là, donc, entre les deux épreuves de plongeon, j'ai décidé d'aller faire un petit somme. Nous nous sommes donné rendez-vous dans le hall et je me suis retirée dans ma chambre pour faire ma sieste.

À l'heure convenue, les entraîneurs et les autres membres de l'équipe se sont regroupés dans l'entrée de l'hôtel. Je n'y étais pas, mais ils ne se sont pas inquiétés, puisqu'il était fréquent qu'un athlète en compétition se rende plus tôt au bassin pour s'échauffer et se préparer.

Cependant, en arrivant à la piscine, on a constaté que je n'étais pas là, et Lisa Boog, l'entraîneuse responsable, originaire de l'Ouest canadien, s'est inquiétée — Michel Larouche était absent, car il ne venait jamais aux compétitions juniors. Lisa est repartie à l'hôtel et est montée à ma chambre. Elle a frappé à la porte. Aucune réponse. Elle a cogné de plus belle et a même crié mon nom… Toujours pas de réponse. Elle a insisté, redoublant d'efforts.

Finalement, ça m'a réveillée. Inutile de vous dire que pour ne pas être dérangée, je dors généralement sur ma bonne oreille. Comme je suis sourde de l'autre, mon sommeil est plus profond. Cette fois-là, il était spécialement lourd. Je me suis donc levée en bougonnant, me demandant ce qui pouvait bien être aussi urgent. Dès que j'ai ouvert la porte, l'entraîneuse m'a crié que j'étais très en retard à la compétition et que je devais me dépêcher si je voulais y être à temps. J'ai alors vu l'heure qu'il était. Nous avons couru et je suis arrivée à la piscine une quinzaine de minutes seulement avant le début de l'épreuve. Bousculée, pas échauffée et ni prête psychologiquement, j'ai fort mal plongé.

Je vous ai raconté cette petite aventure pour vous montrer à quel point sont longues et exigeantes les saisons de compétition et d'entraînement, mais aussi comment les voyages peuvent nous affecter. Cette fois-là, en République tchèque, si je me suis endormie comme une roche, c'est également en raison du décalage horaire auquel mon organisme n'était pas encore adapté. Ce qui importe surtout, c'est de retenir les leçons de ces petites mésaventures. En effet, par la suite, comme je savais que j'étais parfois difficile à réveiller, j'ai fait le nécessaire pour qu'une telle situation n'arrive plus. J'avais toujours un réveil avec moi et je demandais à l'hôtel qu'on me donne un coup de fil ou à une coéquipière de venir me réveiller. Si bien que je n'ai jamais plus été en retard à une compétition. En tout cas, jamais plus pour cette raison.

* * *

À l'automne 1999, au retour des vacances, la saison qui allait débuter s'annonçait spéciale, car c'était l'année des Olympiques. Comme tous les autres, je me préparais en fonction de cet événement pour y arriver au meilleur de ma condition et de ma forme.

En ce qui concerne les études, j'ai suivi ma session d'automne, mais j'ai ensuite décidé de prendre une année sabbatique afin de me consacrer exclusivement au plongeon. Je savais qu'au cours des mois suivants, l'entraînement serait intense et j'aurais bien peu de temps pour les travaux scolaires et les examens.

La première grande épreuve de plongeon était prévue à Sydney en janvier. Elle permettait aux athlètes d'apprivoiser les installations qui seraient utilisées lors des Olympiques. L'équipe canadienne en profiterait pour planifier le séjour de la délégation et les camps de préparation, qui se tiendraient avant les compétitions officielles. La Coupe du monde de janvier 2000 servait donc de vaste « générale » pour le gigantesque rendez-vous qui approchait.

Inutile de dire que tout le monde voulait participer à cet événement connu, et avec raison, sous le nom de *test event*. Y aller nous donnait l'avantage d'avoir déjà concouru dans les installations olympiques. À cette compétition, on faisait vraiment une répétition de ce que seraient les Jeux, aussi bien pour les athlètes et leurs entraîneurs que pour les juges, les organisateurs et les responsables des sites. Si y concourir donnait déjà un avant-goût de ce qui viendrait, cela permettait aussi, en tout cas pour les plongeurs, de trouver ses repères dans la piscine, ce qui aurait pour résultat de diminuer le temps d'adaptation lors de la tenue des Jeux.

Naturellement, le fait de participer à cet événement du mois de janvier ne garantissait pas que nous soyons de la délégation olympique l'automne suivant, mais ça ne pouvait certainement pas nuire.

Les épreuves de qualification pour la Coupe de Sydney étaient prévues en décembre 1999, lors de « CAMO Invitation ». Encore une fois, le destin s'en est mêlé. Je me suis sérieusement blessée, environ une semaine avant la compétition.

La plupart des sports peuvent provoquer des blessures ou des accidents. Nous connaissons tous des athlètes qui ont dû se retirer de la compétition parce que leur corps ne pouvait en donner davantage ou parce qu'ils avaient subi de trop nombreuses blessures qui avaient hypothéqué leur avenir. Le plongeon ne fait pas exception. Quant à moi, j'ai heureusement été épargnée. Je n'ai pas connu trop de problèmes ni de douleurs chroniques au dos, notamment. Ce qui ne signifie pas que je n'ai pas eu ma part d'incidents. Rappelez-vous quand je me suis douloureusement écrasée sur l'eau lors d'un plongeon de la tour de 10 mètres.

Il y a aussi eu cette fois, en 1997, alors que je m'entraînais à un nouveau mouvement sur le trampoline, où j'ai perdu pied. J'ai mal atterri et j'ai subi une blessure à la cheville que le médecin a diagnostiquée comme un « arrachement osseux ». Juste l'expression fait mal, vous ne trouvez pas ? Il s'agissait, dans mon cas, d'un ligament qui avait littéralement détaché une petite partie de l'os. C'est très douloureux et j'ai été obligée de porter un plâtre pendant un mois, de limiter mon entraînement et, bien sûr, de ne pas plonger. En fait, j'ai toujours eu un peu de difficulté avec mes chevilles. En général, je m'en foulais une chaque année. La plupart du temps, toutefois, ces accidents survenaient pendant que je m'entraînais hors de la piscine.

Je me suis, une autre fois, fracturé le poignet en raison de ma maladresse. Dès mes débuts en plongeon, j'ai fait de la musculation, un aspect essentiel de l'entraînement d'une plongeuse et qui aide à bien effectuer les figures imposées. Un jour, alors que nous venions de terminer les plongeons, pour me rendre plus vite à la musculation, j'ai voulu sauter par-dessus une mince corde; je m'y suis naturellement pris les pieds… et je suis tombée sur l'un de mes poignets. Résultat : fracture et plâtre pendant des mois. Heureusement, il s'agissait d'un plâtre en fibre de verre qui m'a permis, après quelques semaines, de reprendre l'entraînement en piscine. J'ai même participé à certaines épreuves avec cette pièce d'équipement assez étonnante pour une plongeuse.

En exécutant des plongeons comme tels, j'ai rarement été blessée. Mais il y a eu une fois où, alors que je pratiquais un nouveau saut, j'ai subi une subluxation de l'épaule, ce qui est incommodant et très douloureux.

L'incident qui se produit le plus souvent, c'est de frapper le tremplin. On est parfois un tout petit peu trop près et on s'y cogne les mains ou les talons, ce qui fait affreusement mal. Les accidents comme celui qu'a subi Alexandre Despatie — qui a heurté le tremplin avec sa tête — sont heureusement beaucoup plus rares, mais toujours plus dramatiques. Cependant, je le répète, frapper le tremplin est relativement fréquent.

Cela dit, environ une semaine avant la sélection pour la Coupe du monde de Sydney, je m'étais blessée sérieusement. Encore une fois, de la tour de 10 mètres et encore une fois, avec ce satané plongeon qu'est le 3 sauts périlleux ½ avant en position carpée.

Mon pied a glissé au moment de l'impulsion et j'ai instantanément perdu tous mes repères. J'ai bien tenté de récupérer, mais j'en ai été incapable, si bien que j'ai touché l'eau directement avec la tête. Le choc a été terrible. Au point que j'ai aussitôt perdu connaissance et que je me suis retrouvée au fond de la piscine. Les entraîneurs et les plongeurs ont sauté à l'eau, et c'est Philippe Comtois qui m'a finalement sortie du bassin. Je suis demeurée inconsciente pendant un moment. On m'a donné les premiers soins et fait venir l'ambulance, qui m'a conduite à l'hôpital.

Heureusement, il y a eu plus de peur que de mal. On a conclu évidemment à une commotion cérébrale, mais relativement légère. J'ai été au repos complet pendant deux semaines et je n'ai donc pas pu participer à la sélection des athlètes pour la Coupe du monde.

Le bon côté de cette aventure, c'est que la Fédération, en évaluant mes performances des mois précédents, a décidé de me présélectionner, ce qui signifie que je n'ai pas eu à participer aux qualifications et que j'ai obtenu un laissez-passer pour ce premier rendez-vous en Australie.

Je considère que j'ai été chanceuse au cours de ma carrière. Il est clair que je disposais d'une solide ossature et d'une fibre musculaire explosive, mais mes premières années en gymnastique ont aussi permis de développer ma flexibilité et mon orientation spatio-temporelle. Michel et Yihua ont également toujours mis l'accent sur une bonne préparation physique, technique et biomécanique avant de préparer une nouvelle saison ou un nouveau plongeon. Avec les années, j'ai également réalisé qu'une excellente hygiène de vie était indispensable. Afin d'éviter les blessures, il est primordial de disposer de bonnes nuits de sommeil et de fournir à son corps le carburant nécessaire en se nourrissant adéquatement. On ne s'élance pas de la tour de 10 mètres sans être bien reposé et bien préparé physiquement et mentalement, si on veut éviter les blessures.

Mes parents disent que je suis dure pour mon corps et que j'ai un seuil de tolérance à la douleur très élevé. Je n'en sais rien. Il faut dire que dans les années 90 la culture du sport incitait à s'entraîner jusqu'à en souffrir. On n'était pas un véritable athlète si on arrêtait l'entraînement ou la compétition à la moindre blessure. À la veille des Jeux de 1992 à Barcelone, en Espagne, on avait vu se multiplier les t-shirts arborant l'inscription : *No pain, no gain, no Spain*, « Sans souffrance, pas de progrès ni d'Espagne ». C'est certainement en raison de cette mentalité, partagée par de nombreux athlètes, que je n'aime pas me plaindre ni parler de mes bobos. Au-delà de ces considérations, je pense que c'est le goût de la compétition qui était le plus fort. J'étais animée de ce désir de me surpasser.

Quand j'étais sur la tour et que je m'apprêtais à plonger, je savais que ça pouvait faire mal. J'avais peur. Vous vous imaginez peut-être qu'on réussit tous nos plongeons du premier coup. Mais non, on peut pratiquer un plongeon des dizaines de fois ; ça peut prendre plusieurs mois avant de le réussir. Vous pouvez comprendre le sentiment d'accomplissement que l'on éprouve lorsqu'on réussit un plongeon pour la première fois. Un véritable plaisir. C'est à ce moment que je me sentais vraiment heureuse. C'est ce sentiment de satisfaction que je recherchais, une fierté qui me faisait me sentir vivante.

***

La Coupe du monde qui se déroulait à Sydney n'était ni plus ni moins qu'une générale du grand spectacle qui envahirait la ville et le monde quelques mois plus tard. J'étais spécialement joyeuse d'y être. Ce qui est impressionnant, c'est de savoir que nous sommes sur le site même où se vivront les Jeux. En même temps, nous avons un travail à faire et, quoi qu'on en dise, toutes les installations de plongeon finissent par se ressembler...

Notre équipe féminine pour cette occasion était particulièrement nombreuse et puissante. Je participais à l'épreuve individuelle au tremplin de 3 mètres en compagnie d'Eryn Bulmer, alors que le 3 mètres synchro était l'affaire d'Eryn et de Blythe Hartley. À la tour, qui était ma discipline préférée, je faisais l'individuel avec Anne Montminy et le synchro avec Myriam Boileau. Inutile de dire que le programme était très chargé.

Comme la Fédération souhaitait faire une répétition exacte de ce que les athlètes vivraient l'automne suivant, il y avait d'abord eu une période d'entraînement. Des installations avaient été réservées en Tasmanie, un État australien situé à un peu plus de 200 kilomètres de la côte sud-est de l'île principale. Nous y avons passé quelques jours afin de nous acclimater au pays et à l'important décalage horaire entre le Canada et l'Australie. Les athlètes qui devaient plus tard être choisis pour participer aux Olympiques feraient le même parcours et se rendraient au même endroit. Pour un événement comme les Jeux olympiques, rien n'est laissé au hasard. Comme d'habitude, ni en Tasmanie ni à Sydney, notre horaire ne nous a vraiment permis de faire du tourisme. Il y a eu une seule journée de libre et, outre une visite au zoo, je ne me souviens pas de ce que j'ai fait.

La compétition au 10 mètres était féroce. Il y avait d'abord les Chinoises qui étaient toujours à craindre. Elles étaient vraiment très fortes. Il ne fallait pas oublier non plus les Australiennes, qui se préparaient d'arrache-pied pour les Jeux qui se déroulaient chez elles. Enfin, il y avait une Ukrainienne dont il fallait se méfier et qui réussissait alors très bien. Cela dit, les Canadiennes faisaient aussi partie des puissances mondiales en plongeon. Nous avons d'ailleurs fait une très belle compétition. En individuel, Anne a terminé deuxième, derrière une Chinoise, et j'ai obtenu la cinquième place.

En synchro, l'incertitude régnait. La discipline était récente et nous n'avions pas une immense expérience. L'enjeu de la Coupe du monde était par contre crucial, puisqu'il fallait terminer parmi les huit premières équipes afin de qualifier le Canada pour les Jeux olympiques. Étant donné que Myriam et moi nous entraînions dans la même piscine et avions le même entraîneur (Michel Larouche), la Fédération avait décidé que nous allions former l'équipe de synchro pour cette compétition. Nous avons donc décidé de mettre nos différends de côté afin de sélectionner le pays. De toute façon, même si on se qualifiait, cela ne signifiait pas que Myriam et moi allions représenter le Canada aux Jeux olympiques. Mais on a pu dire « mission accomplie », puisque nous avons terminé à la cinquième place.

Finalement, au 3 mètres, j'ai offert une performance plutôt ordinaire, terminant au 19e rang. Malgré cette petite déception, la Coupe du monde a été une merveilleuse mise en appétit pour les grands jeux qui devaient avoir lieu l'automne suivant.

**

En ce printemps 2000 s'était tenue une autre compétition d'envergure : le Grand Prix des États-Unis, qui s'était déroulé à Fort Lauderdale au mois de mai. Toutes proportions gardées, les Grands Prix de plongeon sont des événements légèrement moins importants que les Coupes ou les Championnats du monde. Ce n'est quand même pas rien, mais c'est un peu moins prestigieux, sauf dans le cas de deux Grands Prix : ceux des États-Unis et d'Allemagne. Dans ces deux cas, on trouve vraiment la crème des plongeurs mondiaux. C'était encore plus vrai pour cette édition du Grand Prix des États-Unis, qui avait lieu juste avant les Jeux olympiques. Tout le monde y était, afin d'évaluer les forces en présence pour le défi qui approchait.

Or, encore une fois, l'aventure s'est bien déroulée pour moi. J'ai bien plongé, terminant avec la médaille d'argent à la tour de 10 mètres.

Mais en ce qui me concernait, rien n'était encore joué. Le fait d'avoir participé à la Coupe du monde ou d'avoir été deuxième au Grand Prix des États-Unis ne signifiait aucunement que j'allais participer aux Olympiques. Aucune plongeuse ne savait encore si elle se qualifierait dans l'équipe canadienne. La réponse viendrait au début de l'été. C'est à ce moment que le Canada avait planifié les épreuves qui lui permettraient de se classer. Je savais que la lutte y serait encore plus vive.

Chapitre 6

Les Jeux olympiques… On y était presque ! Plus que quelques mois. Voilà des années que j'y pensais. J'avais maintenant une chance d'y prendre part. Pas dans le sport qui avait donné corps au rêve, mais dans une autre discipline que j'aimais encore davantage et pour laquelle j'avais du talent.

Participer aux Olympiques, c'est un peu comme gravir l'Everest. Même quand on est près du sommet, on n'y est pas encore. Les cent derniers mètres sont les plus difficiles et les plus dangereux. Tout peut arriver…

Je me sentais un peu dans la même situation. Il me restait l'étape ultime à franchir : les essais olympiques. C'est seulement après ces épreuves que seraient connus les membres de l'équipe canadienne ; rien n'était encore joué.

La Fédération, pour choisir les meilleurs du pays, avait adopté une nouvelle méthode de sélection. Elle visait essentiellement à éviter que tout se joue en une seule compétition. Les responsables fermeraient ainsi la porte à tout athlète qui réussirait LA performance de sa vie aux seuls essais olympiques, mais serait incapable de la répéter par la suite. De toute façon, vous avez déjà compris qu'au plongeon, on n'opte jamais pour la solution de facilité.

La Fédération avait donc établi un système de pointage basé, entre autres, sur les compétitions internationales auxquelles nous avions participé avant les essais. Un classement Or et Argent avait été créé. À titre d'exemple, un plongeur qui obtenait, disons, 350 points ou plus à une compétition internationale obtenait une certification Or, qui lui valait 5 crédits aux essais olympiques. S'il obtenait 315 points ou plus, il était classé Argent et recevait 3 crédits. Mais il n'était possible d'en accumuler que deux fois dans l'année, ce qui signifie que nous pouvions acquérir un maximum de 10 crédits en vue des essais. Il est évident que ce système aidait ceux et celles qui étaient talentueux et constants; voilà d'ailleurs ce que recherchait la Fédération. Toutefois, même en ayant accumulé le maximum de crédits, les qualifications demeuraient névralgiques dans la décision définitive. Il fallait bien plonger à cette occasion, sinon… À l'issue des essais, si vous aviez terminé en première place, vous receviez 10 crédits. La deuxième place en valait 7 et la troisième, 5. C'est la somme de tous ces crédits qui allait déterminer celui ou celle qui serait sélectionné pour Sydney.

Ai-je besoin de vous dire qu'il y avait énormément de pression quand nous nous sommes présentées au bassin en ce début d'été 2000? J'avais réussi à amasser les 10 points accordés préalablement, tout comme Anne Montminy, alors que Myriam Boileau en avait 8. Nous étions encore presque à égalité pour une place à la tour de 10 mètres, car l'écart des points en banque était tellement mince qu'il obligeait à terminer parmi les deux premières aux essais pour intégrer l'équipe canadienne, où seulement deux plongeuses seraient sélectionnées.

Quand je suis arrivée ce matin-là, je savais que l'étape serait difficile à franchir. J'étais la plus jeune des trois, mais j'avais confiance en moi. Il serait plus juste de dire que j'étais relativement confiante en mes moyens, parce que rien n'est jamais coulé dans le béton quand on se lance dans une épreuve. Cependant, si je plongeais comme je le faisais lors des entraînements, j'avais d'excellentes chances de réussir et de joindre l'équipe olympique. Il fallait seulement que je plonge comme j'étais capable de le faire.

Les essais ont eu lieu au complexe Claude-Robillard. J'étais passablement énervée. En réalité, les essais sont plus stressants que les Olympiques. Si on y connaît une mauvaise journée, on est tout simplement écarté. La porte se ferme pour au moins quatre ans. Obtenir la troisième place à ces essais, c'est l'anonymat. Vous ne pouvez représenter votre pays, car le sport a décidé que d'autres vous sont supérieurs.

Si, par contre, vous obtenez votre place pour les Jeux, il se peut que la compétition là-bas soit ardue et que vous n'offriez pas votre meilleure performance, mais vous êtes aux Jeux olympiques, ce qui est en soi une réussite. Si vous arrivez troisième, c'est la médaille de bronze. Même si vous arrivez dernière, toute la planète reconnaîtra que vous êtes quand même parmi l'élite mondiale. Alors oui, selon moi, les premiers essais sont plus stressants que les Olympiques.

Ce matin-là, tout ce que je voulais, c'était être membre de l'équipe et aller à Sydney. Je ne me voyais pas nécessairement parmi les médaillés olympiques. Ce n'était pas encore le moment ; mon seul véritable objectif était d'y être. Je sais que, plus jeune, j'avais déclaré que je ne voulais pas seulement y aller, mais que je voulais y performer à la hauteur de mes possibilités. Cependant, d'une part, c'était prématuré de penser à ce que je pouvais réaliser aux Olympiques sans d'abord m'être qualifiée dans l'équipe qui s'y rendrait. Il faut franchir les étapes une à une et, pour l'instant, cela se limitait à réussir aux essais. De plus, en vieillissant, j'avais compris à quel point il était difficile de se rendre aux Jeux olympiques. Je réalisais l'ampleur du défi qui consistait à seulement participer à cet événement. Donc, avant même de penser à performer aux Jeux, je devais d'abord m'assurer que je pouvais y prendre part. Aussi simple que cela !

Somme toute, j'étais nerveuse. Très nerveuse !

Comme Myriam avait changé de club depuis quelques mois, j'ignorais comment elle performait maintenant, parce que je ne la côtoyais plus aussi souvent. Elle avait dû s'entraîner avec tout l'acharnement que je lui connaissais. Quant à Anne, je savais qu'elle excellait toujours.

Aux essais, il y a les préliminaires, les demi-finales et la finale. Pour cette compétition, toutes les étapes sont comptabilisées, ce qui implique que tous les plongeons ont leur importance. On ne peut en rater aucun.

Après les préliminaires et les demi-finales, Anne Montminy était en tête. Elle a si merveilleusement plongé qu'elle nous devançait largement, les juges lui ayant accordé une quarantaine de points de plus qu'à Myriam et à moi. Techniquement, elle était pratiquement assurée de la première place, car il nous était presque impossible de la rejoindre, à moins, bien entendu, qu'elle rate tous ses autres plongeons et que, de notre côté, nous excellions. Mais il ne fallait pas trop compter là-dessus ; Anne avait de fortes chances d'obtenir les 10 crédits qui étaient alloués à la gagnante des essais. Néanmoins, avant les finales, rien n'était encore joué entre Myriam et moi, car elle ne me devançait que par quelques centièmes de point. C'est en finale que serait donc déterminée celle qui prendrait la deuxième place pour les Jeux. Rien pour diminuer mon stress !

Pour l'ultime étape, puisque j'étais troisième, je devais donc plonger avant Myriam. À mon sens, c'était un avantage : un bon plongeon de ma part lui ajouterait de la pression. Quant à moi, comme d'habitude en compétition, aussitôt mon plongeon terminé, je m'éloignais et je restais dans ma bulle, loin de tout ce qui se passait dans la piscine, ignorant ce que les autres avaient réalisé. J'avais regardé où nous en étions après les demi-finales, mais avant même mon premier plongeon en finale, j'avais repris mes distances. Ce sont les autres qui m'ont ensuite raconté comment tout s'était déroulé à propos de nos pointages.

Myriam et moi avons bien réussi nos deux premiers plongeons. Cependant, comme le coefficient de difficulté de mes plongeons était légèrement plus élevé que le sien, j'avais réussi à lui ravir la deuxième place. Je me suis alors avancée pour mon troisième plongeon. J'avais l'impression de sentir, presque physiquement, cette tension qui m'habitait. Je la savais aussi ressentie par tous les spectateurs autour du bassin. Je me suis lancée, mais je n'ai pas bien réussi. Pas une catastrophe, mais certainement pas un plongeon qui passerait à l'histoire. Quelques minutes plus tard, Myriam a enchaîné avec un bon plongeon, ce qui lui a redonné les devants.

J'ouvre ici une petite parenthèse: nous réagissons tous différemment quand surviennent des pépins ou des coups durs. J'ai déjà avoué que je n'étais pas celle qui avait le plus confiance en elle. C'est malheureusement vrai; je n'ai pas cette assurance que possède, par exemple, Alexandre Despatie. Quand on le regarde, on sent cette présence, cette absolue certitude qu'il est capable de tout réussir. Il ne fait qu'exprimer ce qui est, pour lui, une vérité. Il peut parler à n'importe qui, il dégagera toujours cette aura qui allie bon sens et totale confiance en ses moyens. En plus, il ne semble jamais avoir peur.

Je ne suis pas comme lui. Quand je suis sur la tour, j'ai des craintes. Je les contrôle, mais elles sont là. Chez moi, tout est intériorisé. Je sais que je suis capable, je sais que je peux réussir, je sais que j'ai les ressources nécessaires et la détermination indispensable, mais je ne dégage pas cette confiance en soi et ce magnétisme qui font paraître les choses faciles.

Néanmoins, j'ai une immense force de caractère qui fait que je n'accepte pas facilement l'échec ou les demi-mesures. Comment expliquer?

Disons que si j'avais fait un plongeon très moyen ou carrément mauvais, comme cela venait de se produire aux essais, je n'étais pas abattue pour autant. Au contraire, en fait. Je revenais ensuite plus forte. Comme si je disais à la face du monde: «J'en ai manqué un, mais vous allez maintenant voir ce que je sais faire. » Je retournais sur la tour, et ma concentration était aussi totale que ma volonté de réussir le plongeon suivant.

Tout ça pour dire que le résultat de mon troisième plongeon ne m'a pas ébranlée. Au contraire, ça m'a fouettée. Je suis retournée sur la plateforme certaine de mes moyens et de mes capacités.

J'ai parfaitement effectué mon quatrième plongeon, alors que celui de Myriam a été « correct ». Après le quatrième tour, je prenais une avance de 25 points, ce qui me procurait une petite marge de sécurité.

Cela dit, je ne savais toujours pas où nous en étions dans les points. Pour moi, tout se déciderait au dernier plongeon. J'étais déterminée à tout donner pour cette dernière tentative. Dans mon esprit, ma présence aux Jeux en dépendait. J'avais choisi un plongeon difficile avec un coefficient de difficulté très élevé. En fait, pour être encore plus précise, j'étais alors la seule femme au monde à l'exécuter. Il s'agissait d'un 2 sauts périlleux ½ arrière avec une vrille et demie en position carpée. Aujourd'hui, toutes les plongeuses qui désirent aller loin au niveau international se doivent de l'exécuter, ce qui signifie qu'il est beaucoup plus courant de le voir en compétition. À l'époque, j'étais toutefois la seule à l'inscrire sur ma liste de plongeons. Le risque était grand, mais c'était le chemin que Michel Larouche et moi avions convenu d'emprunter avant les essais. Le moment venu, je suis montée sur la tour, j'ai sauté... et j'ai réussi un excellent plongeon. Dès que je suis entrée dans l'eau, je savais que j'avais bien fait. J'étais satisfaite de mon départ, de ma technique dans les airs et de mon entrée dans l'eau. En sortant de la piscine, je me suis tout de suite dirigée vers Michel.

— Est-ce que je vais à Sydney ? lui ai-je demandé, inquiète.

— Oui !

Je lui ai sauté dans les bras. Même si Myriam n'avait pas encore fait son dernier plongeon, il était impossible pour elle de me rejoindre. J'étais assurée de faire partie de l'équipe olympique.

Je ne crois pas avoir jamais été plus contente qu'à cet instant. Même en obtenant des notes parfaites des juges, il était impossible pour Myriam de me devancer. J'ai quand même attendu qu'elle effectue son dernier plongeon. Malgré une belle exécution, je l'ai effectivement battue. C'était alors officiel : j'allais réaliser mon rêve de vivre les Jeux olympiques !

J'étais folle de joie. Je riais et je pleurais en même temps. En levant les yeux vers la foule, j'ai aperçu mes parents et ma sœur qui criaient et célébraient aussi. J'y étais parvenue. J'allais à Sydney. Moi qui ne suis ni très démonstrative ni très émotive, j'enlaçais tout le monde. Je ne marchais pas, je bondissais d'un coin à l'autre. Malgré ces débordements de joie, je ne réalisais pas encore vraiment que j'avais été sélectionnée pour aller aux Jeux. J'étais seulement et totalement heureuse.

***

Ma place à la tour était assurée. Du même coup, j'obtenais une participation en plongeon synchronisé. Souvenez-vous que le Canada avait obtenu sa participation à cette épreuve lors de la Coupe du monde du mois de janvier précédent. La Fédération canadienne avait ensuite dû prendre quelques décisions quant à la composition de l'équipe.

Je rappelle le contexte : le plongeon synchronisé devait faire son entrée aux Jeux de 2000. Toutefois, quand le Comité international olympique a accepté cette discipline, il a aussi ajouté une contrainte : il ne fallait pas que cela augmente le nombre d'athlètes en plongeon. Cette exigence avait une conséquence pour nous. Les pays qui avaient obtenu leur place en synchro avaient deux choix : soit ils décidaient que les meilleurs plongeurs en individuel feraient aussi le synchro, soit ils optaient pour que les athlètes qui réussissaient le mieux en synchro les représentent en compétition individuelle, même si leurs résultats pouvaient y être moins impressionnants.

Fort heureusement pour Anne et moi, le Canada a choisi le premier scénario. La Fédération préférait miser sur les qualités en plongeon individuel, en se disant que des plongeurs de talent formeraient également une équipe de synchro douée. Cette décision signifiait surtout que j'allais participer aux compétitions à la tour, en individuel et en synchro. C'était fantastique !

Comme l'épreuve du 10 mètres chez les femmes terminait les essais pour la sélection olympique, j'ai pu assister au banquet de clôture avec toute l'allégresse que vous pouvez imaginer. J'ai eu une pensée pour Myriam ; nous n'étions pas les meilleures amies du monde, mais je comprenais sa déception. Elle avait déjà été exclue des Jeux de 1996 et voilà qu'elle devait aujourd'hui abandonner l'espoir d'aller à Sydney. C'est le triste revers de la compétition et du sport en général : il y a des perdants.

* * *

Après une petite semaine de repos, l'entraînement a repris avec intensité et vigueur. La seule chose qui comptait, c'était de se préparer pour l'automne, pour Sydney, pour les Olympiques. Et personne n'a ménagé ses efforts. Comme c'était l'été et que la plupart des compétitions et des cours de plongeon étaient terminés, nous avions la piscine pour nous seuls. Il y avait trois plongeurs du CAMO dans l'équipe canadienne, dont Christopher Kalec et, le plus jeune d'entre nous, Alexandre Despatie, qui n'avait que 15 ans.

Parallèlement, il fallait qu'Anne Montminy et moi puissions nous entraîner en synchronisé. La première étape consistait à déterminer les plongeons que nous allions présenter. Nous avions toutes les deux nos forces et nous devions les réunir pour obtenir les meilleurs résultats possible. Anne est un peu plus petite que moi, mais pour plonger en synchro de la tour, c'est beaucoup moins grave que si on le fait du tremplin de 3 mètres. Au tremplin, le poids est un élément important de l'équation, car l'impulsion est différente ; si l'une des deux filles est plus grande et plus lourde que l'autre, le balancement du tremplin ne sera pas le même, rendant plus difficile une exécution parfaitement synchronisée. À la tour, comme nous nous élançons d'une base fixe, il est possible d'harmoniser les mouvements malgré une taille et un poids dissemblables.

Il fallait donc choisir des plongeons avec lesquels nous avions déjà du succès. Ceux de base ne posaient pas de problème, mais en ce qui concerne les optionnels, nous nous sommes rendu compte que nos listes divergeaient. Avec nos entraîneurs, nous avons notamment choisi le 3 sauts périlleux ½ avant en position carpée (eh oui, toujours celui-là) et le 2 sauts périlleux ½ arrière en position carpée que nous réussissions bien toutes les deux. Le choix du dernier a été un peu plus problématique. En fin de compte, nous avons opté pour le 2 sauts périlleux ½ renversé en position groupée. J'aimais bien ce plongeon avec lequel j'ai toujours eu passablement de facilité. J'avais toutefois décidé de le retirer de ma liste pour les compétitions en individuel, puisque son coefficient de difficulté était moins élevé que mes autres plongeons. En synchro, il était toutefois tout à fait adéquat. Anne l'avait aussi éliminé de sa liste habituelle de plongeons pour les mêmes raisons. Elle le connaissait très bien et le réussissait, mais elle ne l'effectuait pas avec autant d'aisance que moi. Ce plongeon comporte, en effet, une difficulté additionnelle du fait qu'il s'agit d'une entrée dans l'eau dite « à l'aveugle », qui est beaucoup plus stressante. Parce que les rotations se font vers l'arrière, l'athlète ne voit l'eau qu'à la dernière seconde, ce qui rend une entrée parfaite et verticale beaucoup plus difficile. En ce qui me concerne, j'avais toujours eu de la facilité avec cette figure. Anne en avait un peu moins, mais ce n'était pas dramatique.

Une fois ces décisions prises, les entraînements ont commencé. Comme Anne faisait partie du club de Pointe-Claire et que j'étais au CAMO, il a été convenu que nous aurions deux sessions par semaine et que nous alternerions les piscines. Évidemment, nous n'avions jamais plongé ensemble; nous n'avions donc aucune idée de la facilité avec laquelle nous nous synchroniserions. Dès les premiers plongeons, nous avons réalisé que malgré la différence de taille et de technique nous étions naturellement synchro. Le plongeon synchronisé est avant tout une affaire de rythme et nous en avions un presque identique. Je me rappelle qu'en revenant de la piscine j'ai appelé mon père.

— Papa, papa, avec Anne, ça marche! lui ai-je crié comme une folle.

— Mais qu'est-ce qui marche avec Anne? a-t-il répondu.

— Le synchro, le synchro, ça marche!

Très rapidement, j'ai apprécié notre façon de travailler et l'attitude d'Anne. C'est une excellente plongeuse qui possède aussi ce souci de la perfection. De plus, j'ai toujours eu l'impression que nous avions des personnalités qui allaient bien ensemble. Pour ces raisons, j'ai eu beaucoup de plaisir pendant les entraînements.

***

À la fin de l'été, toute l'équipe est partie pour l'Australie, qui accueillait les Jeux du 15 septembre au 1er octobre. Nous avons passé les trois ou quatre premiers jours à Sydney. Nous avons pu y faire nos premiers entraînements, mais surtout nous familiariser avec les installations, aller chercher nos accréditations et trouver nos chambres dans le village olympique.

Dire que les Jeux olympiques sont un événement majeur dans le monde du sport est en dessous de la vérité. C'est tout simplement colossal, gigantesque. Et ils n'avaient pas encore commencé! Nous n'en étions qu'à l'accueil des premières délégations. Le grand cirque n'allait se mettre en branle que quelques jours plus tard, mais on sentait déjà une frénésie extraordinaire à Sydney. Toute la cité semblait impliquée dans cet événement. Bientôt, des dizaines de milliers de touristes allaient l'envahir pour assister à cette énorme, unique et extraordinaire compétition. En regardant tout ça, j'étais heureuse d'avoir déjà visité l'essentiel des sites de plongeon quelques mois plus tôt. J'avais déjà une idée de ce que je verrais en arrivant sur place. Même ainsi, je ne m'attendais pas à quelque chose d'aussi démesuré; le choc a quand même été formidable.

Après ces quelques jours à Sydney, l'équipe de plongeon, comme convenu plusieurs mois auparavant, s'est dirigée vers la Tasmanie pour poursuivre la préparation. Cela nous éloignait un peu de tout le tumulte qui faisait vibrer Sydney.

Nous devions y passer plusieurs jours, puisque le plongeon féminin à la tour était programmé pour la deuxième semaine des Jeux. Ce séjour en Tasmanie signifiait aussi que j'allais rater les cérémonies d'ouverture. J'aurais pu y assister, car on nous avait proposé de nous y conduire pour vivre ce moment extraordinaire. Cependant, je considérais que j'avais davantage besoin de poursuivre l'entraînement, de me reposer et de me concentrer sur mes performances à venir. J'ai eu un petit pincement au cœur en regardant les cérémonies à la télé en sachant que j'aurais pu m'y trouver, mais franchement, je n'ai pas eu de regrets. Toutes mes pensées étaient tournées vers mes compétitions.

Enfin, après plusieurs jours, notre tour est venu et nous nous sommes mis en route pour le village olympique de Sydney. Mon amie Blythe faisait aussi partie de la délégation et participait aux épreuves sur le tremplin de 3 mètres. C'est avec elle que je devais partager une chambre pendant les jours suivants et j'en étais bien contente. Nous nous entendions à merveille. Nous avons cependant eu une petite surprise en arrivant au village. Les installations qui avaient été prévues pour la délégation canadienne étaient constituées de petits immeubles de 3 étages qui comptaient 15 chambres. Il y avait des toilettes et des douches communes sur chaque étage. J'ignore pour quelle raison, mais il n'y avait pas assez de place ; il a été impossible de loger tous les athlètes dans ces édifices. On nous a donc dirigées, Blythe et moi, vers une espèce de petit cabanon qui avait été monté à la hâte dans la cour de ces immeubles. Quelque chose de très sommaire qui ressemblait à la fois à une petite roulotte et à un mini-cabanon. Les murs étaient constitués d'un matériau qui laissait passer la lumière et n'offrait aucune isolation, ni thermique ni sonore. Le matin, le soleil pénétrait de tous ses rayons dans notre minuscule chambre. Il était très difficile d'y dormir. Sans compter que nous étions en septembre, c'est-à-dire au début du printemps en Australie. Si les journées étaient assez chaudes, les nuits étaient très fraîches, le mercure descendant à environ cinq degrés. On a donc dû nous fournir un chauffage d'appoint que nous allumions pour ne pas geler. Toutefois, si nous étions assez bien durant la nuit, aussitôt que le soleil se levait, la température montait en flèche et la chaleur devenait insoutenable.

Par ailleurs, nous avions des toilettes et une douche pour nous deux, ce qui aurait pu être un avantage. Cependant, encore là, nous avons déchanté. En effet, dès la première tentative, nous nous sommes rendu compte que le réservoir à eau chaude était minuscule, presque homéopathique. À peine suffisant pour une douche rapide. L'autre devait donc attendre que le réservoir se remplisse de nouveau et que l'eau se réchauffe avant de pouvoir se laver.

Je crois que les responsables ont décidé que Blythe et moi pouvions résider là sans problème, puisque nous étions parmi les plus jeunes du groupe. À cet égard, ils ont eu raison. Nous étions tellement excitées d'être à Sydney que nous n'avons pas bougonné. Quelle que soit notre chambre, ça nous allait.

***

Puis les compétitions ont débuté pour moi aussi. D'abord, les épreuves individuelles. J'étais passablement nerveuse en me présentant à la tour pour mon premier plongeon. Avant que nous quittions Montréal, Michel avait bien tenté de nous expliquer ce que serait l'expérience des Jeux. Mais rien ne pouvait nous préparer à ce qui nous attendait.

Les Olympiques, c'est énorme. Il y avait tellement de plongeuses durant la ronde préliminaire que ça n'avait aucun sens. Il faut que je vous explique comment ça se passait pour comprendre ce que je ressentais lors de ce premier plongeon. Avant l'épreuve, nous pouvions naturellement aller nous échauffer en utilisant les installations de la piscine. Mais nous étions 48 plongeuses pour les préliminaires!

Voilà pourquoi je m'étais présentée au moins trois heures avant le début de l'épreuve : je voulais avoir la chance d'exécuter quelques plongeons. Je ne me souviens plus exactement de l'horaire, mais disons que cette première étape devait débuter à 13 h. Naturellement, les organisateurs devaient fermer les tremplins et la plateforme environ une demi-heure avant le début officiel. Pour disposer d'un peu de temps d'entraînement, j'ai donc dû me présenter au bassin vers 9 h 30. Il était encore tôt, mais il fallait tout de même patienter, sachant que près d'une cinquantaine de filles attendaient aussi leur tour. Mon entraînement n'a pas pu être aussi rigoureux que je l'aurais espéré. Mais bon, nous étions toutes dans le même bateau...

Puis, avant que les compétitions commencent, on nous a attribué un numéro pour déterminer l'ordre des plongeuses. Naturellement, j'ai hérité du numéro 48. Je plongerais la dernière. Or, il a fallu près d'une heure avant que je puisse monter sur la plateforme pour mon premier essai. Il était alors près de 14 h, ce qui signifie que j'avais effectué mon dernier plongeon d'entraînement environ 90 minutes avant.

En plus, il y avait beaucoup de monde dans les estrades, sans compter les caméras qui me fixaient. Néanmoins, mes réflexes ont rapidement repris le dessus. Les années d'entraînement à fignoler et à apprivoiser les plongeons avaient fait leur travail. Je suis entrée dans ma bulle et j'ai sauté. Effectivement, les deux premières étapes, les préliminaires et les demi-finales, se sont bien déroulées puisque j'ai accédé à la finale.

Lors de mes deux premiers plongeons de cette phase ultime, tout s'est bien passé. Je plongeais bien et j'étais satisfaite de ma performance. Pour mon essai suivant, j'avais prévu d'exécuter un équilibre arrière. Pour vous expliquer, je devais m'approcher du bord de la tour, me retourner pour tourner le dos à la piscine, prendre appui sur les mains, lever les jambes et me tenir en équilibre. C'était la position de départ : j'avais la tête en bas et je faisais face au bassin et à la foule. Vous savez que durant les compétitions, théoriquement du moins, personne ne doit prendre de photos. Surtout si vous devez utiliser un flash. Mais on respecte rarement cette recommandation. Des spectateurs ont sûrement utilisé leur appareil à mes premiers essais, mais ça ne m'avait pas dérangée. Par contre, dans la position dans laquelle je me trouvais, en équilibre sur les mains, ces flashs lumineux m'ont déconcentrée, au moment précis où je quittais la tour. J'ai donc totalement raté ce plongeon.

En entrant dans l'eau, je savais que ça s'était mal passé. Il existe cependant une règle qui permet au plongeur qui aurait été dérangé par un élément extérieur de demander une révision aux juges. Si elle est acceptée, il est possible de reprendre le plongeon. Pour ce faire, il faut le signaler au responsable en levant le bras dès qu'on refait surface. Il est très rare qu'un athlète fasse cette demande. J'ai toutefois vu le plongeur Tom Daley lever le bras lors des olympiques de

Londres. Lui aussi avait été dérangé par des flashs d'appareils photo. Les juges lui ont accordé la révision et il a pu reprendre son plongeon, ce qui lui a permis de terminer dans les trois premiers de l'épreuve et de gagner la médaille de bronze.

En ce qui me concerne, j'en étais à mes premiers Jeux et j'étais encore très jeune. Immédiatement après ce plongeon raté, alors que j'étais encore dans l'eau, toutes ces questions me sont passées par la tête. Je savais que j'avais été déconcentrée. Je pouvais faire appel. Mais, en même temps, je me suis dit que c'était ma faute, que je n'avais pas à me laisser déranger par ces lumières. Et puis, j'avoue que j'étais gênée de demander une révision. J'avais peur d'importuner et qu'on croie que je faisais cet appel juste parce que j'avais raté mon plongeon et que l'intervention extérieure n'y était pour rien.

Alors, je n'ai rien fait. Je suis simplement sortie du bassin et je me suis éloignée pour aller dans mon coin, comme je le faisais toujours. En raison de ce mauvais résultat, et même si mes autres plongeons ont été excellents, j'ai terminé le 10 mètres individuel en cinquième place.

Je regrette parfois ce manque de confiance en moi. Si j'avais demandé une révision, peut-être m'aurait-elle été accordée. On peut ensuite imaginer que les points obtenus pour la reprise m'auraient permis de m'approcher du podium et, pourquoi pas, d'y monter.

À cause de cette hésitation, j'ai peut-être terminé ma carrière avec une médaille olympique en moins. Je ne suis pourtant pas amère. On ne sait pas ce qui serait arrivé si j'avais pu reprendre ce plongeon. J'aurais peut-être gagné, mais rien n'est certain. J'aurais pu en manquer un ou plusieurs autres. Alors, j'accepte les choses comme elles se sont produites. On ne peut pas revenir sur le passé, et les remords sont rarement constructifs. Il valait mieux passer à autre chose. Et puis, comme l'épreuve du 10 mètres en plongeon synchronisé allait débuter sous peu, j'y ai consacré toute mon attention.

Néanmoins, quand il m'arrive d'y repenser, je me dis que peut-être…

***

Dès le surlendemain, Anne et moi avions recommencé à nous préparer pour la compétition synchronisée à la tour de 10 mètres. Nous nous étions beaucoup entraînées au cours des mois précédents, afin d'être prêtes à livrer une belle bataille à Sidney. Cependant, c'était seulement la deuxième fois que nous participions ensemble à une compétition. En effet, un peu plus tôt, pour savoir où nous en étions dans notre préparation, nous nous étions inscrites en synchro à une épreuve qui avait eu lieu en Italie au mois de juillet. Tout avait parfaitement fonctionné, puisque nous avions décroché la médaille d'argent. C'était donc très encourageant pour Sydney. Toutefois, l'Italie, même si la concurrence était sérieuse, n'avait rien à voir avec ce que nous vivions et ressentions aux Olympiques.

Quoi qu'il en soit, cette journée-là, nous étions en forme. Et il le fallait, parce qu'en synchro, comme on ne compte que huit équipes, il n'y a qu'une étape : la finale. Ici, pas de préliminaires ni de demi-finales. On entre directement dans le vif du sujet, ce qui donne encore plus d'importance à chaque plongeon effectué. Mais, comme je viens de le dire, nous étions en forme. Après les trois premiers plongeons, nous étions en troisième position. Les Chinoises et les Australiennes nous devançaient. Nous sommes remontées sur la tour pour notre quatrième essai, le 2 sauts périlleux ½ renversé en position groupée, celui avec une entrée dans l'eau à l'aveugle.

Nous nous sommes avancées jusqu'au bout de la tour pour prendre position. Nous sommes restées comme ça, immobiles, quelques secondes, le temps de bien visualiser ce que nous devions faire. Puis, simultanément, nous avons levé les bras, prêtes pour le départ. Comme nous en avions l'habitude depuis le début de notre collaboration, j'ai fait le décompte final : « Un, deux, trois, go ! » Nous nous sommes envolées. Et ça a été extraordinaire. Peut-être l'un de nos meilleurs plongeons. La synchronisation et l'exécution étaient excellentes, à tel point qu'un des juges nous a accordé une note par-faite de 10. Nous avons obtenu un résultat de 237,33, ce qui nous valait le premier rang provisoire.

Il ne nous restait qu'un plongeon à exécuter : le fameux 3 sauts périlleux ½ avant en position carpée. Quand nous sommes montées pour ce dernier essai, les Chinoises avaient repris l'avance et nous étions en deuxième position. J'étais à la gauche d'Anne et j'étais excessivement nerveuse. Je refaisais mentalement tous les gestes que je devrais exécuter quelques instants plus tard. Ces quelques secondes qui durent une éternité. Finalement, nous étions prêtes. J'ai fait le décompte final et nous avons effectué les quelques pas qui nous per-mettaient d'obtenir une bonne vitesse pour une meilleure impulsion. Nous étions dans les airs : première rotation, deuxième, troisième, puis la moitié d'une dernière pour l'entrée dans l'eau en position ver-ticale… Voilà, c'était fait ! J'étais certaine d'avoir réussi. Mais en plein vol, il m'avait été impossible de savoir comment ça s'était passé pour ma partenaire. En sortant la tête de l'eau, j'ai immédiatement cherché son regard pour savoir. J'ai vu Anne sourire. Il n'en fallait pas plus pour que je sourie à mon tour. Notre exécution avait été parfaite. Nous ignorions encore ce que ça donnerait, mais je savais que nous avions bien plongé. Nous avions réussi !

Il restait à voir la décision des juges.

En sortant de la piscine, j'ai entendu les gens crier. Puis j'ai aperçu les autres athlètes canadiens agiter frénétiquement leurs drapeaux. Je voyais aussi tous ces autres venus nous encourager. L'impression était fantastique. Nous savions qu'une médaille était à notre portée et j'étais confiante.

Enfin, le verdict des juges est tombé. Ils nous ont accordé un total de 312.03 points. Je réalisais à peine ce qui se passait. Anne et moi nous sommes embrassées. Nous étions heureuses et souriantes. Cette performance nous valait la deuxième place sur le podium. À 18 ans, je gagnais ma première médaille olympique, une médaille d'argent en plus, et je devenais la plus jeune médaillée olympique canadienne. C'était inespéré ! Anne et moi avons couru vers nos entraîneurs. Michel Larouche était très excité, presque exubérant. C'est là que je me suis rappelé qu'il s'agissait aussi de sa première médaille olympique. C'était la joie !

Je me rends maintenant compte que si la pression aux essais est plus forte, la joie de la victoire, elle, est beaucoup plus intense aux Olympiques.

Mais nous n'avons pas eu le temps d'en profiter. Immédiatement après le dernier plongeon, c'était la cérémonie de remise des médailles. Nous avons à peine eu le temps d'enfiler nos survêtements aux couleurs de l'équipe canadienne que les responsables nous entraînaient dans un tourbillon. On nous a fait passer près des représentants des médias, qui nous ont mitraillées de questions. En fait, ils s'adressaient davantage à Anne, la doyenne, qu'à moi. C'était normal , car elle avait également gagné la médaille de bronze à la tour de 10 mètres. Deux médailles, ça mérite un minimum d'attention, non ? Peu m'importait puisque j'étais médaillée olympique. D'ailleurs, je préférais qu'elle leur réponde. Je n'aimais pas beaucoup parler aux journalistes. Ils posent parfois des questions dont les réponses sont tellement évidentes ! Prenez cet exemple : nous venions à peine de terminer notre compétition, nous gagnions une médaille et on nous demandait : « Êtes-vous heureuses ? » Quelle question ! Bien sûr que je suis heureuse ! Ça doit être imprimé sur mon visage, non ? Et qu'arriverait-il si on répondait non ?

Bref, les médias ont consacré plus d'attention à Anne qu'ils ne m'en ont accordé, mais je n'étais pas fâchée qu'ils s'adressent davantage à elle. Ensuite, nous nous sommes rendues à la cérémonie des médailles. Voilà quelque chose qui fait oublier bien des petits irritants.

Je me souviens que le podium était en forme de pastilles, qui représentaient des médailles sur lesquelles nous devions monter quand l'animateur nous appellerait. Nous étions avec les autres gagnantes, un peu en retrait, à attendre que la cérémonie commence. À côté de nous, il y avait deux types en veston vert et portant un chapeau de style western (probablement un chapeau de brousse typiquement australien) qui semblaient nous escorter. En venant à cette cérémonie, j'avais mis la main sur un drapeau du Canada, ou plutôt quelqu'un me l'avait mis dans les mains. Bref, les Chinoises ont d'abord été appelées. Elles se sont avancées pour monter sur leur pastille, et on leur a remis leurs médailles d'or.

Puis ça a été notre tour. J'avais l'impression d'être un robot. Les choses allaient trop vite. Nous avons d'abord félicité les Chinoises, puis nous sommes montées sur notre propre pastille en levant les bras. Je voyais des drapeaux canadiens dans la foule ; je savais que d'autres athlètes du pays nous regardaient et nous encourageaient. Je savais que mes parents étaient là et qu'ils devaient être encore plus fiers que je ne l'étais moi-même. Si je me rappelle bien, je souriais béatement. Une dame s'est ensuite approchée. Elle a avancé les bras, tenant une médaille dans les mains ; c'est là que je me suis rappelé que je devais me pencher un peu pour qu'elle puisse me la passer autour du cou. Ma première pensée a été : « C'est plus lourd que je le croyais. » Voilà ! J'étais devenue une médaillée olympique. Mon rêve s'était réalisé.

* * *

Mes parents étaient venus à Sydney et j'en étais très contente. Cette médaille, ils la méritaient aussi pour m'avoir soutenue pendant toutes ces années. J'étais heureuse d'avoir pu les faire entrer dans le village olympique pour qu'ils découvrent une facette des Jeux souvent interdite aux touristes. Je crois qu'ils ont adoré leur expérience, même s'ils n'ont pu rester jusqu'à la fin des Olympiques.

Si mes épreuves de plongeon étaient terminées, il restait cependant un grand nombre de compétitions avant la fin des Jeux. Aussi, les quelques jours suivants ont été un peu fous, et ce que je vivais n'avait soudainement plus rien à voir avec le fait de devoir compétitionner. J'étais dans les estrades, assise avec les athlètes qui avaient aussi terminé leurs épreuves, à encourager ceux qui concouraient encore.

Le niveau d'adrénaline est doucement tombé, mais le rêve continuait. J'étais si bien ! Ma sœur Séverine, Blythe — qui avait aussi terminé ses épreuves — et moi étions parties à la découverte de Sydney. Nous avons déniché quelques endroits accueillants et festifs où nous avons rencontré beaucoup de gens, dont de nombreux athlètes de plusieurs pays. En d'autres mots, nous avons fait la fête. Toutefois, ce que j'ai trouvé le plus incroyable, c'est l'attitude des Australiens, dont beaucoup me reconnaissaient comme médaillée olympique. Ils m'abordaient dans la rue et me félicitaient pour notre performance, même si nous avions battu leur équipe. En fait, les Australiens ont été extrêmement sympathiques. C'étaient mes premiers Jeux, mais beaucoup d'athlètes plus expérimentés que j'ai rencontrés m'ont dit que les Jeux de Sydney étaient les meilleurs et les mieux organisés qu'ils aient connus. Les Australiens ressemblent un peu aux Canadiens, et peut-être encore plus aux Québécois, pour la chaleur de leur accueil et leur simplicité. Ils aiment le sport et les athlètes, et ils le font savoir. C'était extraordinaire...

Quoi ajouter sur Sydney ? Ah oui : les cérémonies de clôture. Pour tout vous dire, c'est long. C'est même très long pour les athlètes. Nous avons dû attendre des heures avant d'entrer dans le stade. Bien sûr, c'est impressionnant de voir ces dizaines de milliers de spectateurs. Et puis, il y a le spectacle qui est généralement grandiose. Toutefois, nous étions les plus mal placés pour tout voir. Comme nous étions au niveau du terrain, il y a énormément de choses que j'ai ratées. Ce n'est rien de dramatique, c'est juste probablement plus beau à la télévision.

Dès le lendemain de ces cérémonies, je suis revenue au pays avec toute l'équipe. Durant le long trajet du retour, j'ai commencé à ressentir la fatigue des derniers mois. Les vacances approchaient et elles étaient les bienvenues.

Comme j'étais toujours en période sabbatique du cégep et qu'il n'était question ni d'entraînement ni de plongeon, je me suis retrouvée en congé et j'en ai profité pour me reposer au maximum. Je ne me souviens pas précisément à quoi j'ai consacré ces vacances. Il n'y a pas grand-chose à faire ici quand arrive le mois d'octobre ; l'automne s'installe et les activités extérieures se font plus rares. Mais j'avais besoin de cette période d'accalmie bien méritée.

Le seul problème vient du fait qu'elles n'ont pas été assez longues. Moins de trois semaines après être rentrée, c'était déjà de retour à la piscine. L'entraînement recommençait ; une autre saison allait s'amorcer quelques semaines plus tard et il fallait déjà s'y préparer.

Chapitre 7

Gagner une médaille olympique, ça ne change pas le monde. Sauf que...

En fait, il n'y a pas de « sauf que ». Pour moi, en tout cas, rien n'a vraiment changé avec cette médaille d'argent gagnée à Sydney. La vie suivait son cours normal. Les médias ne se sont pas acharnés sur moi. Les paparazzis ne me suivaient pas dans tous mes déplacements. Les recherchistes des émissions de télévision les plus populaires du moment ne s'arrachaient pas ma présence. Les commanditaires ne se bousculaient pas à la porte pour m'offrir des contrats mirobolants.

Rien de tout ça ! Je ne veux pas dire qu'une médaille d'argent ne représente rien. Bien au contraire, la mienne signifiait beaucoup, d'autant plus que c'était ma première à mes premiers Jeux olympiques. Et la première fois est souvent celle qui frappe le plus l'imagination. Peut-être une médaille d'or aurait-elle eu plus d'effet ? Je n'en sais rien. Peut-être que dans un autre pays que le Canada, l'impact aurait été plus grand. Qui sait ? Mais pour moi, ici, ça n'a pas été le cas.

Vous savez qu'on oublie facilement et rapidement les Jeux une fois qu'ils sont terminés. On oublie encore plus vite ceux qui s'y sont distingués. La locomotive de la vie et de l'actualité poursuit sa route, abandonnant ceux qu'elle a, pendant un moment, transportés vers la célébrité. C'est aussi simple que ça. Je n'en suis pas amère. C'est normal qu'il en soit ainsi. Les Olympiques prennent toute la place sportive pendant quelques semaines, puis ils la redonnent aux professionnels du hockey, du golf ou du football, qui revendiquent toute l'attention chaque automne. Je sais ce que j'ai fait et mes proches s'en souviennent également. De toute façon, je n'ai jamais plongé pour la gloire, mais pour ma satisfaction personnelle.

Par exemple, j'ai souligné que les médias avaient accordé à Anne Montminy une large part du crédit pour cette médaille d'argent que nous avons gagnée. En ce qui me concerne, je n'y avais pas vu de problème. J'étais même plutôt heureuse d'éviter toute cette attention médiatique. Je n'avais pas vraiment besoin de cette reconnaissance des médias. Je l'aurais peut-être aimée, mais elle ne m'était pas du tout essentielle. Je savais ce que représentait ce que nous avions réalisé. Anne n'a d'ailleurs jamais caché que nous avions gagné ensemble. J'ai lu une entrevue qu'elle avait accordée et dans laquelle elle parlait de notre expérience en synchro :

« Nous avions seulement pratiqué ensemble pendant trois ou quatre mois, mais nous étions parmi les meilleures au monde. Rendues en Australie, nous avons très bien plongé. Aucune de nous n'a manqué un seul plongeon. J'avais à mes côtés une extraordinaire plongeuse de plateforme et je suis très fière de nous. »

Voilà ce qui était et demeurera toujours important. Nous avons formé une véritable équipe, nous avons travaillé ensemble, nous en avons bavé ensemble et nous avons gagné ensemble. Comme Anne, je le sais parfaitement. C'est tout ce qui compte.

Je ne souhaite pas tracer un tableau sombre de ces jeux ou de la période post-olympique. Au contraire. J'ai adoré et savouré chaque seconde de cette expérience et je la garde précieusement en mémoire. D'ailleurs, j'en ai tiré quelques avantages. Par exemple, j'ai obtenu une aide accrue de certains organismes comme Plongeon Québec et

Plongeon Canada, ainsi que de certains programmes d'aide à l'excellence. Ce soutien et cet argent étaient toujours bienvenus et appréciés. N'en doutez pas. Je voulais simplement souligner que la vie a rapidement repris son rythme habituel…

En fait, elle a peut-être un peu trop rapidement repris ses droits. Je n'ai eu qu'un peu plus de deux semaines de vacances avant de retourner à la piscine. Cependant, à 18 ans, on a beaucoup d'énergie et une capacité étonnante de récupération. À cet âge, on se croit surtout invincible. J'étais dans une condition physique extraordinaire et rien ne pouvait vraiment m'atteindre.

D'ailleurs, après les Jeux de Sydney, je n'avais rien perdu de ma motivation et de ma passion pour ce sport. Je savais que je voulais continuer. Et puis, même si l'année post-olympique est généralement moins chargée, il y avait au moins une compétition à laquelle je tenais à participer : les Championnats du monde qui auraient lieu au Japon en juillet 2001. Il n'était pas question que je les rate.

* * *

L'ambiance avait changé au CAMO. En cette fin d'automne, c'était beaucoup plus facile pour moi, les conflits de personnalités s'étant quelque peu dissipés. Non, rien ne s'était réglé par une bonne discussion et en mettant les poings sur la table. Ça s'est tout simplement résolu faute de combattants. Comme je l'ai mentionné, Myriam Boileau avait changé de club depuis le printemps et s'entraînait dorénavant à celui de Pointe-Claire. Quant à Anne-Josée Dionne, elle avait pris sa retraite. Il restait encore Philippe Comtois. Nous n'avons jamais été de grands copains et nous nous chicanions même à l'occasion, le plus souvent parce que nous n'avions pas la même façon de voir les choses ni la même façon de les faire. Quand nous étions à l'entraînement, par exemple, Philippe allait toujours le plus vite qu'il pouvait. Il plongeait, sortait rapidement de la piscine, montait sur la plateforme en courant et recommençait. Pour lui, plus il pouvait faire de plongeons, mieux c'était. Je n'avais pas cette attitude. Je prenais un peu plus de temps pour bien me concentrer et effectuer mon meilleur plongeon chaque fois. Ensuite, je visualisais ce que je venais de faire, j'apprenais et je corrigeais mes défauts, puis je remontais et je recommençais. Mais à un rythme qui me convenait. Parfois, Philippe arrivait derrière moi en courant, essoufflé, pendant que je me préparais à plonger et je l'entendais ronchonner pour que je me dépêche. Vous comprenez donc que nous n'avions pas la même approche. De plus, quand je l'entendais râler ou se plaindre, je n'hésitais jamais à répliquer. Je ne me laissais pas piler sur les pieds, ni par lui ni par les autres. Parfois, juste pour le faire enrager, je prenais tout mon temps parce que je savais qu'il allait exploser. Ce n'est pas que Philippe est une mauvaise personne, c'est plutôt qu'on avait des opinions très différentes. Malgré cela, l'ambiance générale au CAMO était désormais bien meilleure.

Dans le groupe de Michel Larouche, la plupart des plongeuses et des plongeurs, comme Christopher Kalec, Alexandre Despatie ou moi, avions presque le même âge et débuté à peu près en même temps. L'atmosphère était beaucoup plus agréable lors des entraînements. Bien entendu, Michel n'avait pas changé et était toujours aussi exigeant envers nous. Il faut croire que c'était mon destin…

De plus, les défis à venir étaient intéressants. Le fait que les Jeux olympiques soient terminés ne signifiait pas qu'il n'y avait plus de compétitions pour la saison 2000-2001. Au contraire, le Canada restait actif et plusieurs rendez-vous, outre celui du Japon, étaient programmés.

Ainsi, en mars 2001 se sont tenus les Championnats canadiens d'hiver à Winnipeg, au Manitoba. Prenant part à deux épreuves, j'ai terminé deuxième au tremplin de 3 mètres et j'ai gagné la médaille d'or à la tour. En mai, il y a eu la Coupe Canada — un Grand Prix international de plongeon —, qui s'est déroulée à mon club, à

Montréal. À cette compétition qui regroupe des athlètes de plusieurs pays, j'ai terminé septième au 3 mètres et j'ai encore remporté la médaille d'or à la plateforme de 10 mètres. C'était ma première victoire à ce niveau, où la concurrence est beaucoup plus vive qu'aux Jeux panaméricains. Moins de deux semaines plus tard avait lieu le Grand Prix du Mexique, où j'ai obtenu la cinquième place au tremplin de 3 mètres et une médaille de bronze à la tour. Le mois suivant, j'étais aux Championnats canadiens d'été à Québec. J'y ai gagné des médailles d'or au 3 mètres et à la tour, me qualifiant du même coup pour les Championnats du monde du Japon à ces deux épreuves.

Les compétitions se succédaient donc à un rythme effréné. Étant donné que j'avais repris les études au collège Grasset et que les entraînements n'étaient ni moins nombreux ni moins exigeants qu'auparavant, tout ça représentait beaucoup de travail.

Bref, au mois de juillet, l'équipe de plongeon canadienne s'est envolée pour le Japon. La compétition avait lieu à Fukuoka, une ville située au nord de l'île de Kyushu, à un peu plus de 1000 kilomètres de Tokyo. Le Japon est culturellement très différent de la Chine et la densité de la population est étonnante, en tout cas du point de vue d'une Nord-Américaine. Il y a du monde partout, mais c'est surtout la nuit que l'on constate la différence. Dans la ville, tout s'illumine. Il y a partout d'innombrables et gigantesques enseignes lumineuses.

En arrivant à Fukuoka, nous avons pu faire un peu de tourisme. Juste assez pour me rendre compte de l'activité bourdonnante de cette ville d'environ un million et demi d'habitants. Cela dit, une ville, où qu'elle soit dans le monde, demeure une ville. On y trouve des immeubles, des rues, des tas de voitures et des gens qui courent vers leurs obligations. Mais j'ai bien aimé cette petite trempette au Japon. D'ailleurs, j'y ai fait une première expérience gastronomique. En effet, lors des compétitions à l'extérieur, nous organisions souvent un souper d'équipe, parfois au début de notre séjour, parfois à la fin, selon notre horaire. Cette fois, c'était à notre arrivée. On nous a emmenés dans un bar à sushis. Jamais je n'avais goûté à du poisson cru ; cette mode n'était pas encore vraiment implantée au Québec à cette époque. Nous nous sommes donc rendus dans cet établissement où, alors que nous prenions place le long d'un bar, les mets circulaient devant nous. Il ne nous restait qu'à nous servir.

À vrai dire, je n'ai pas adoré ça. J'ai aimé, mais sans plus. Ainsi, quand j'ai vu passer un premier plat avec un poisson bleu, j'ai ressenti un choc culturel et gastronomique. Toutefois, même si je ne l'ai pas trouvé appétissant, j'y ai quand même goûté. Or, surprise, c'était pas mal du tout ! J'en ai souvent mangé depuis et je dois dire qu'aujourd'hui j'en raffole. Je me sens privilégiée, puisque tout le monde n'a pas l'occasion de déguster ses premiers sushis dans le pays où ils ont été créés.

C'est à partir de là que j'ai commencé à goûter les mets locaux des endroits que nous visitions. Voilà comment j'ai acquis une autre petite habitude qui m'a permis de me familiariser avec les cuisines de différents pays. Ce n'était pas toujours convaincant, mais la plupart du temps, j'ai découvert des mets fantastiques.

Le lendemain de cette soirée gastronomique, nous nous retrouvions dans une piscine pour poursuivre l'entraînement. Mon amie Blythe Hartley, qui était aussi du voyage, concourait aux tremplins de 1 et de 3 mètres. Fait exceptionnel pour une compétition internationale, l'épreuve du tremplin d'un mètre était au programme. Quant à moi, je plongeais aux trois épreuves : les tremplins de 1 et de 3 mètres et la tour de 10 mètres.

C'est en commençant les compétitions que la réalité m'a rattrapée. Quand j'y repense aujourd'hui, je me rends compte que cette lassitude avait commencé à m'envahir avant notre arrivée au Japon. Déjà, pendant les entraînements des Championnats canadiens, je sentais que j'avais perdu le feu sacré pour le plongeon. J'en avais ma claque de tout ça. Je suis certaine que je n'étais pas la seule ; la plupart des membres de l'équipe étaient épuisés. Dans mon cas, la machine s'est carrément enrayée. Toutes ces sessions de travail et ces épreuves de plongeon subies depuis plus d'un an m'avaient laissée sans énergie. Cette fatigue a clairement hypothéqué mes performances. Tout a commencé au tremplin d'un mètre. Blythe a connu une très bonne performance, enlevant la médaille d'or, alors que j'ai terminé en neuvième position.

Les Championnats se poursuivaient à la plateforme de 10 mètres, qui était ma force. Cependant, ça a été très difficile. Je me sentais très fatiguée, ce qui est grave, mais je manquais de motivation, ce qui est pire. J'avais l'impression d'avoir donné tout ce que j'avais. Je souhaitais seulement rentrer à la maison. Ai-je besoin d'ajouter que ma performance a été catastrophique ? Mon pire résultat en carrière à une compétition sur la tour : j'ai terminé à la vingtième place. Je me sentais lessivée et sans énergie.

Au 3 mètres, l'épreuve qui terminait les Championnats du monde, je savais que, sur la scène internationale, j'étais moins compétitive. Les Russes et les Chinoises y étaient très fortes. Apprivoiser ce tremplin requiert beaucoup d'expérience et j'en manquais pour monter sur le podium. J'ai donc pris la 10e place, ce que je considérais, malgré tout, comme satisfaisant étant donné les conditions et la fatigue.

Je n'étais pas la seule à connaître quelques difficultés. Blythe non plus n'était pas au meilleur de sa forme. En effet, pendant la compétition, elle s'était violemment frappé les mains sur le tremplin lors d'un de ses plongeons. Il n'y a pas eu de blessure grave, mais elle a eu extrêmement mal. Cela prouvait que tout le monde ressentait cette fatigue.

Heureusement, le Japon accueillait la dernière compétition de la saison. Nous sommes rentrés et j'ai pris plus d'un mois de vacances. J'avais besoin de recharger mes batteries. C'était indispensable. Il faut comprendre que les Jeux olympiques de Sydney s'étaient tenus très tard l'année précédente. Ils marquaient le point culminant de mois d'efforts, d'entraînement, de compétitions et de stress. Les quelques jours de pause que nous avions eus après les Jeux ne m'avaient pas permis de refaire le plein d'énergie. Je ne m'en rendais pas compte, mais dans les mois qui ont suivi Sydney, j'avais puisé dans mes réserves les plus profondes pour continuer à plonger. Après le Japon, je devais prendre une bonne pause pour permettre à mon corps et à ma tête de récupérer.

À ce moment, je me suis aussi dit que, plus jamais, si j'y participais encore évidemment, je ne prendrais que deux semaines de vacances après des Jeux olympiques. Tout le travail et l'énergie pour s'y rendre étaient vraiment trop exigeants. Il était essentiel de s'accorder ensuite de bonnes vacances pour être en mesure de relancer la machine. Or, la période suivant la tenue des Jeux est la plus propice pour prendre un long repos, car il y a moins de rencontres internationales de premier plan. En compétition, tout est difficile. Mais si on n'a plus le cœur à l'ouvrage, ça devient tout simplement impossible.

* * *

Fukuoka a aussi marqué un tournant dans ma carrière, en ce sens que j'ai commencé à me poser des questions sur le rôle de Michel Larouche. L'entraîneur est une personne importante, sinon capitale pour un athlète. Il a la mission de nous faire progresser et gagner. Après le Japon, j'ai commencé à m'interroger sur la façon qu'avait Michel de prendre les décisions. J'étais certaine qu'il possédait toutes les compétences techniques, mais était-il capable de prendre les meilleures décisions pour moi?

Michel planifiait tous mes entraînements, comme ceux de tous les membres de son groupe. C'est lui qui organisait nos agendas, décidant quand nous devions reprendre le travail et pour combien de temps. C'est lui qui déterminait ce que l'on faisait à l'entraînement ; il s'occupait aussi de la nutrition et de la psychologie. J'étais convaincue qu'il était très bon pour les aspects techniques du plongeon, mais l'était-il dans les autres domaines ?

Pendant les sessions quotidiennes, il déterminait ce que je faisais sur les différents tremplins. À l'époque, je devais consacrer de 70 à 80 % de mon temps à la tour. L'épreuve de 3 mètres occupait seulement 20 %, ce qui expliquait aussi pourquoi j'y étais moins compétitive. Somme toute, je passais presque tout mon temps à la tour. Michel s'occupait de déterminer ce que j'aurais à faire à chaque entraînement. Il contrôlait tout : l'échauffement, la musculation et le travail en piscine. À ce chapitre, je lui faisais encore totalement confiance, certaine qu'il prenait les meilleures décisions.

Quand je plongeais, il corrigeait tous mes mouvements, me faisait ses commentaires et j'apportais les correctifs nécessaires pour que tout soit aussi parfait que possible. Il décelait les défauts techniques et m'aidait à me perfectionner, ce qu'il faisait d'ailleurs très bien.

Au début de chaque année, on se rencontrait pour discuter du plan de l'année à venir. Il décidait quels plongeons je devais effectuer, lesquels je devais laisser tomber et les nouveaux que je devais intégrer à ma liste. La majorité du temps, on était sur la même longueur d'onde ; il n'y avait aucun problème de ce côté. Mais j'ai commencé à poser des questions pour qu'il m'explique ses choix ; j'avais besoin de comprendre pourquoi il prenait une décision plutôt qu'une autre. C'est à ce moment que les choses ses sont corsées, puisqu'il arrivait que nos opinions divergent. Il partait du principe que lui seul savait ce qui était bon pour moi et que lui seul savait ce qu'il fallait faire pour que je gagne ; mon opinion n'avait que peu importance. Je dois admettre que c'était ce dont j'avais besoin lorsque j'étais jeune. Mais je commençais à bien me connaître comme plongeuse. J'évoluais, autant comme athlète que comme personne. Mes besoins n'étaient plus les mêmes. Michel a eu de la difficulté à s'ajuster. Il percevait mon besoin d'implication dans les décisions comme de la rébellion et une contestation de son autorité.

Pendant les compétitions, le rôle de l'entraîneur est plus effacé. On n'apporte pas de changements techniques majeurs quelques heures avant une épreuve. Tout est planifié longtemps à l'avance. Il devait s'assurer que le moral était bon, que j'étais physiquement et psychologiquement prête, que j'étais reposée, bref, que la majorité des obstacles étaient aplanis pour que je puisse offrir une performance à la hauteur de mon potentiel. C'était son rôle, avec moi comme avec les autres. Je ne vous étonnerai probablement pas si je vous dis que, à mon avis évidemment, l'appui psychologique qu'il m'apportait était parfois insuffisant.

C'est aussi Michel Larouche qui déterminait l'agenda des compétitions de l'année. Bien sûr, je pouvais donner mon opinion, mais encore une fois, la plupart du temps, c'est lui qui avait le dernier mot.

À la lumière de mes résultats au Japon, j'ai commencé à me demander s'il avait pris la bonne décision quant à la durée de nos vacances après Sydney. Depuis mon retour à l'entraînement en septembre 2000, je n'avais finalement pris que deux semaines de vacances en près de 18 mois. C'est très peu. Mon organisme a réagi et m'a fait comprendre que c'était assez. Je crois que c'est surtout sur l'aspect psychologique que j'avais besoin d'un repos, puisque l'année olympique avait été très difficile.

Quand j'ai commencé à plonger, malgré les petits irritants avec Michel, je n'ai jamais remis en doute ses qualités d'entraîneur. Il était excellent et en connaissait infiniment plus que moi sur le volet technique. Jamais je ne remettais en question les raisons qui l'amenaient à m'imposer un plongeon plutôt qu'un autre. Mais il pouvait arriver que je m'interroge sur les motifs qui justifiaient ma participation à telle compétition plutôt qu'à telle autre. Comme j'étais certaine qu'il pensait prendre les meilleures décisions pour moi, même si j'avais parfois un doute, je lui faisais confiance. Ça m'a rapporté, puisque je suis devenue une excellente plongeuse.

Toutefois, plus on vieillit, plus on prend de l'expérience, et plus on sait ce dont on a besoin. À force d'essais et d'erreurs, j'avais appris ce qui était bon pour moi. Or, cette fois, après ces Championnats du monde au Japon, je me suis demandé s'il avait pris les meilleures décisions. Pour la première fois, je m'interrogeais sur ses choix. Je me demandais si son planning était toujours le plus judicieux. Ce n'était pas une révolte. Absolument pas. Je le considérais toujours comme le meilleur entraîneur pour m'amener encore plus loin. Mais quand le doute s'installe, même en douce, on n'arrête plus de se questionner. À partir de ce moment, j'ai été plus attentive à ce qu'il proposait et je l'ai souvent sondé pour savoir ce qui le motivait. Je n'obtenais pas souvent de réponse autre que : « C'est comme ça ! », mais je lui posais quand même des questions. Ce qui m'irritait le plus, je crois, c'est que j'avais l'impression que, pour lui, mon opinion n'avait aucune importance. J'avais de plus en plus besoin de connaître les raisons qui motivaient ses décisions. Je devais comprendre pourquoi tel exercice plutôt qu'un autre, pourquoi participer à telle compétition plutôt qu'à telle autre, pourquoi cette méthode d'entraînement plutôt que celle-là. J'avais besoin de ces réponses pour donner mon 100 %. Concrètement, tout ça n'a rien changé dans les mois, ni même dans les années, qui ont suivi. Mais, en ce qui me concerne, notre relation avait pris un nouveau tournant.

**

Je me suis donc reposée pendant ces quelques semaines suivant le Japon, mais je ne suis pas restée totalement inactive. Un projet germait depuis quelques mois dans mon esprit et je pensais que le moment était peut-être bien choisi pour le concrétiser. En effet, ma résidence principale était toujours la maison familiale. J'avais presque 20 ans et je me disais que l'occasion d'avoir mon chez-moi était peut-être venue.

Toutefois, je ne voulais pas me lancer seule dans cette aventure. Je devais souvent quitter le pays et je ne désirais pas laisser mon logement pendant des semaines. De plus, je souhaitais avoir ma propre maison et ne pas payer de loyer. Mes parents nous avaient bien appris l'importance d'avoir notre propre résidence, que ça valait toujours la peine et que c'était un investissement bien meilleur que de payer un loyer, ce qui pour mon père équivalait à jeter l'argent par les fenêtres.

Je ne sais pas s'il avait raison, mais il était clair que je préférais, moi aussi, être propriétaire. Le problème, c'est que ça nécessitait quand même pas mal de liquidités. J'en ai donc parlé à ma sœur, qui vivait encore à la maison, et elle a sauté sur l'occasion. Je crois que ça faisait son affaire, puisqu'à 23 ans, elle était toujours aux études. Elle fréquentait l'université, où elle étudiait en kinésiologie, elle travaillait dans une banque et s'entraînait en natation. Elle avait un horaire aussi chargé que le mien, sinon plus. On ne se marcherait pas sur les pieds, ça c'était certain. De toute façon, nous étions très complices et nous aimions toujours nous retrouver. Alors, pourquoi ne pas tenter le coup ensemble ?

À la fin de l'été 2001, nous avons donc commencé nos recherches. Nous avons visité toutes sortes de résidences dans tous les quartiers, pour finalement opter pour une charmante petite maison de ville située sur la Rive-Sud, à quelques minutes de chez nos parents. Nous voulions couper le cordon ombilical et être indépendantes, mais quand même...

Nous avons emménagé à l'automne et nous étions très contentes de notre décision.

* * *

Je n'ai pas encore parlé de ma vie sentimentale. Comme je l'ai déjà dit, je suis plutôt discrète sur ma vie privée. De plus, les amours d'adolescence, même si elles peuvent être euphoriques pendant un moment, sont souvent éphémères. Enfin, pour moi, ça a toujours été le cas. Il est vrai qu'avec mon horaire de travail, il restait peu de temps pour les fréquentations. Mais je n'étais pas insensible au charme des garçons. Au contraire. J'en ai donc connu quelques-uns, mais ils n'ont souvent fait que passer dans ma vie. Le plongeon était ma seule vraie passion.

Cela dit, l'hiver précédant l'achat de notre maison, j'ai rencontré un jeune homme. Étrangement, je l'ai connu par l'entremise de Marie-Ève Brasseur. À cette époque, bien qu'elle ait changé d'école et cessé le plongeon, nous nous voyions encore occasionnellement. C'est au cours de l'une de ces sorties que j'ai fait la connaissance de Pierre-Félix.

Lui et Marie-Ève fréquentaient la même école. Il avait un je-ne-sais-quoi qui m'attirait. Je le trouvais sympathique. Bref, nous avons commencé à sortir ensemble.

Au fil des mois, notre relation est devenue un peu plus sérieuse. En raison des entraînements, du cégep et des compétitions, et parce que j'étais souvent à l'extérieur de Montréal — sinon du pays —, on se voyait surtout durant les fins de semaine. Cette situation nous convenait alors à tous les deux.

Cependant, quelques semaines avant que j'emménage dans ma propre maison, il m'a laissé entendre qu'il aimerait que nous vivions ensemble. Franchement, et je le dis avec le recul des années, sa suggestion ne m'emballait pas. En acceptant, j'imposais mon chum à ma sœur. Je savais néanmoins, comme il résidait encore chez ses parents, qu'il serait probablement toujours chez moi. Alors, après en avoir discuté avec ma sœur, j'ai consenti. C'est ainsi qu'il a emménagé dans notre nouvelle maison, à Séverine et à moi, et que notre vie commune a commencé.

Nous sommes restés ensemble pendant quelques années, mais un fossé s'est creusé entre nous au fil du temps. Nous n'avions pas suffisamment de points communs pour que ça dure éternellement. Je le répète, ma seule passion était alors le plongeon et je n'étais pas prête à m'investir à 100 % dans une relation amoureuse. Il fallait que Pierre-Félix s'y fasse. Il considérait le sport comme un loisir et comprenait mal comment je pouvais consacrer toute mon attention et mon énergie à ma discipline. Il faisait du sport, mais c'était pour s'amuser.

Durant la semaine, j'étais toujours absente. Une trentaine d'heures d'entraînement et les cours qui se poursuivaient au cégep, ça occupait tout mon temps. Je n'avais que les fins de semaine à lui consacrer, et encore. En effet, à partir de janvier ou février, les compétitions canadiennes et internationales prenaient énormément de place et m'amenaient souvent hors du pays pendant plusieurs jours, sinon plusieurs semaines.

Donc, quand j'étais à la maison, surtout les week-ends, je n'aspirais qu'à me reposer et à ne rien faire. C'est tout ce qui me tentait : m'écraser devant la télé pour écouter des films, me faire mariner dans un bon bain chaud, écouter un peu de musique, bref, coconner.

Son horaire était complètement différent du mien. Lui, il voulait sortir le soir et les fins de semaine, aller voir les amis, passer des soirées dans les bars, bref, bouger. Tout ce que je ne souhaitais pas. Bien sûr, pendant un moment, nous avons tous les deux fait des compromis. Mais ce n'était jamais la situation idéale.

Vivre avec une athlète olympique, quand on n'a pas fait de sport de haut niveau soi-même, est loin d'être évident. Il y a forcément une incompréhension mutuelle. Pierre-Félix avait de la difficulté à accepter que je passe autant de temps dans la piscine ou en compétition. Il aurait souhaité que je sois plus souvent avec lui et que nous fassions des activités ensemble. Pour ma part, je voulais qu'il comprenne que j'adorais le plongeon, que je m'étais fixé des objectifs très précis et que cela me demandait énormément de temps et toute mon énergie. En rentrant, j'étais fatiguée, sinon complètement vidée. J'avais besoin de ce repos et de cette tranquillité. J'étais si souvent à l'extérieur de la maison que je voulais en profiter quand j'avais l'occasion d'y être.

Nous sommes malgré tout restés ensemble jusqu'en 2007. Je ne voulais pas qu'il change pour moi. Il était comme ça, voilà tout! J'aurais voulu l'accepter comme il était et qu'il fasse de même avec moi. Mais ça n'a pas marché. Au fil du temps, la situation s'est dégradée. C'est ainsi que nous nous sommes quittés. Après notre rupture, il a revu Marie-Ève Brasseur et en est vite tombé amoureux. Ils ont aujourd'hui deux enfants et semblent heureux. De mon côté, j'ai ensuite rencontré un autre homme. Avec lui, les choses ont été différentes. Très différentes. Vous, les filles, vous allez me comprendre. Vous savez, quand on voit ce beau garçon et que notre cœur palpite, quand on a une drôle de sensation dans le ventre, quand une partie de notre esprit semble toujours lui garder une place. Oui! Je suis certaine que vous voyez ce que je veux dire. Mais je vous en reparlerai quand le moment viendra.

**

Après avoir pris ces semaines de vacances, pendant que ma sœur et moi achetions une maison et que mon copain d'alors y emménageait, les entraînements pour la saison 2001-2002 ont débuté. Cette nouvelle année marquait la mi-temps entre les Jeux olympiques. Pour nous, c'était le moment de reprendre le collier encore plus sérieusement. Pas que nous ayons déjà les Jeux dans notre collimateur, c'était encore trop tôt, mais il fallait voir comment les choses évoluaient ailleurs sur la « planète » plongeon. Il y avait quelques compétitions internationales d'importance au programme, dont une Coupe du monde et les Jeux du Commonwealth.

Par ailleurs, une bonne nouvelle m'attendait quand je suis retournée au complexe Claude-Robillard. Mon amie Alida Di Placido, qui était partie s'entraîner dans un autre club, est revenue au CAMO. Bien sûr, après son départ, nous nous étions revues à l'occasion de compétitions, mais nous n'avions plus cette relation d'avant. Son retour me permettait de renouer une belle amitié et j'en étais très heureuse. D'autant plus que cet automne-là, comme j'avais cessé depuis Sydney de pratiquer le plongeon synchro de la tour de 10 mètres, nous avons décidé de tenter ensemble l'expérience au tremplin de 3 mètres. J'ai retrouvé, avec elle, une belle complicité et beaucoup de plaisir à m'entraîner. Pendant toute l'année, nous avons participé à cette épreuve, tant au Canada qu'à l'international. Quant à moi, je continuais parallèlement à prendre part aux épreuves individuelles au tremplin de 3 mètres et, bien entendu, à la tour.

La saison de compétitions a véritablement démarré avec le Grand Prix d'Allemagne, au début du mois de mars. C'est l'un des plus importants au monde avec celui des États-Unis. La plupart des meilleures plongeuses y étaient, aussi bien les Asiatiques que les Américaines et les Européennes. Cette première rencontre nous donnait une idée des forces en présence et des progrès réalisés par les unes et les autres.

Ce Grand Prix de Rostock est l'un des plus courus, mais aussi l'un des plus anciens. Ce qui est bien pour les athlètes, car nous savons toujours à quoi nous attendre. C'est la même organisation depuis des années, alors tout est magnifiquement rodé. À tel point qu'après quelques participations, on sait même ce qui sera au menu pendant notre séjour. C'était donc plutôt rassurant... La seule chose qui m'embêtait un peu, c'est que nous arrivions à l'aéroport de Berlin et qu'il fallait ensuite prendre un bus qui mettait des heures à arriver à destination. Mais tout compte fait, ce n'était pas si dramatique.

Cela dit, comme coup d'envoi des compétitions de la saison, les résultats ont été assez intéressants. À la plateforme, j'ai remporté la médaille d'argent, ce qui confirmait que je m'approchais de mes objectifs. En individuel, au 3 mètres, les résultats ont été plus décevants, puisque j'ai terminé l'épreuve en douzième place. La belle surprise a été ce qu'Alida et moi avons réussi à faire en synchro. Nous avons bien plongé et nous avons décroché la cinquième position. Pour une première tentative, c'était très satisfaisant.

Environ deux semaines plus tard, à Québec, se sont tenus les Championnats canadiens d'hiver. C'est vraiment à ce moment, je crois, que je suis devenue la plongeuse canadienne à battre. En effet, depuis les Jeux de Sydney, si je ne gagnais pas à la tour de 10 mètres dans toutes les compétitions nationales, je n'étais pas satisfaite de ma performance. Il en a été ainsi pendant des années. D'ailleurs, entre les Jeux olympiques de 2000 et le moment où j'ai cessé de plonger de la tour, en 2008, je crois avoir gagné la médaille d'or à chacune les championnats canadiens. Ça a donc été le cas à ce Championnat canadien d'hiver, où j'ai terminé première.

Au 3 mètres, les choses ont commencé à évoluer. À Québec, je suis aussi devenue l'une des meilleures à cette épreuve au Canada. En tout cas, à ces Nationaux d'hiver, j'ai terminé avec la médaille d'or en individuel au tremplin de 3 mètres, et Alida et moi avons décroché la première place en synchro.

***

De toutes les autres compétitions prévues pour cette saison-là, deux m'intéressaient spécialement. Il y avait d'abord la Coupe du monde, en Espagne, puis les Jeux du Commonwealth, en Angleterre.

La Coupe du monde a eu lieu à Séville au mois de juin. Située au sud de l'Espagne, cette ville est l'une des plus importantes du pays. Elle a un passé prestigieux, comme en témoignent tous ces édifices extraordinaires que j'ai eu l'occasion de voir. Mais encore une fois, le temps que nous pouvions consacrer au tourisme était minime.

La piscine extérieure où se tenait la compétition était particulièrement intéressante en raison de ce qu'on pouvait admirer depuis la plateforme. Même si je n'ai pas obtenu mes meilleurs résultats, j'étais assez satisfaite de ce que j'avais réalisé, car la compétition était féroce. J'ai terminé huitième au tremplin de 3 mètres et cinquième aussi bien à la tour en individuel qu'en synchro avec Alida au tremplin de 3 mètres.

Il restait donc les Jeux du Commonwealth pour compléter la saison. Je tenais vraiment à y aller, puisque j'avais raté la précédente occasion à Kuala Lumpur. Les Jeux du Commonwealth, c'est un peu comme les Jeux olympiques, mais en format réduit. Il y a le village, de nombreuses disciplines, des centaines d'athlètes, beaucoup de spectateurs et un suivi médiatique important.

Ceux-ci se déroulaient à Manchester, à environ 250 kilomètres de Londres. En réalité, je n'ai pas vraiment vu la ville. À ces jeux, comme nous résidons dans le « village » et que tout est prévu pour nous satisfaire, il est rare que nous ayons à en sortir. Je pouvais tout y trouver. Il y avait une cafétéria, des commerces, des boutiques de souvenirs, des dépanneurs, un salon de coiffure, bref, tout ce qu'on pouvait vouloir. De plus, l'organisation canadienne mettait à la disposition de ses athlètes un salon où il y avait toujours quelque chose à manger, des postes de télévision pour suivre les compétitions, Internet pour rester en contact avec sa famille, un endroit pour la physio et les massages, etc. Nous ne manquions de rien.

Toutefois, Manchester, même au mois de juillet, avait cette météo typique de l'Angleterre. À tout le moins celle que tout le monde s'attend à trouver là-bas. Avant de partir pour les compétitions, il fallait toujours prévoir des vêtements pour trois saisons. Il pouvait faire assez frais le matin, soleil et chaud l'après-midi et pleuvoir le soir. Vous voyez le genre…

En ce qui concerne la compétition, tout s'est bien passé. Très bien même. Je m'étais qualifiée pour les tremplins de 1 et de 3 mètres, ainsi que pour la tour — à cette occasion, il n'y avait pas de synchro. Le tremplin de 1 mètre a encore été quelque peu difficile, mais j'ai quand même fini en cinquième place, ce qui me satisfaisait amplement. Au 3 mètres et à la plateforme, j'ai très bien exécuté les différents plongeons de ma liste. Pour vous donner une idée, notre objectif en compétition est toujours de plonger comme on réussit à le faire à l'entraînement en l'absence de stress. C'est ce qui est arrivé aux Jeux du Commonwealth. J'ai obtenu des médailles d'argent à ces deux épreuves. J'étais particulièrement contente de la deuxième place au 3 mètres, car je me considérais toujours comme en apprentissage sur ce tremplin. Cela signifiait aussi que je terminais une autre saison en force. Il y avait de quoi être satisfaite. Ce résultat me permettait d'avoir l'esprit tranquille et de profiter d'un peu de repos.

Le seul bémol que j'apporterais à cette fin de saison, c'est qu'elle marquait de nouveau le départ d'Alida. Ce n'était une surprise pour personne. Nous savions depuis le début qu'elle souhaitait obtenir une bourse d'études d'une université américaine pour l'année scolaire suivante. Elle avait fait les démarches au cours de l'hiver auprès de quelques institutions. Elle avait été acceptée et devait commencer dès le retour en classe, en septembre. C'était un programme très intéressant qui lui permettait d'obtenir une bourse d'études dans un cadre qui s'apparente à notre formule sports-études. Sachant combien il en coûte pour s'instruire aux États-Unis, c'était très avantageux. Alida a donc quitté le CAMO durant l'été. Nos chemins se sont séparés une fois de plus.

Son départ a aussi marqué une pause dans mon entraînement au tremplin de 3 mètres synchro. Quand la saison 2002-2003 a débuté, Michel a proposé que je reprenne plutôt le plongeon en synchro depuis la tour de 10 mètres. Il me semblait clair que les entraîneurs commençaient à penser aux prochains Jeux olympiques. Ils croyaient que je réussirais à intégrer l'équipe canadienne à la tour et souhaitaient que je puisse déjà commencer l'entraînement en synchro depuis la plateforme. Pour ce faire, Caroline Lauzon et moi sommes devenues partenaires.

Nous savions déjà que les règles du plongeon seraient modifiées pour les Jeux d'Athènes. Les responsables avaient décidé qu'il fallait réduire le nombre d'athlètes. Pour y arriver, ils ont convenu que les pays devraient se qualifier en compétition individuelle, comme ils devaient déjà le faire pour le synchro. Un pays pouvait obtenir un maximum de deux places pour chacune des épreuves. Parallèlement, le nombre de plongeurs total par épreuve était limité à 34. Toutefois, le pays qualifié en plongeon qui obtenait aussi sa qualification en synchro pouvait alors ajouter un athlète à son équipe. En tout, pour un pays comme le Canada, cela signifiait qu'au 10 mètres par exemple, nous aurions deux places en compétition individuelle et que le pays pourrait ajouter une athlète à son équipe pour le 10 mètres synchro. Eh non ! Ça ne simplifiait rien, mais je crois que c'était plus équitable. Le niveau de concurrence serait rehaussé, spécialement en plongeon synchronisé. Encore une fois, c'est le pays qui se qualifiait, et non les athlètes.

Donc, comme Michel croyait que je pourrais, le moment venu, être sélectionnée dans l'équipe canadienne au 10 mètres individuel, il voulait que je travaille aussi sur le synchro depuis la tour. Cela, associé au départ d'Alida, expliquait pourquoi je reprenais l'entraînement en synchro depuis la plateforme.

Caroline Lauzon était au CAMO depuis quelques années. Elle venait aussi de la gymnastique et s'était convertie au plongeon un peu plus tard que je ne l'avais fait, soit vers l'âge de 14 ans. Elle était un peu plus jeune que moi et un peu plus petite aussi. Mais nous nous entendions très bien et sommes devenues d'excellentes amies.

L'année 2003 étant préolympique, d'importantes compétitions étaient prévues au cours de la saison. Le cirque a débuté en février par deux Grands Prix, celui d'Australie et celui de Chine.

En Australie, c'était la ville d'Adélaïde qui nous accueillait par un été particulièrement torride. Au moment d'entrer dans notre hôtel, comme il faisait très chaud, Caroline et moi nous sommes dit que ce serait merveilleux s'il y avait une piscine sur le toit! Vous pouvez imaginer notre joie lorsqu'on a vu, dans l'ascenseur, le mot piscine à côté du bouton « toit ». On est tout de suite allées la visiter. Il y avait une vue extraordinaire sur la ville. C'était formidable d'être ainsi dans l'eau, au sommet d'un édifice, à profiter de la chaleur de février.

Je me souviens aussi d'Adélaïde, car j'y ai retrouvé ma sœur. Elle faisait un voyage de six mois qui l'amenait des Îles Fidji à la Thaïlande, en passant par l'Australie. Elle avait planifié son itinéraire pour que nous puissions nous croiser à Adélaïde. Nous avons pu sortir quelques fois et visiter un peu la ville, ce qui a été bien agréable. J'étais très contente de la retrouver, surtout que je ne l'avais pas vue depuis quelques mois.

Séverine venait aussi pour voir les compétitions, particulièrement celles auxquelles je participais bien entendu, même si elle aimait bien regarder les autres. Il est d'ailleurs arrivé une petite aventure lors d'une journée où elle assistait aux épreuves. Ma sœur venait d'arriver à la piscine. En s'approchant du bassin, elle a immédiatement remarqué un attroupement. Comme plusieurs membres de l'équipe canadienne entouraient une jeune fille, elle s'est tout de suite doutée que c'était quelqu'un du Canada. Il y avait beaucoup de sang, et Séverine ne voyait qu'une plongeuse aux cheveux blonds étendue et semblant inconsciente à laquelle on administrait les premiers soins. Elle a été prise de panique, imaginant qu'il s'agissait de moi.

Or, à ce moment précis, je n'étais pas encore arrivée à la piscine. Il s'agissait, en fait, de Martha Dale, une coéquipière, spécialiste du 3 mètres, qui, pendant son échauffement, a heurté le tremplin avec sa tête. Heureusement, sa blessure était moins grave qu'elle en avait l'air. Elle a vraiment été chanceuse de s'en tirer à si bon compte. Martha n'a évidemment pas plongé du reste de la compétition et ne s'est pas entraînée pendant quelque temps. Quand je vous disais qu'il s'agit d'un sport dangereux...

À notre première épreuve en synchro, Caroline et moi avons gagné la médaille de bronze. Un excellent départ qui laissait présager de belles choses pour l'avenir. Je concourais aussi, en individuel, au tremplin de 3 mètres et à la tour. J'ai respectivement pris les sixième et troisième rangs.

Après la compétition, nous nous sommes envolés pour la ville de Zhuhai, près de Macao et de Hong Kong, où se déroulait le Grand Prix de Chine. Je participais encore aux épreuves depuis le tremplin de 3 mètres ainsi qu'à la plateforme de 10 mètres, où je concourais en individuel et en synchro. Là encore, les résultats ont été convaincants. Sixième au 3 mètres, médaille de bronze à la tour et médaille d'argent en synchro avec Caroline.

C'était malheureusement la dernière fois que nous plongions ensemble en compétition. Caroline a mis fin à sa carrière quelques mois après la Chine. Elle a souffert de ce que nous appelons un « blocage psychologique ». Je crois que c'est un phénomène qu'ont connu tous ceux et celles qui plongent de la tour de 10 mètres, mais pas toujours avec la même intensité. Je l'ai vécu moi-même à quelques occasions. Comment expliquer ?

Je me suis un jour retrouvée sur la plateforme, prête pour mon plongeon. Soudain, le vide... Oui, c'est ce qui s'en rapproche le plus. On n'a plus d'idée précise de ce qu'on doit faire, on doute de ses capacités, on ne se souvient plus des mouvements qu'on doit effectuer. La panique nous gagne. Une peur viscérale nous empêche d'avancer. On ne se souvient plus de rien. Quand ça m'est arrivé, je me suis dit : « Tu sais comment plonger, tu l'as déjà fait des centaines de fois, fais-toi confiance, ton corps sait comment faire. » Dans mon cas, ça a fonctionné. Dès que mes pieds ont quitté la tour, tout m'est instantanément revenu en mémoire. Tous les gestes, tous les éléments techniques, toutes les pièces ont repris leur place. Reste que c'est une expérience troublante et traumatisante de se lancer du 10 mètres sans savoir si on sera capable de faire notre plongeon.

Pour Caroline, ça a été pire. Peut-être éprouvait-elle cette terrible sensation depuis un moment déjà. Et un jour, en grimpant sur la plateforme, ça a été tout simplement trop dur à supporter. Soudain, tout s'est bloqué. La tête ne voulait plus faire avancer le corps.

En réalité, elle s'est battue pour arriver à surmonter sa peur. Elle a fait tous les efforts qu'on pouvait humainement attendre d'elle.

Il est très difficile de surmonter un tel blocage psychologique. Caroline n'y est pas parvenue et elle a décidé d'abandonner. En 2004, elle a intégré l'équipe du Cirque du Soleil et participé à la conception d'un numéro de voltige pour le spectacle Cortéo. Elle est ensuite allée à Las Vegas et a intégré la troupe du spectacle O. Bref, sa formation de gymnaste et ses qualités de plongeuse l'ont grandement aidée pour la suite de sa carrière.

Ça a été un choc pour moi et certainement une décision déchirante pour Caroline. Je ne m'attendais pas à cela. Dans mon esprit, c'est avec elle que je me présenterais aux Jeux olympiques d'Athènes. Et j'étais certaine que nous serions montées sur le podium. Bien entendu, je respectais son choix. Je savais très bien qu'on n'abandonne pas une participation olympique et une très bonne chance de médaille sur un coup de tête ou sans de très bonnes raisons. Mais j'étais triste parce que tout allait si bien, nous réalisions de bonnes performances, j'avais énormément de plaisir à pratiquer le synchro avec elle et, surtout, nous étions devenues de très bonnes amies. Bien sûr, nous le sommes restées. Mais comme elle vivait à Las Vegas et que je poursuivais mon entraînement et les compétitions, les occasions de nous rencontrer étaient rares. Quand nous en avions la chance, c'était magique. On aurait juré que nous nous étions vues la veille. Notre complicité reprenait au même endroit, comme s'il n'y avait jamais eu de séparation. J'ai vraiment regretté son départ.

J'étais donc sans partenaire, et mes chances d'en retrouver une d'ici les Jeux et avec laquelle il y aurait une bonne compatibilité étaient très minces. Il y avait, bien sûr, Blythe qui aurait fait une formidable partenaire de synchro aussi bien à la tour qu'au tremplin, mais comme elle habitait maintenant Los Angeles, il ne fallait même pas envisager cette option.

Au CAMO, il y avait alors une athlète pleine de potentiel, Marie-Ève Marleau. Marie-Ève est née à Labrador City. Elle était légèrement plus jeune que moi. Elle aussi avait débuté en gymnastique, qu'elle avait pratiquée jusqu'à l'âge de 16 ans avant de passer au plongeon. Elle possédait donc de formidables qualités athlétiques. Alors, c'est avec elle que j'ai commencé à travailler.

Après seulement quelques mois d'entraînement, nous nous sommes présentées en compétition. Nous avions dû mettre les bouchées doubles, parce qu'il ne restait qu'un peu plus d'un an avant les Jeux d'Athènes. Cela dit, la Coupe du Canada, en mai 2003, a été notre premier rendez-vous et nous y avons décroché la médaille d'argent. Et je terminais troisième à la tour et quatrième au 3 mètres. Environ une semaine plus tard se tenait le Grand Prix du Mexique à Juárez. Là encore, nous avons tiré notre épingle du jeu avec une quatrième place, alors que j'obtenais la médaille de bronze à la plateforme.

En somme, cette saison-là, tout allait très bien et j'en étais bien heureuse.

Par ailleurs, si ma mémoire est bonne, c'est à cette époque que j'ai eu une discussion avec Blythe Hartley. Vous vous souvenez que Blythe et moi étions très copines, même si elle s'était entraînée en Colombie-Britannique et ensuite à Calgary. Après les Jeux de Sydney, Blythe avait emprunté un peu le même parcours qu'Alida. Elle avait obtenu une bourse d'études dans une université américaine, où elle continuait à pratiquer le plongeon, parallèlement à ses cours. Mais plus l'année olympique approchait, plus elle souhaitait revenir au Canada pour se consacrer entièrement au plongeon, afin de mieux se préparer pour les Jeux d'Athènes. Les universités américaines qui accordent des bourses sont très exigeantes, non seulement sur le plan scolaire, mais aussi sur celui des compétitions. Il y a de nombreuses rencontres interuniversités, sans compter des épreuves nationales et internationales auxquelles les athlètes doivent participer. Pour l'année olympique, Blythe voulait se concentrer uniquement sur le plongeon et les principales compétitions internationales. Elle avait donc obtenu une autorisation spéciale de son université pour prendre une année sabbatique, mais elle ne savait pas encore dans quel club canadien elle pourrait poursuivre son entraînement.

Naturellement, le CAMO devait en faire partie puisque c'était l'un des meilleurs clubs au pays et parce que plusieurs plongeurs expérimentés s'y trouvaient. Nous avons longuement parlé du déroulement des entraînements et de l'ambiance qui régnait au CAMO. Comme Blythe était un peu indécise, je lui ai proposé de venir s'entraîner avec nous pendant l'été et j'ai ajouté qu'elle était la bienvenue pour habiter à la maison pendant son séjour. C'est finalement ce qui s'est passé.

À la fin de son année scolaire, elle est venue s'installer chez moi et s'est intégrée au CAMO. Puisque nous étions si proches et qu'elle excellait au 3 mètres, nous avons commencé à nous entraîner ensemble et elle est devenue ma nouvelle partenaire en synchro sur ce tremplin. Il y a bien eu quelques ajustements à faire, car nous n'avions pas tout à fait le même rythme. Blythe est une excellente plongeuse, aucun doute là-dessus. D'ailleurs, les figures ne nous causaient pas de problèmes. Il y avait toutefois une grosse difficulté dans notre saut d'appel sur le tremplin. Blythe faisait de grands pas relativement lents, alors que ma démarche était plus rapide et plus dynamique. Oui, je sais! Dit comme ça, ça n'a pas l'air si terrible. Il faut comprendre que le saut d'appel est la partie la plus importante dans un plongeon du tremplin. Quand ça fait près de 10 ans que vous plongez avec le même rythme, le changer n'est vraiment pas simple; cela amène un déséquilibre et réduit la constance. Plus un saut d'appel est inconstant, plus le plongeon est difficile à réussir. Il a fallu mutuellement mettre un peu d'eau dans notre vin pour y arriver. Dès lors, nous avons commencé à progresser.

Il restait deux rencontres extrêmement importantes pour clore la saison, dont les Championnats du monde prévus à Barcelone, en Espagne, au mois de juillet. Je dois d'abord dire que j'ai adoré cette ville, dès le premier coup d'œil. J'aime le climat, les gens, les installations de plongeon, bref, j'aime tout de Barcelone. Quant au bassin, je dois dire que l'endroit est spectaculaire. C'est une piscine extérieure située en montagne avec vue sur l'agglomération et la mer. Le coup d'œil est tout simplement sensationnel.

De plus, notre hôtel était en plein cœur de la ville, ce qui nous permettait d'en découvrir les beautés. Il y avait de charmants petits cafés, des boutiques originales, et même la plage sur la Méditerranée, où nous pouvions aller nous baigner. J'y tiens, c'est une ville extraordinaire!

Mais il y a une autre raison pour laquelle j'ai aimé Barcelone: c'est que j'y ai réalisé d'excellentes performances. L'épreuve de plongeon individuel à la tour a été l'une des premières à être présentées. J'ai connu quelques difficultés pendant les préliminaires. Michel Larouche me l'a d'ailleurs fait comprendre tout de suite après l'épreuve. Il m'a vertement sermonnée. Je savais très bien que je n'avais pas réussi ma meilleure prestation. Il était inutile d'insister autant. Cela dit, je me suis reprise en demi-finale, ce qui m'a permis d'atteindre la finale. Et là, tout a merveilleusement bien fonctionné. J'ai très bien plongé ; ça a été l'une de mes meilleures performances. J'étais troisième avant le dernier plongeon et j'ai formidablement bien réalisé ce plongeon, mon plongeon fétiche, le plus difficile au monde, celui qui m'a aidée à remporter tant de victoires. Cela m'a permis d'établir un nouveau record du monde, avec 597,45 points, et de décrocher la médaille d'or. J'étais championne du monde à la tour. C'était inespéré ! Je n'aurais jamais cru pouvoir réussir cet exploit. Plus jeune, je me voyais aux Olympiques, je m'imaginais même avec une médaille, mais jamais je n'aurais pensé devenir la meilleure de la planète dans ma discipline. Un photographe a d'ailleurs immortalisé ce moment, alors que je suis en pleine action et qu'en arrière-plan on aperçoit les contours de la ville et de la cathédrale. C'est à couper le souffle !

Si ma médaille d'argent à Sydney n'avait pas changé grand-chose dans ma vie, celle-ci allait la transformer. Ça a aussitôt été la folie. Tous les journalistes canadiens et québécois sur place voulaient me parler et savoir comment je me sentais. Il n'a pas fallu bien longtemps pour que la nouvelle se répande jusqu'au Québec. Mais nous étions en Espagne, dans un autre fuseau horaire. Après plusieurs heures d'entrevue, et comme je partageais la même chambre que Blythe et que nous devions nous reposer pour les épreuves à suivre, j'ai décidé de décrocher le téléphone vers minuit, car il sonnait sans arrêt. J'ai su plus tard que les journalistes s'étaient alors tournés vers mes parents, qui ont dû faire entrevue sur entrevue.

Deux jours plus tard, le cirque médiatique est reparti de plus belle, car Alexandre Despatie est devenu, lui aussi, champion du monde à la même épreuve. Le Canada, le Québec, le club CAMO avaient deux champions du monde à la tour dans une année préolympique.

Sur le moment, je n'ai pas vraiment réalisé ce qui m'arrivait. Je savais que j'étais championne du monde, mais il me restait à faire les épreuves du 3 mètres en individuel et en synchro avec Blythe. Je devais dès lors m'y préparer, ce qui m'a forcée à mettre de côté cette victoire pour penser à ce qui s'en venait. Nous devions nous reposer. L'enjeu était important, car ce Championnat du monde servait aussi de qualification pour les Jeux olympiques d'Athènes. Il fallait que, Blythe et moi, nous atteignions la finale en individuel au tremplin de 3 mètres pour que le Canada obtienne les deux places aux Jeux. Nous aurions une deuxième chance de sélectionner le pays en janvier 2004, mais je ne voulais pas attendre la limite pour garantir nos places à Athènes.

Dès le surlendemain, je suis retournée à la piscine pour cette épreuve. J'ai terminé en huitième position et Blythe en cinquième, ce qui assurait la participation de deux athlètes canadiennes au tremplin de 3 mètres pour les Jeux.

Barcelone devait aussi marquer, pour Blythe et moi, le début de nos compétitions en synchro au tremplin de 3 mètres. Puisqu'on s'entraînait maintenant dans le même club, former une équipe de synchro devenait possible. Nous nous étions inscrites à l'épreuve de 3 mètres synchro, mais je ne nous croyais pas prêtes pour une rencontre aussi importante et prestigieuse. Comme je l'ai dit, ces Championnats du monde servaient de présélection pour les Jeux olympiques. Mais pour classer le pays en synchro, il nous fallait monter sur le podium. Or, ni Blythe ni moi ne nous sentions encore assez confiantes pour un tel défi. Nous ne nous étions pas suffisamment entraînées pour offrir une compétition digne de ce nom. Notre synchronisme n'était pas au point. J'estimais que nous avions tout à perdre. Nous avions encore beaucoup de travail à faire. Nos chances de monter sur le podium et de qualifier le pays pour les Jeux olympiques étaient pratiquement nulles et on ne voulait surtout pas laisser une mauvaise impression aux juges en offrant une piètre performance à un an de cet important événement. Nous sommes donc allées voir Michel Larouche pour lui dire que nous préférions attendre encore un peu avant de faire notre première compétition en synchro. Michel était très mécontent, mais il a fini par accepter notre position.

Marie-Ève et moi devions tenter de qualifier le pays au 10 mètres synchro. Nous avions obtenu de bons résultats au cours de la saison, mais nos chances de podium (et donc de sélection) à Barcelone étaient minces. La réalité nous a frappées de plein fouet. Nous avons terminé à la 10e place, très loin du podium et de notre sélection. Ce résultat nous montrait également tout le travail qui nous restait à faire à seulement six mois de la dernière chance pour décrocher une sélection olympique.

Voilà qui concluait mon premier séjour à Barcelone.

* * *

La saison de compétition se terminait par les Jeux panaméricains au début d'août à Saint-Domingue, en République dominicaine. En plein été dans les Caraïbes, nous avons eu chaud ! La température était suffocante. C'est vrai que l'île est magnifique, mais, à cette période, la chaleur est difficile à supporter.

De plus, sur la tour de 10 mètres, les responsables avaient installé un tapis antidérapant noir. Comme il s'agissait d'une piscine extérieure, dois-je préciser que poser les pieds sur un tapis noir, en plein soleil de l'après-midi, était une vraie torture ? Heureusement, ils avaient aussi disposé de petits gicleurs qui projetaient de l'eau sur ce revêtement, mais, malgré tout, il demeurait brûlant.

En fait, c'était presque insupportable partout autour de la piscine. Comme il y avait très peu d'arbres près du bassin, tout le monde courait vers les petits coins d'ombre pour s'abriter. Même pour moi, qui adore lézarder au soleil, c'était trop.

Mais cela ne nous a pas empêchées de terminer l'année en beauté. En individuel, j'ai gagné la médaille d'argent au tremplin de 3 mètres et la médaille d'or à la tour. En synchro, avec Marie-Ève Marleau, nous avons raflé la première place au 10 mètres. Pour ce qui est de notre première compétition en synchro au 3 mètres, Blythe et moi, nous avons aussi gagné la médaille d'or. Voilà ce que j'appelle finir une saison sur une bonne note. Je ne pouvais rien demander de plus. La saison 2002-2003 a été tout à fait exceptionnelle. J'accueillais donc les vacances avec bonheur.

Connaître une si belle année, juste avant les Jeux, devient pourtant presque un problème. Cela met une terrible pression de résultats pour les compétitions à venir, spécialement les Jeux d'Athènes. La barre est extrêmement haute.

Très tôt, le plongeon m'a fait voyager. Ici, j'ai une douzaine d'années et je participais à mes deuxièmes championnats juniors, qui se déroulaient à Calgary. Nous avions eu l'occasion de visiter les Rocheuses. Je suis désolée, mais je ne me souviens plus des noms de mes compagnes, sauf, bien entendu, de ma grande amie Marie-Ève Brasseur, la petite blonde qui est au milieu en arrière.

Nous voici, mon amie Alida Di Placido et moi, aux Championnats du monde juniors, en 1997, qui avaient lieu en Malaisie. À cette occasion, j'avais gagné la médaille d'or à la tour de 10 mètres.

Me voici presque à mes débuts. Je me prépare à effectuer mon plongeon du tremplin d'un mètre aux Championnats canadiens juniors qui s'étaient tenus à Victoria.

Pendant les Championnats du monde de 1998, en Australie, j'ai eu l'occasion de visiter un zoo et de prendre dans mes bras un bébé kangourou. Je pense que je suis aussi surprise et nerveuse que lui.

Erin Bulmer et moi avons pu poser devant un édifice russe typique lors de l'un de mes premiers grands prix en Russie. L'architecture russe est vraiment extraordinaire.

Voici un autre très beau souvenir de mes premiers Jeux olympiques. J'ai pu y rencontrer Nicolas Gill, grand champion de judo, et Luce Baillargeon, qui a également eu une très belle carrière en judo.

À Sydney aussi, les athlètes en plongeon de l'équipe canadienne se sont fait prendre en photo. Nous sommes devant le village olympique, vers la fin des Jeux. En partant du bas, on aperçoit Arturo Miranda, Christopher Kalec, Jeff Liberty et Alexandre Despatie, qui en était aussi à ses premiers Jeux. Sur leur dos, je suis à la gauche, accompagnée d'Erin Bulmer et de Blythe Hartley. Enfin, tout là-haut, il y a Anne Montminy.

Les Jeux olympiques sont toujours une merveilleuse occasion de rencontrer des athlètes d'autres pays. Au fil des ans, je me suis fait de nombreux amis de partout dans le monde. À Sydney, en 2000, lors de la cérémonie de clôture, j'étais en compagnie de Dean Pollard, de l'équipe de plongeon australienne, et de Julie et Odile, de l'équipe de plongeon française. La dernière fille à gauche était une nageuse française qui s'était jointe à nous.

Sydney 2000 : mes premiers Jeux olympiques. Anne Montminy et moi avions gagné la médaille d'argent en synchro de la plateforme de 10 mètres.

À Sydney, comme lors des autres Jeux olympiques auxquels j'ai participé, quand nous le pouvions, nous allions encourager les autres athlètes canadiens. À Sydney, Anne et moi étions dans la foule ; vous constaterez que, même s'il s'agissait d'épreuves en piscine, tout le monde portait un manteau. Les Jeux de Sydney se sont tenus en septembre, période qui correspond au début du printemps en Australie. La température descendait à près de 5 ºC la nuit...

Il arrivait souvent que des plongeuses de différents pays créent des liens pendant les compétitions, particulièrement aux Olympiques. C'est le cas ici, à Athènes, où on voit Loudy Wiggins (née Loudy Tourky), de l'équipe australienne, Laura Wilkinson, de l'équipe américaine, Blythe Hartley et moi. Nous nous étions retrouvées devant un restaurant du village olympique.

Tous les membres de l'équipe de plongeon s'étaient réunis avant les Jeux d'Athènes, en 2004. Debout, à partir de la gauche, on reconnaît Mitch Geller, Beverly Boys, César Henderson, Bruno Ouellette, Yihua Li, Michel Larouche, Denise Duff et Nancy Brawley. Sur la première rangée, il y a Philippe Comtois, Alexandre Despatie, Christopher Kalec, Myriam Boileau, Blythe Hartley et moi.

Ma deuxième médaille olympique. Quel plaisir de partager des moments aussi précieux avec l'une de mes meilleures amies, Blythe Hartley, aux Jeux olympiques d'Athènes en 2004, pour l'épreuve du 10 mètres synchronisée.

Lors de la finale de l'épreuve de 3 mètres synchronisée aux Jeux olympiques d'Athènes avec ma partenaire Blythe Hartley.

On peut avoir une toute petite idée des installations — situées derrière nous — du village des athlètes aux Jeux panaméricains de Rio de Janeiro, en 2007. Dans l'ordre habituel, on aperçoit Kelly MacDonald, Marie-Ève Marleau, Meaghan Benfeito et moi.

Même si nous n'avions jamais beaucoup de temps libres lors des compétitions, il était toujours possible de prendre quelques heures pour visiter. À Rio, Meaghan Benfeito, Marie-Ève Marleau et moi avons pris la pose devant la célèbre statue du Christ rédempteur, qui domine la ville depuis le sommet du Corcovado.

Toujours au même endroit, à Rio, Reuben Ross et Kelly MacDonald se sont joints à nous.

À la piscine où se sont tenues les épreuves de plongeon aux Jeux panaméricains, toute l'équipe s'est réunie. En commençant à l'extrême gauche, on reconnaît Alexandre Despatie, Arturo Miranda, moi, Meaghan Benfeito, Marie-Ève Marleau, Kelly MacDonald, Riley McCormick et Reuben Ross.

À Beijing, la deuxième place à la plateforme de 10 mètres a été fantastique. J'aime beaucoup cette photo, qui me rappelle ce moment.

Le moment de la remise des médailles est toujours exceptionnel et bouleversant. Je suis accompagnée de la médaillée d'or, Chen Ruolin, et de la médaillée de bronze, Wang Xin. Vous remarquerez que je suis considérablement plus grande qu'elles...

J'étais toute souriante après avoir reçu cette médaille d'argent au tremplin de trois mètres lors des Championnats du monde de Rome, en 2009.

Après le camp d'entraînement en vue des Championnats du monde de Rome, Jennifer Abel, Meaghan Benfeito, moi et Roseline Filion sommes debout derrière Jennifer Pendry et Mélanie Rinaldi.

En juillet 2011 se sont tenus à Shanghai les Championnats du monde auxquels Jennifer Abel et moi avons participé. À l'issue de la finale, nous étions vraiment heureuses d'avoir gagné la médaille d'argent en plongeon synchronisé au tremplin de trois mètres. N'est-ce pas que nous avions l'air de gagnantes en faisant le tour d'honneur traditionnel de la piscine après avoir reçu nos médailles ?

Voici celles qui se sont retrouvées sur le podium aux Championnats du monde de Shanghai, en 2011 : Jennifer Abel et moi, avec la médaille d'argent, He Zi et Wu Minxia, de Chine, avec la médaille d'or, et Annabelle Smith et Sharleen Stratton, d'Australie, avec la médaille de bronze.

J'effectue mon avant-dernier plongeon de la semi-finale aux Jeux olympiques de Londres.

À la cérémonie de fermeture des Jeux olympiques de Londres en compagnie d'Annie Martin, une jeune joueuse de volleyball, et de Katy Tremblay, une triathlète.

Voyager dans le cadre de compétitions n'est pas toujours facile. Les horaires sont très chargés. Mais j'aimais bien trouver un peu de temps pour faire du tourisme, lorsque c'était possible.

Chapitre 8

Le retour de l'automne 2003 marquait le début de la saison qui nous conduirait aux Jeux olympiques. Le Canada, grâce à nos performances à Barcelone, était qualifié aussi bien au tremplin de 3 mètres qu'à la tour pour la portion individuelle des épreuves. Il restait encore à obtenir la sélection pour le synchro, étape qu'il faudrait franchir dès le début de janvier 2004.

Depuis quelques mois, je faisais équipe avec Marie-Ève Marleau, et même si nous avions eu de bons résultats, je trouvais qu'on ne progressait plus. Notre 10ᵉ place à Barcelone avait été un réveil brutal et avait semé le doute dans mon esprit quant à notre capacité à sélectionner le pays à cette épreuve.

Je m'entraînais pour quatre épreuves, ce qui représentait, au total, 28 plongeons à travailler et à améliorer, alors que la plupart des plongeuses qui se spécialisent dans une seule épreuve en ont seulement neuf. Il faut d'abord comprendre qu'on a beaucoup de pression durant l'année olympique. On finit aussi par devenir un peu égoïste. On travaille très fort pour atteindre nos objectifs et on n'est pas toujours prêt à faire des concessions.

La difficulté du synchro, pour Marie-Ève et moi, résidait encore une fois dans le rythme. Sa flexion de jambe avant le départ était beaucoup plus rapide et moins profonde que la mienne. Lorsqu'on a mis des années à développer une technique basée sur un certain rythme, il est très déstabilisant de le modifier. Comme je l'ai expliqué, le rythme est quelque chose de très difficile à changer, surtout lorsqu'on plonge du 10 mètres où le facteur « peur » entre en ligne de compte. Grâce à l'expérience que j'avais développée avec mes nombreuses partenaires de synchro, je savais très bien que lorsque deux plongeuses n'ont pas le même rythme, le synchronisme est très difficile à atteindre. Par contre, lorsque le rythme est semblable, le travail s'en trouve tout naturellement simplifié, parce qu'il suffit de se concentrer sur sa performance personnelle. J'avais vécu cette symbiose avec Anne Montminy et Caroline Lauzon.

Il ne nous restait que quatre mois, avant l'étape finale de la sélection olympique, pour corriger notre synchronisme. Avec l'obligation de préparer trois autres épreuves, je n'avais ni d'énergie ni de temps à consacrer à tous ces ajustements. J'avais également la ferme conviction que cela déstabilisait ma technique en plongeon individuel, technique que Michel et moi avions mis des années à peaufiner.

Je pensais déjà aux prochains Jeux olympiques et je ne voulais pas que les exigences du synchro puissent hypothéquer ma façon de plonger en individuel. S'il fallait en arriver là, j'aimais mieux arrêter le synchro.

Lorsque la saison d'entraînement a repris, j'ai quand même continué à travailler avec Marie-Ève pendant plusieurs semaines. À mon avis, toutefois, la situation ne s'améliorait pas et il devenait évident que les différences qui existaient entre nous handicapaient ma progression en plongeon individuel.

Un jour, je suis allée rencontrer Michel Larouche et César Henderson, l'entraîneur de Marie-Ève, pour leur expliquer comment je voyais les choses. Dans un premier temps, Michel m'a dit qu'il suffisait de faire comme si j'étais seule et de ne pas prêter attention à Marie-Ève. Ce à quoi j'ai répliqué que plonger en synchro implique nécessairement de tenir compte de celle qui est avec vous. Ça ne servait à rien, avais-je ajouté, de faire cette discipline si on travaillait comme si on était seule.

Cette fois, je suis allée plus loin dans la discussion. Je voulais leur faire part d'une décision, mûrement réfléchie, à laquelle je pensais depuis bien des semaines. Je leur ai expliqué mes motivations, ajoutant clairement que je ne pouvais continuer le synchro dans les conditions actuelles.

Il a alors été suggéré que je fasse un essai avec Blythe Hartley, qui avait sensiblement la même taille et le même départ explosif que moi, et avec qui je m'entraînais déjà au tremplin de 3 mètres. La proposition de Michel m'a, dans un premier temps, plutôt déstabilisée parce que dans mon esprit j'abandonnais le synchro afin de pouvoir mieux me consacrer à l'épreuve individuelle. Il n'entrait pas dans mes intentions de laisser tomber Marie-Ève au profit de Blythe. Mais j'étais d'accord pour tenter le coup. L'expérience valait certainement la peine d'être essayée. Si, en moins de trois mois, on parvenait à qualifier notre duo, nous aurions certainement une chance de monter sur le podium à Athènes, où nous aurions six mois d'entraînement supplémentaire. Par ailleurs, si l'expérience en janvier était négative, je pourrais tout simplement me consacrer entièrement à l'épreuve individuelle.

César avait une tout autre opinion. Si j'ai bien compris, il estimait que le synchronisme parfait n'était qu'une question de temps et qu'éventuellement tout rentrerait dans l'ordre. À son avis, il valait mieux conserver intact notre duo. Mais le temps nous manquait, les Jeux olympiques approchaient. Si nous avions eu plus de temps, ma réflexion aurait peut-être été différente.

César n'a pas apprécié. C'est à partir de ce moment que je n'ai pas bien géré les choses. Comme cette discussion avait eu lieu au début d'un entraînement, César est ensuite parti et a simplement lancé à Marie-Ève en passant près d'elle : « Le synchro, c'est fini ! »

et il a poursuivi son chemin. Au même moment, Michel a demandé à Blythe de se préparer à pratiquer le synchro au 10 mètres avec moi. Sans plus de cérémonie, il lui annonçait qu'elle devenait ma coéquipière. Devant tout le monde à la piscine. Bien entendu, Marie-Ève a très mal réagi. C'était une énorme déception pour elle, d'autant plus que le plongeon synchronisé lui assurait une participation aux Jeux olympiques d'Athènes.

L'année olympique est une année très stressante pendant laquelle les athlètes, entraîneurs et dirigeants vivent énormément de tensions. Toutes les actions entreprises n'ont qu'un seul objectif : la médaille d'or. Chaque détail prend une importance cruciale parce qu'il peut faire la différence entre un podium et une quatrième place. Dans ce contexte, l'athlète devient indéniablement égocentrique, égoïste, parce que seule la médaille compte. Parce que les entraîneurs et les dirigeants sont stressés, pressés par le temps, ils ne peuvent pas toujours user de toute la diplomatie et de toute la délicatesse que certaines situations exigent. À mon avis, les entraîneurs auraient dû avoir plus de doigté ; ils auraient dû prévoir une rencontre spéciale afin de mieux présenter la situation. J'aurais dû, pour ma part, aller voir Marie-Ève. J'aurais dû lui exposer pourquoi je croyais qu'il fallait, au moins temporairement, mettre un terme à notre association. En d'autres mots, j'aurais dû m'expliquer directement avec Marie-Ève. Mais je ne l'ai pas fait. J'ai eu peur de la confrontation. La communication interpersonnelle n'a jamais été mon fort. J'ai beaucoup de difficulté à dire non et je n'aime pas la chicane.

Je ne m'en suis pas mêlée, souhaitant secrètement que tout se règle comme par magie, ce qui n'arrive évidemment jamais. Dans les mois et même les années qui ont suivi, ma relation avec Marie-Ève a été assez délicate, sinon tendue. Elle m'a souvent fait sentir qu'elle entretenait de la rancœur à mon endroit. Probablement y avait-il un fond de vérité puisque, de mon côté, je me sentais mal. Je prenais une bonne part du blâme, même si encore aujourd'hui je suis pleinement convaincue que c'était la bonne décision. Je pense toujours que les entraîneurs auraient dû agir différemment et prendre le temps de lui expliquer cette décision.

Un jour, quelques années plus tard, Marie-Ève m'a lancé une réplique cinglante à propos de je ne sais quelle broutille. C'est alors que j'ai décidé que c'en était assez et qu'il fallait crever l'abcès. Nous avons eu une bonne conversation. Je lui ai expliqué les raisons qui, à l'époque, m'avaient poussée à agir de la sorte. De son côté, elle m'a parlé de la souffrance qu'elle avait ressentie. Après cette mise au point, les choses se sont rapidement replacées. D'ailleurs, en 2007, j'ai recommencé à faire du synchro de la tour avec elle et nous avons très bien réussi.

On ne devrait jamais avoir peur de discuter et de clarifier les ambiguïtés. Ça ne fait pas mal de s'excuser si l'on sent qu'on a des choses à se reprocher. C'est la leçon que je devais retirer de toute cette histoire.

Cela dit, la journée même où j'ai eu cette discussion avec les entraîneurs, j'ai commencé l'entraînement avec Blythe Hartley. Nous avions déjà l'habitude de travailler ensemble au tremplin de 3 mètres ; il fallait maintenant nous y mettre sur la plateforme. C'est ce que nous avons fait à partir de novembre 2003.

Nous devions nous préparer afin de qualifier le Canada aux épreuves de synchro des Jeux olympiques. La compétition de sélection s'est tenue à Athènes en janvier 2004. Un peu comme ça s'était passé pour les Jeux de Sydney, cette première visite officielle des installations servait de « générale » pour la planification des Olympiques à venir.

Cependant, j'ai eu un pépin quelques semaines avant la compétition. En décembre, juste avant les Fêtes, j'ai dû subir une intervention chirurgicale. Quelque chose que les médecins qualifiaient de mineur, mais qui nécessitait tout de même une anesthésie générale.

Si près des épreuves de la Coupe du monde en Grèce, ce n'était pas génial. Mais je n'avais pas le choix : il me fallait passer sous le bistouri.

Or, une anesthésie générale demande énormément d'énergie au corps. Il est long et difficile de s'en relever. J'ai été au repos complet pendant deux semaines et j'ai dû me remettre progressivement à l'entraînement.

Aussi n'étais-je vraiment pas au meilleur de ma forme quand nous nous sommes présentés à Athènes. En plus, la température était exceptionnellement basse pour cette période de l'année en Grèce, et cette vague de froid a duré plusieurs jours. Il a même neigé, ce qui n'était pas arrivé là-bas depuis je ne sais combien d'années. Évidemment, il n'existe pas dans ce pays de système de chauffage digne de ce nom. Ça ne servirait à rien, puisqu'il y fait toujours chaud... sauf pendant cette Coupe du monde. Alors, durant les compétitions, après chaque plongeon, j'enfilais mon manteau, ma tuque et mes gants pour garder ma chaleur. Pour aider les athlètes, les organisateurs avaient décidé de chauffer l'eau de la piscine. Une bonne chose, appréciée de tous. Cependant, pour maintenir la qualité de l'eau puisqu'elle était plus chaude, il a fallu ajouter des doses massives de chlore. Mon corps a mal réagi : j'ai eu la peau irritée et entièrement couverte de plaques rouges, ce qui était à la fois douloureux et très laid. Je n'ai pas été la seule dont le corps a fait une réaction au chlore, mais j'étais certainement celle pour qui c'était le plus évident.

Pour revenir à la compétition, mon horaire était assez lourd. Le 19 février, un lundi, il y avait l'épreuve à la tour. J'y ai pris la cinquième place, ce qui ne m'a pas satisfaite. Quand on est championne du monde, on s'attend toujours à monter sur le podium. C'est normal. Alors, finir cinquième, c'était un peu décevant. Je comprenais que ce résultat n'avait aucune conséquence pour l'avenir et pour notre préparation aux Jeux, mais j'étais mécontente de la façon dont j'avais plongé et du rang que j'avais obtenu. À ma décharge, je dois dire que je gardais des séquelles de l'intervention que j'avais subie un peu plus tôt et je savais que je n'étais pas au meilleur de ma forme. De plus, je voulais consacrer le maximum de mon énergie à qualifier le Canada aux épreuves de plongeon synchronisé.

D'ailleurs, dès le lendemain, Blythe et moi commencions à la tour pour cette épreuve dont l'enjeu était des plus importants. Comme seulement huit pays peuvent participer aux Olympiques, et considérant que le pays hôte est présélectionné (même si la Grèce n'était pas une puissance mondiale en plongeon), il restait donc sept places disponibles. Il fallait absolument terminer parmi les sept premiers pour qualifier le Canada. Nous avons réalisé une très bonne performance, récoltant la médaille d'argent. C'était exceptionnel de terminer en deuxième place après seulement trois mois d'entraînement, mais surtout, c'était particulièrement encourageant en prévision des Jeux.

Le mercredi 21 février, la compétition se poursuivait avec le tremplin de 3 mètres en individuel. Comme je l'ai dit, je me sentais diminuée par l'intervention chirurgicale qui m'avait assommée quelques semaines plus tôt. De plus, ce matin-là, j'étais fatiguée à cause de mes deux épreuves à la plateforme. J'ai malgré tout participé aux préliminaires, que j'ai franchis pour atteindre les demi-finales, où je me suis classée parmi les 12 meilleures, ce qui me permettait d'atteindre la finale.

Pendant la pause précédant cette dernière étape, Michel est venu me trouver.

— Tu as l'air un peu fatiguée, m'a-t-il dit.

— Oui, ai-je répondu.

— Tu devrais aller te reposer pour conserver ton énergie pour le 3 mètres synchro avec Blythe. Aux Championnats du monde de Barcelone, tu as déjà qualifié le pays pour cette épreuve. Quel que soit ton résultat ici, ça ne change rien. Je crois qu'il est préférable que tu gardes ton énergie pour la suite…

Je n'ai pas l'habitude de laisser tomber une épreuve une fois qu'elle est commencée. Je suis compétitive et je veux toujours finir ce que j'entreprends. Cependant, comme il m'avait expliqué pourquoi il serait préférable d'arrêter la compétition et que ses arguments étaient logiques, je les ai acceptés. Je suis allée me reposer pour reprendre des forces.

Le lendemain, Blythe et moi étions prêtes pour le tremplin de 3 mètres en synchro. Blythe était l'une des meilleures au monde dans cette discipline. L'opposition était vive, mais nous avons terminé la compétition à la cinquième position, qualifiant du même coup le Canada à la quatrième épreuve féminine de plongeon, en vue des Jeux olympiques. Nous étions soulagées et heureuses d'avoir réussi. Cela dit, ni l'une ni l'autre n'avait encore sa place pour Athènes. La qualification du pays n'avait rien à voir avec la sélection des athlètes qui formeraient l'équipe. Cette qualification aurait lieu aux essais olympiques canadiens, plus tard au cours de l'année.

* * *

La saison avait donc débuté sur les chapeaux de roues avec la Coupe du monde en Grèce, et plusieurs autres compétitions étaient prévues avant les essais canadiens. Ainsi, au début du mois de mars s'est tenu le Grand Prix de Russie dans la petite ville d'Elektrostal, en banlieue de Moscou. Je me rappelle que Michel Larouche a, à compter de ce moment, décidé que nous ne serions plus inscrites aux épreuves de synchro jusqu'à la tenue des essais olympiques. En fait, sa décision était basée sur une formalité. Comme les Grands Prix se déroulent généralement sur trois jours et que nous étions deux pour représenter le Canada, il aurait fallu que je participe à quatre épreuves (3 mètres et 10 mètres en synchro et en individuel), ce qui était une énorme charge de travail. Le plongeon synchronisé serait réservé aux entraînements. Voilà pourquoi en Russie, comme dans les Grands Prix qui ont suivi, j'ai concouru en individuel au 3 mètres et à la plateforme. Nous n'avons donc participé à aucune compétition en plongeon synchronisé jusqu'en juin. Cela dit, je n'ai pas très bien plongé à la plateforme au Grand Prix de Russie, et Michel Larouche en a été très contrarié.

Dès la fin de cette compétition, nous nous sommes directement rendus à Madrid pour le Grand Prix d'Espagne. Un très long voyage d'une douzaine d'heures, que nous avons fait en avion et en autobus. À notre arrivée, tout le monde était passablement fatigué. Toutefois — et c'était souvent ainsi que ça se passait —, Michel a aussitôt exigé un entraînement. Personnellement, je ne détestais pas cette approche. Après avoir été immobilisé aussi longtemps, ça faisait du bien de se dégourdir. Généralement, il s'agissait d'entraînements très légers qui nous permettaient de bouger un peu, de nous détendre et d'apprivoiser les lieux. Mais pas cette fois. En tout cas, pas pour moi. Michel avait prévu que j'effectuerais tous mes plongeons optionnels (les plus difficiles) de la tour de 10 mètres. J'étais furieuse. Nous nous étions mis en route très tôt le matin; j'avais les jambes molles à cause du voyage pénible; j'étais fatiguée, comme les autres membres de l'équipe, et j'estimais que son programme n'avait aucun sens. Je crois qu'il voulait me punir de ma contre-performance en Russie, ce qui aurait été tout à fait son genre.

Par ailleurs, la piscine de Madrid est étonnante en ce sens qu'autour et au-dessus du bassin de plongeon, il y a un énorme dôme dont le centre est vitré. Habituellement, pour les compétitions d'envergure, afin d'éviter les reflets et la confusion entre la couleur du ciel et celle de l'eau, les responsables recouvrent cette section vitrée d'une draperie. Or, elle n'était pas couverte quand nous avons commencé cette session d'entraînement. Résultat: le soleil de cette fin d'après-midi créait un éclairage particulier autour du bassin.

Fatiguée, en colère contre Michel qui m'obligeait à faire mes optionnels du 10 mètres, déconcentrée par cet effet lumineux provenant du dôme, j'ai raté la plupart des mes plongeons. J'ai fait des *flats* à plusieurs reprises et j'ai certainement eu le pire entraînement de ma vie. Pour envenimer les choses — comme si ça ne suffisait pas —, Michel m'a engueulée près du bassin ; pas seulement devant tous les autres membres de l'équipe, mais aussi devant les athlètes des autres pays qui s'y entraînaient. Je sentais qu'il se préparait à me faire l'un de ses sermons qui n'en finissaient plus. Lasse, meurtrie et découragée, j'étais maintenant humiliée. Je ne comprenais pas où il voulait en venir avec la séance d'entraînement qu'il m'imposait. C'était une nouvelle preuve que Michel ne croyait pas à la valeur d'un entraînement s'il n'était pas dur et ne faisait pas mal. Je doutais de cette stratégie, mais je lui faisais encore confiance ; j'avais donc obéi, avec les résultats que l'on connaît.

Il me chicanait et me faisait la leçon depuis une dizaine de minutes quand je lui ai lancé : « Ça va, Michel, j'ai compris ! » Il a continué comme si de rien n'était. Je l'ai répété un peu plus fort. Toujours aucune réaction. J'ai encore monté le ton et j'ai martelé en séparant chaque syllabe : « J'ai– com–pris ! » Il s'est tu, m'a regardée pendant quelques secondes, s'est levé et est parti en colère. Je trouvais que me sermonner au bord du bassin était inutilement humiliant ; il aurait pu attendre qu'on arrive à l'hôtel et faire ça plus discrètement.

Je suis allée me changer et j'ai quitté les lieux pour aller me reposer. Voilà qui amorçait mal ce séjour en Espagne. Toutefois, malgré cette arrivée tumultueuse, j'ai gagné la médaille d'or à la tour, si bien que Michel s'est certainement dit que sa stratégie avait fonctionné, que son discours m'avait, comme on dit en hockey, fouettée. Or, je vous l'assure, ça n'a rien à voir. C'est plutôt qu'en compétition, je donne toujours tout ce que j'ai pour réaliser la meilleure performance possible.

***

Dès le retour au pays, d'autres championnats étaient prévus, dont les Championnats nationaux d'hiver du Canada. Bref, c'était un peu fou...

En mai, quelques jours avant de partir pour la Coupe Canada qui se tenait à Victoria, Michel nous a dit, constatant que nous étions tous très fatigués, que le lendemain, un vendredi, il n'y aurait qu'un seul entraînement au lieu des deux normalement prévus. J'ai été très surprise qu'il agisse ainsi, mais je vous jure que tout le monde était content. Un athlète doit avoir des périodes de récupération durant sa préparation à une compétition. C'est essentiel en tout temps, mais ça l'est bien davantage quand il s'agit d'une année olympique. Retirer un entraînement intensif avant notre départ, prévu pour le lundi, tombait à point.

Quand je suis arrivée le vendredi matin, j'avais le cœur léger puisque je savais que, quelques heures plus tard, je pourrais profiter de deux journées complètes de repos. Je me sentais très bien. Bon, je n'aurais pas tout à fait droit à deux jours de congé, puisque j'avais toujours mes leçons de ballet le lendemain, mais au moins je ne serais pas dans l'eau. J'étais curieuse de voir ce que Michel avait planifié pour moi, car normalement, j'aurai dû faire tous mes plongeons du 10 mètres à l'entraînement du matin et tous mes plongeons du 3 mètres à celui de l'après-midi. Quand j'ai consulté le programme, j'ai constaté qu'il avait intégré deux entraînements en un seul. Il voulait que j'exécute en un matin tous mes plongeons du tremplin de 3 mètres et tous ceux de la tour de 10 mètres. Ça m'a jetée par terre. Ce qui devait être un entraînement agréable est devenu une montagne infranchissable. Vous savez, lorsqu'on est fatiguée mentalement et physiquement et qu'un nouveau dossier s'ajoute sur une pile déjà imposante, on a soudain l'impression qu'on n'y arrivera jamais. En temps normal, ça ne pose pas nécessairement de problèmes. On arrive à gérer le supplément de travail. Mais à certains moments, la tâche devient tout simplement trop lourde et on craque. J'ai encore une fois douté des choix de Michel. Je ne voyais pas quel était son objectif en annulant un des entraînements pour doubler la charge de travail de l'autre.

J'ai quand même commencé le programme qu'il avait prévu et j'ai cafouillé. Je manquais de concentration et je ratais des plongeons que je réussissais généralement avec beaucoup de facilité.

— Ça ne va pas, ai-je dit à Michel. C'est trop. Je pense que je suis en train de ne plus aimer plonger.

— Arrête le plongeon si tu n'aimes plus ça, a-t-il répliqué brusquement.

Ça m'a coupé le souffle. Je n'en revenais pas qu'il me dise, quelques mois avant la tenue des Jeux olympiques, que je n'avais qu'à tout laisser tomber. Je l'ai regardé et j'ai été incapable de lui répondre. Exaspérée, j'ai ramassé mes affaires et je suis rentrée à la maison.

Pendant deux jours, j'ai complètement décroché et ça m'a fait un bien fou. J'ai senti que mes batteries se rechargeaient. Je crois que Michel s'est rendu compte qu'il avait poussé un peu fort et il regrettait ses paroles. En tout cas, il a téléphoné à la maison durant la fin de semaine. Il a laissé un message dans lequel il m'expliquait que ses paroles avaient dépassé sa pensée et qu'il n'aurait pas dû dire ce qu'il avait dit. Voilà qui me suffisait. Je pouvais passer à autre chose. Si bien que ni lorsque je l'ai revu à l'aéroport le lundi ni plus tard, nous ne sommes revenus sur cette histoire. Il était clair cependant que notre relation n'était plus ce qu'elle avait été.

* * *

Une année olympique est toujours difficile et stressante. Les compétitions se succèdent à un rythme effréné et les entraînements sont nombreux et presque toujours rigoureux. Comme j'étais championne du monde en titre à la plateforme de 10 mètres, les gens avaient de grands espoirs pour que le pays remporte l'or à Athènes à cette épreuve. On en était encore loin, puisque je n'étais pas encore sélectionnée pour intégrer l'équipe canadienne. Mais rien n'empêchait les journalistes d'en parler et les commanditaires de vouloir associer mon nom à leur entreprise.

J'ouvre ici une parenthèse, pour parler du soutien financier que reçoivent les athlètes de haut niveau. En ce qui me concerne, depuis quelques années, j'étais aidée par la Fondation de l'athlète d'excellence du Québec. Depuis 1985, cette fondation a pour mission de soutenir financièrement et d'appuyer les étudiants-athlètes dans leur poursuite de l'excellence scolaire et sportive et de contribuer à la promotion de modèles dans la société québécoise. Pour y arriver, elle compte sur l'appui d'intervenants de divers milieux, dont, évidemment, celui des affaires. Voilà comment, dans le cadre du programme de soutien de la Fondation, j'ai été « parrainée » par Vidéotron pendant plusieurs années. J'avais eu l'occasion de rencontrer quelques fois monsieur Claude Chagnon, qui dirigeait l'entreprise fondée par son père en 1964 et vendue à Québecor en 2000. Je tiens à remercier la Fondation, Vidéotron et monsieur Chagnon pour leur appui. Ils ont cru en moi et m'ont soutenue financièrement alors que je progressais et que je me bâtissais une réputation de gagnante dans ma discipline. Cette contribution est essentielle pour pouvoir consacrer autant de temps à son sport. Elle est d'autant plus importante que plusieurs athlètes passent sous le radar des médias et des commanditaires parce qu'ils ne sont pas encore assez connus.

Cette année-là, plusieurs compagnies m'ont donc contactée pour me commanditer. Mon père me servait d'agent à l'époque. Il rencontrait d'abord les gens, il étudiait leurs offres et leurs exigences et m'en parlait ensuite. C'est ainsi que j'ai été associée à la Banque

Royale et à Johnson & Johnson, et que j'ai eu ma photo sur les boîtes de céréales Cheerios.

Tout cela a l'air anodin, mais ça demande quand même du temps et de l'énergie. Il faut rencontrer les gens, examiner les conditions, participer à des sessions de photo et ainsi de suite. Or, du temps, en raison de mon entraînement, j'en avais bien peu. De plus, je devais gérer mes rares périodes de récupération.

Ça a été la même chose avec les journalistes et les médias. Plusieurs d'entre eux préparaient leurs dossiers et souhaitaient dresser des portraits d'athlètes en prévision de leur programmation olympique. Comme championne du monde, je faisais souvent partie de ce club sélect que les médias sollicitaient. Je ne sais pas si vous vous en êtes déjà rendu compte, mais il y en a des journaux, des stations de radio et de télé au Québec et au Canada! Beaucoup plus que je le croyais. Toutes ces entrevues demandaient beaucoup de temps, sans compter que je n'y prenais pas beaucoup de plaisir. Cette visibilité est excellente pour les fédérations et pour le sport en général. Alors, nous y participons de bonne grâce. Il est évident aussi que certains athlètes ont plus de facilité que d'autres pour les relations publiques. Alexandre Despatie en est un magnifique exemple. On dirait qu'il s'illumine quand une caméra est braquée sur lui. Je n'avais malheureusement pas cette aisance. Je me suis beaucoup améliorée au fil des ans et j'ai aujourd'hui plus de plaisir à faire des entrevues ou des sessions de photo. Mais ce n'était absolument pas le cas en 2004. Le fait est que je n'ai jamais plongé pour m'attirer de l'attention médiatique. Je dois donc avouer que j'ai eu beaucoup de difficulté à gérer cette attention.

S'il est une chose que j'ai alors apprise, c'est que les médias ont une conception du temps très différente de celle des autres. Ainsi, quand un journaliste vous dit: «Ça ne prendra que cinq minutes», méfiez-vous! D'après mon expérience, les magazines étaient les pires à cet égard. Je me souviens, entre autres, de ce journal qui voulait, après l'entrevue, faire quelques photos qui accompagneraient l'article.

— Nous souhaiterions prendre des clichés de vous en maillot, près de la piscine, m'avait dit la responsable.

— Il en existe déjà plusieurs et de très bons, lui avais-je signalé. Je suis certaine que vous pourriez en trouver auprès de photographes qui suivent les compétitions internationales.

— Nous préférons toujours avoir les nôtres. Vous comprenez ?

— Pas vraiment, mais cela dit, j'ai surtout un problème de disponibilité.

— Ce ne sera pas long. Vous êtes en maillot, près du bassin, et notre photographe prend quelques clichés. C'est l'affaire de quelques minutes, tout au plus.

— Je vous accorde une heure et c'est un maximum, ai-je concédé, parce que je me sentais coincée.

Bien entendu, il a fallu beaucoup plus longtemps pour faire des photos qui, à mon avis, n'avaient aucune originalité. Une plongeuse en maillot sur un tremplin ! Pour la créativité, on repassera ! Puis j'ai enfin vu le résultat dans le magazine. La photo qui accompagnait l'article, et pour laquelle j'avais perdu quelques heures, était de la taille d'un timbre-poste sur laquelle il était absolument impossible de m'identifier. Ça a été la goutte qui a fait déborder le vase.

Il y a une autre raison qui explique que j'ai eu un peu de difficulté avec les médias : l'image de perfection que l'athlète doit projeter. Les sportifs sont des gagnants et des modèles qui ne doivent pas consommer d'alcool, qui mangent bien, qui font toujours de l'exercice physique et qui ont, en tout temps, un mode de vie parfaitement sain. Avouez que la plupart des gens croient en cette image quand ils lisent ou regardent une entrevue avec des athlètes.

En ce qui me concerne, je n'ai jamais pensé correspondre à cette perfection. Par exemple, un jour, lors d'une fête dans ma belle-famille, je suis allée chercher un bol de chips. À mon retour à table, une jeune fille qui m'avait confié qu'elle pratiquait la natation n'en revenait pas que je mange des croustilles. Déçue, elle m'a regardée et a dit avec un petit air scandalisé :

— Tu manges des chips !

— Eh oui ! Il n'y a rien de mal à manger quelques chips une fois de temps en temps.

J'ai trouvé difficile de voir la désillusion dans ses yeux. C'est cette image de perfection que je trouvais lourde à porter. Je ne suis pas parfaite. J'aime bien les bons plats accompagnés d'un peu de vin. J'aime bien manger des chips ou du chocolat à l'occasion. J'aime bien me faire bronzer au soleil.

Ajoutons à cela que toutes les entrevues et tous les reportages prenaient beaucoup de temps à un moment où les entraînements et les compétitions se succédaient à un rythme effréné. Je me souviens que mon horaire était à ce point surchargé que j'ai préféré refuser une proposition financière très importante d'un commanditaire majeur plutôt que de perdre quelques heures de travail.

Voilà pour la parenthèse financière et médiatique…

***

Ce qui rendait les choses encore plus complexes cette année-là était que j'avais inscrit un nouveau plongeon sur ma liste. Habituellement, les entraîneurs n'ajoutent pas de nouvelles figures durant l'année olympique. Le temps nécessaire pour apprivoiser un nouveau plongeon et le maîtriser est colossal. C'est le genre de truc qui doit s'étaler sur quelques années. Or, depuis moins d'un an, Michel (et j'étais d'accord avec cette suggestion) avait décidé de remplacer le 3 sauts périlleux ½ avant en position carpée par un 3 sauts périlleux ½ renversé en position groupée. Un plongeon assez costaud, que nous n'étions que deux au monde à exécuter. Puisque le travail hors compétition devenait encore plus important, il était essentiel de ne cibler que les épreuves indispensables dans le programme de développement.

Après la Coupe Canada, qui se tenait au début du mois de mai, il ne restait plus que le Grand Prix des États-Unis, à la mi-mai, pour compléter les sessions prévues avant les essais olympiques. Normalement, j'avais ensuite quelques semaines sans compétitions, où il n'y avait que les entraînements pour me permettre de peaufiner ma technique. Or, ce n'est pas ce qui est arrivé.

En effet, alors que nous étions à Athènes en janvier pour la Coupe du monde, l'équipe chinoise est venue proposer à Michel Larouche de participer, avec quelques-uns de ses athlètes, à une épreuve-invitation durant laquelle les meilleurs plongeurs du monde affronteraient les meilleurs Chinois. Un concours où, en résumé, seul le prestige serait en jeu. Cette confrontation n'avait aucune valeur sur le plan des compétitions internationales et ne s'inscrivait pas dans l'agenda des compétitions approuvées par la FINA (Fédération internationale de natation). Les Chinois souhaitaient que la délégation canadienne y participe, mais il fallait donner une réponse immédiatement, sinon ils iraient faire cette offre à un autre pays. Michel en avait touché un mot à Alexandre Despatie et à Philippe Comtois qui s'étaient dits intéressés.

En fin de journée, il est venu nous en parler alors que nous terminions, Blythe et moi, notre entraînement. Nous étions tous trois assis près du bassin et il nous a expliqué en quoi consistait cette rencontre prévue pour le mois de juin suivant. En fait, je n'étais pas enthousiaste. Aller passer une semaine en Chine juste avant les essais représentait beaucoup de travail et de longs déplacements pour relativement peu de chose. Je ne crois pas que Blythe était plus emballée que moi. Pourtant, Michel insistait, assurant que ce serait une très belle occasion d'affronter les meilleurs. Il nous a confirmé que Philippe et Alexandre avaient accepté, mais que si nous refusions, tout tomberait à l'eau puisque les Chinois tenaient à inviter une délégation complète.

Je ne savais trop que faire, d'autant plus que nous n'avions pas de temps pour réfléchir et que la journée avait déjà été longue et fatigante. Je ne voulais pas passer pour une trouble-fête, surtout que les garçons étaient d'accord. Alors, j'ai regardé Blythe et on a accepté !

Voilà pourquoi, peu après le Grand Prix des États-Unis, nous avons pris le chemin de la Chine au lieu de nous limiter à un entraînement à Montréal.

Était-ce à cause de la fatigue, du voyage, du décalage horaire, de l'agenda de fou auquel je me pliais depuis des mois, mais aussitôt en Chine, je suis tombée malade. Je me sentais faible, je me réveillais au milieu de la nuit fiévreuse et en sueur ; bref, je n'étais pas bien du tout. J'ai poursuivi l'entraînement, mais rien ne fonctionnait. Dans ces conditions, le contraire aurait été étonnant.

Je suis allée voir Michel pour lui expliquer que je devais me faire soigner, mais que j'avais peur de me faire traiter en Chine. Je souhaitais retourner à la maison le plus tôt possible. Il n'avait pas l'air convaincu et m'a répondu qu'il allait s'informer sur la possibilité de faire devancer la date du retour.

Je ne sais pas comment ça s'est passé, mais il est revenu pour me dire qu'il était impossible de modifier les billets d'avion. Comme je ne pouvais pas rester dans cet état, le lendemain matin, je me suis rendue à l'hôpital en compagnie de l'infirmière de l'équipe chinoise et d'une interprète. Après examen, le médecin a diagnostiqué une forte amygdalite et m'a prescrit un traitement-choc aux antibiotiques. J'ai été très bien traitée et avec beaucoup de professionnalisme, mais je dois dire que j'étais un peu inquiète. On m'avait expliqué qu'il s'agissait d'un médicament administré par intraveineuse dans un soluté, ce à quoi je n'étais pas habituée. Il avait été convenu que l'infirmière se chargerait de l'installer durant la soirée, parce que le processus prenait au moins deux heures et exigeait que je demeure au lit.

Plutôt que d'aller me reposer, cet après-midi-là, j'ai participé à l'épreuve de synchro au tremplin de 3 mètres. J'étais encore faible, fiévreuse et étourdie. Rien ne fonctionnait. Lors de l'échauffement, à ma première tentative, mon saut d'appel était tellement mauvais que j'ai préféré sauter directement dans l'eau plutôt que de faire mon plongeon et risquer de me blesser. Or, pendant une épreuve en synchro, si l'une des deux athlètes n'exécute pas son plongeon, c'est noté comme un plongeon manqué et aucun point ne nous est accordé. Incapable de contrôler mon saut d'appel, pendant l'échauffement j'ai donc répété mon erreur, tentative après tentative. J'étais fâchée contre moi, d'autant plus que j'obligeais chaque fois Blythe à reprendre un plongeon difficile, un 2 sauts périlleux ½ renversé en position carpée, le plongeon le plus stressant de tous, celui que la majorité d'entre nous détestait.

Pour le dernier essai, je me suis dit : « Quoi qu'il arrive, je plonge. » Je suis remontée ; je me sentais toujours incommodée, mais j'étais décidée à aller jusqu'au bout. Encore une fois, mon saut d'appel a été merdique. Je me dirigeais droit vers la catastrophe. Aussi, pendant que je commençais à exécuter la figure, je me suis mise à douter. J'ai cru que si je faisais un 1 saut périlleux et ½ au lieu du 2 sauts périlleux ½, je pourrais y arriver. J'avais pourtant appris, dès le début de ma formation, qu'il ne faut jamais changer d'idée pendant l'exécution d'un plongeon. C'est une règle de base. Cette fois-là, en Chine, même si ma réflexion n'a duré qu'un instant, ça a été trop long. Je suis sortie de ma rotation une fraction de second trop tard. J'ai effectué quelque chose s'approchant du 1 saut périlleux et ¾ et mon visage a frappé l'eau. Encore une fois, j'ai eu des ecchymoses pendant plusieurs semaines. Quand je suis sortie de l'eau, j'étais sous le choc. Comme Blythe n'avait aucune idée de ce qui s'était passé, elle s'était retournée, m'avait regardée et avait remarqué que ma figure était d'un rouge écarlate. Je lui ai rapidement expliqué ce que j'avais fait.

Notre résultat final a évidemment été mauvais. Pourtant, sans en être satisfaite, j'étais quand même contente. Contente de m'en être sortie vivante.

À ce moment, la seule chose que j'attendais, c'est que Michel vienne me voir pour me dire de laisser tomber ; que je ne pouvais en faire plus et qu'il fallait oublier entièrement cette compétition. J'espérais qu'il se montre compréhensif, qu'il convienne que c'était dangereux et que le risque de me blesser gravement était réel. Mais il ne l'a pas fait.

* * *

Ce soir-là, l'infirmière m'a installé le soluté et j'ai enfin pu dormir. Cela dit, j'avais une autre crainte concernant ce médicament. Était-il possible qu'il fasse partie de ceux qui nous étaient interdits ? Vous savez que les athlètes peuvent être contrôlés par des tests antidopage à n'importe quel moment. Pour ce séjour en Chine, il s'agissait d'une compétition avec des règles particulières où il n'y avait pas de tests de dépistage de la drogue aussi précis et rigoureux que d'habitude. Mais certains produits restent très longtemps dans l'organisme. Je pouvais rentrer à la maison la semaine prochaine et un matin, on pourrait cogner à ma porte pour me faire passer un examen auquel je devrais me soumettre. Je n'aurais pas le choix.

Je me demandais donc si le médecin qui m'avait prescrit ce médicament connaissait la liste de ceux qui étaient autorisés. On avait souvent entendu parler d'athlètes qui avaient pris des pilules qu'ils croyaient inoffensives et qui avaient ensuite échoué aux tests. En plus, en raison du barrage de la langue, j'avais eu un peu de mal à expliquer tout cela à l'hôpital. Je souhaitais seulement que l'infirmière de l'équipe chinoise de plongeon qui m'accompagnait ait été sensible à cette question et qu'elle sache que le médicament qu'on m'administrait n'entrait pas dans la catégorie des produits interdits. À ce moment toutefois, je ne pouvais plus y faire grand-chose. J'étais malade et il fallait qu'on me soigne.

Le lendemain, j'allais bien. Ce n'était pas encore la grande forme, mais c'était vraiment mieux que la veille. Mon moral avait déjà considérablement remonté. J'étais loin d'être guérie, mais je sentais que mon état s'améliorait. Et vous savez comme il est merveilleux, quand on a été malade, faible, fiévreuse et étourdie, de se sentir revivre !

Au matin, je suis donc allée retrouver l'équipe pour le déjeuner. Michel m'a aperçue et s'est approché.

— Alors, comment vas-tu ?

— Beaucoup mieux, je te remercie. Pas parfait, mais c'est beaucoup mieux.

— Tant mieux. Dans ce cas, tu vas monter sur la tour de 10 mètres et pratiquer tes optionnels.

— Tu n'es pas sérieux ? lui ai-je demandé, catastrophée.

— Bien sûr. Tu te sens mieux, tu plonges. C'est comme ça.

J'ai obéi. J'étais en colère, je me sentais incomprise et seule, mais j'y suis allée. Je savais très bien qu'il était inutile d'argumenter avec lui. Il ne changerait pas d'idée. Il ne me restait qu'à espérer que tout aille bien.

Je suis montée deux fois sur la plateforme pour exécuter le premier plongeon de ma liste, et chaque fois, je me suis écrasée dans l'eau. C'était pourtant celui avec lequel j'avais le plus de facilité. J'ai alors décidé que c'en était assez et que je ne remonterais plus sur la plateforme de 10 mètres avant que je sois complètement guérie. D'ici là, la tour de 5 mètres serait largement suffisante. Je ne voulais pas risquer de me blesser quelques semaines avant les Jeux.

J'étais incapable de trouver une seule vraie justification à notre présence en Chine. Rien n'avait de sens. Selon moi, nous perdions notre temps, sans compter que j'étais malade, ce qui augmentait considérablement les risques de blessures, et ce, juste avant la tenue des essais olympiques qui décideraient de la composition de l'équipe canadienne.

Pour la suite des choses, j'ai vraiment fait le minimum. Les responsables avaient adopté un format particulier pour cet événement, de sorte qu'à chaque ronde, les deux plongeuses ayant obtenu le moins de points étaient éliminées. Pour la première fois de ma vie, je n'avais aucun esprit de compétition. Je voulais seulement en finir le plus vite possible et rentrer à la maison. J'ai été éliminée après le premier tour. Je voulais sortir vivante de cette compétition qui n'avait absolument aucune valeur dans le cadre de mon entraînement en vue des Jeux.

Si je tentais de faire le bilan de ce séjour en Chine, il n'y aurait pas grand-chose de positif. Ce qui me vient surtout à l'esprit, c'est que ma relation avec Michel s'était encore détériorée. Cela dit, je ne voulais pas vivre avec de la rancœur, qui n'engendre qu'une mauvaise énergie. À l'aube des Jeux d'Athènes, je souhaitais éviter les problèmes. Je me disais qu'il serait possible de régler ça plus tard. Mais, et je l'ai déjà dit en ce qui concerne ma relation avec Marie-Ève Marleau, il n'est jamais bon de laisser traîner les choses. On ne règle absolument rien en s'abstenant d'agir. D'un autre côté, je ne voyais pas comment notre relation pourrait s'améliorer. Je savais que rien n'était jamais facile avec Michel, car il ne voulait rien entendre, étant toujours certain d'avoir raison.

Selon moi, un entraîneur doit savoir s'adapter à ses athlètes. Il doit, bien sûr, posséder expérience et vision, mais il doit moduler les choses en fonction de la personnalité de chacun. Il y a un adage qui dit qu'il faut des règlements forts, mais une application nuancée. Pour Michel Larouche, il fallait que les entraînements soient durs et que ça fasse mal pour qu'ils soient efficaces. Plonger en étant malade et diminuée physiquement devenait pour lui une merveilleuse préparation pour les Jeux, étant donné qu'on pouvait être dans la même condition lors d'une finale olympique. C'était d'ailleurs la philosophie généralement adoptée par les coachs chinois et, quelques années auparavant, par ceux d'URSS et d'Allemagne de l'Est. Mais la situation des Chinois est très différente de la nôtre, puisqu'ils peuvent compter sur un bassin d'athlètes quasi illimité. Peut-être peuvent-ils se permettre une telle approche, bien que je n'y voie rien de positif pour leurs sportifs. En tout cas, il est certain que cette stratégie ne peut s'appliquer au Canada.

* * *

Dès notre retour de Chine, les entraînements ont repris en vue des essais olympiques. En ce qui me concerne, le stress était bien différent de celui que j'avais ressenti à ceux de 2000. D'abord, l'organisation se basait encore sur le système de points Or et Argent qui avait alors été établi. Les critères avaient été haussés pour faire face à la nouvelle réalité du plongeon, si bien que pour la tour de 10 mètres, j'étais la seule au Canada à avoir accumulé les 10 points, ce qui représentait le maximum alloué. La lutte, théoriquement en tout cas, se déroulait essentiellement pour qualifier la deuxième plongeuse à cette épreuve.

En ce qui concerne le tremplin de 3 mètres, Blythe Hartley était la seule qui possédait une avance comparable à la mienne. Elle était pratiquement assurée d'être sélectionnée. Pour ce qui est du plongeon synchronisé, nous étions déjà sélectionnées autant au 3 mètres qu'à la tour de 10 mètres.

La pression n'était donc pas la même cette année-là. Pour moi, à la différence des Jeux de 2000, les essais représentaient plutôt une étape vers une médaille aux Jeux olympiques.

En fait, la seule chose qui me préoccupait à cette occasion, c'était ma participation au tremplin de 3 mètres en individuel. Après la compétition qui s'était tenue à Athènes en janvier, j'avais demandé à Michel de ne plus faire cette épreuve, la charge de travail étant trop élevée. Vous vous souvenez d'ailleurs que, là-bas, je ne l'avais pas terminée, à la suggestion même de mon entraîneur, puisque j'étais passablement fatiguée et que j'y avais déjà qualifié le pays pour les Jeux olympiques. À mon retour de Chine, je me demandais si je devais y concourir. À mon avis, le seul objectif réaliste que je pouvais me fixer pour les Jeux était de me classer pour participer à la finale. Sur la scène internationale, je savais que je me situais parmi les 10 premières. Bien sûr, dans un monde idéal, si je plongeais merveilleusement et que toutes les autres rataient, je pouvais penser au podium olympique. Mais c'était une vision irréaliste. Alors qu'avais-je à y gagner sachant que dans les trois autres épreuves (3 mètres et 10 mètres synchro et tour de 10 mètres en individuel) mes chances de médailles étaient réelles ? N'était-il pas préférable de me concentrer sur celles-là ? Que j'y consacre plus de temps à l'entraînement ? Que, du coup, je maximise mes chances de médailles ?

Or, Michel n'était pas de cet avis. Il disait que j'étais la deuxième meilleure au pays et que je me devais d'y représenter le Canada. Je n'ai jamais vraiment compris cet argument, mais il a eu le dernier mot, et malgré mes réticences, j'ai fait la compétition au tremplin de 3 mètres.

Une fois cette décision prise, même si je sentais que c'était beaucoup de travail que de concourir à quatre épreuves, lorsque je suis montée sur le tremplin pour mon premier plongeon, j'ai naturellement voulu réaliser ma meilleure performance.

Considérant que Blythe était presque officiellement qualifiée, deux autres adversaires pouvaient revendiquer cette place : Martha Dale (celle qui s'était blessée à la tête en Australie) et Megan Farrow. Pour elles, le stress était colossal. Je le savais puisque j'étais passée par là avant Sydney. Elles n'avaient pas encore l'expérience voulue, si bien que toutes les deux ont raté leurs deux premiers plongeons. De mon côté, tout a très bien fonctionné et j'ai réussi à la hauteur de mes espérances. Je m'étais plutôt bien entraînée avant les essais, et mes plongeons étaient beaucoup plus stables. J'ai donc été sélectionnée pour accompagner Blythe au 3 mètres. À Athènes, je devrais donc concourir à quatre épreuves.

L'été s'annonçait chargé. Lors de la planification des entraînements, surtout en fonction des Olympiques, il faut prévoir ce que nous appelons des entraînements de récupération, c'est-à-dire des sessions plus légères qui permettent au corps de reprendre des forces et de se reposer un peu. Tous les autres entraînements sont beaucoup plus rigoureux et nous poussent à la limite. Blythe, malgré sa participation à trois épreuves (le tremplin de 3 mètres et le synchro aux 3 et 10 mètres), réussissait à programmer quelques sessions de ce genre. Dans mon cas, il n'en était pas question. Tous mes entraînements étaient intenses, puisque je n'avais pas assez de temps pour pratiquer les quatre épreuves auxquelles je devais concourir.

**

Athènes accueillait le public du 15 au 29 août pour le plus grand rassemblement d'athlètes et de compétitions de la planète. La délégation canadienne était arrivée quelques jours à l'avance, comme le voulait l'usage. Nous avons reçu nos accréditations, visité le village olympique et effectué quelques entraînements dans les installations officielles (que nous avions déjà eu l'occasion d'essayer en janvier). Puis nous sommes partis vers une petite municipalité située au bord de la Méditerranée. C'est là que nous sommes restés en attendant le début des compétitions. Il s'agissait d'un magnifique petit endroit, aussi pittoresque qu'on pouvait l'espérer. Si la piscine était assez modeste, l'environnement était enchanteur.

Nous avons quitté ce village méditerranéen pour Athènes peu avant le début des Jeux, car l'épreuve de plongeon synchronisé au tremplin de 3 mètres commençait la troisième journée. Toutefois, même si j'étais alors au village olympique, j'ai préféré me reposer en vue des compétitions et je n'ai pas assisté aux cérémonies d'ouverture. D'ailleurs, en quatre participations olympiques, je n'ai jamais assisté à cette fête.

En ce qui concerne le synchro au 3 mètres, nous savions que nos chances d'y récolter une médaille étaient modestes; mais elles étaient réelles. Rappelons que huit pays seulement sont de cette épreuve et qu'il n'y a qu'une ronde: la finale. Cinq plongeons, deux de base et trois optionnels, décidaient des gagnantes. Chaque performance au tremplin était donc capitale.

Comme l'épreuve avait lieu dans la soirée, nous avons quitté le village dans l'après-midi pour notre séance normale d'échauffement avant la compétition. Or, à l'heure prévue, beaucoup d'athlètes voulaient se rendre à la piscine, puisqu'il y avait aussi des épreuves de natation. Voilà pourquoi il y avait tant de monde. La navette que nous avions prévu prendre pour quitter le village était bondée. À force de jouer du coude, j'ai réussi à entrer, mais Blythe est restée sur le trottoir.

Normalement, ça n'aurait pas été un problème, puisqu'elle pouvait prendre la navette suivante. Mais cette cohue avait créé un retard d'environ 30 minutes, ce qui n'était pas la meilleure façon d'entamer notre première compétition. Ce n'était pas dramatique, juste un peu dérangeant psychologiquement. J'ai dû l'attendre près de la piscine. Nous avons quand même pu effectuer notre routine habituelle, bien qu'avec un peu plus de nervosité qu'en temps normal.

Je sais que cela n'aurait pas dû nous déranger, et je ne cherche pas d'excuses; il n'en demeure pas moins que notre performance générale a été plutôt ordinaire. Rien d'exceptionnel. Nous avons bien plongé, avec seulement un plongeon un peu moins bien réussi. Mais les pointages en plongeon synchronisé sont toujours très serrés. Nous avons terminé en septième position. Pas désastreux, mais vraiment pas satisfaisant.

Nous avions la possibilité de nous reprendre deux jours plus tard à l'épreuve du 10 mètres synchro. Là, nous avions toutes nos chances ; nous étions parmi les favorites. Trois équipes en particulier étaient à surveiller : les Chinoises (évidemment), les Russes et les Australiennes. Néanmoins, nous étions clairement dans le peloton de tête.

Je ressentais un peu d'inquiétude. En effet, toute l'année, j'avais participé à des compétitions au tremplin de 3 mètres et à la tour en individuel, mais sans faire d'épreuves en synchro. Dans un sens, j'étais d'accord avec cette décision, mais j'ai toujours eu l'impression que nous aurions dû choisir une ou deux compétitions pour nous frotter aux autres équipes. Il me semble que ça aurait été normal. C'est d'ailleurs un peu cette lacune que j'avais ressentie après la débâcle de la veille. Nous n'avions pas concouru au niveau international depuis le mois de janvier précédent, et nous ne savions pas à quoi nous attendre lors des compétitions, ni au 3 ni au 10 mètres.

Par ailleurs, j'étais certaine que nous étions plus fortes au 10 mètres qu'au tremplin de 3 mètres. Globalement, même si nous avons en effet offert une excellente performance, les Chinoises et les Russes avaient tout simplement mieux plongé. Nous avons décroché la médaille de bronze. C'était la première médaille que gagnait le Canada et il y avait déjà cinq jours que les Jeux avaient commencé. Tout le monde au pays l'attendait avec impatience et on avait commencé à penser que le Canada n'était pas prêt pour Athènes. Voilà qui explique pourquoi Blythe et moi sommes aussitôt entrées dans un cirque médiatique incroyable.

Pour les Jeux, l'équipe de plongeon pouvait compter sur la présence d'une attachée de presse, Marie-Annick L'Allier, qui avait le mandat de gérer pour les athlètes l'épineuse question des médias. Marie-Annick en était à ses premiers Jeux, mais avait beaucoup d'expérience dans ce domaine. Elle nous accompagnait partout, accueillant les demandes des journalistes et des médias et tentant de planifier un horaire qui satisferait tout le monde. Ce n'était pas évident, car tout le Canada attendait fébrilement cette première médaille. Soudainement, il était devenu vital pour tous les journalistes de nous parler.

Pendant que nous traversions la zone mixte réservée aux médias autorisés aux Jeux olympiques et que nous nous arrêtions partout pour répondre aux questions, Marie-Annick continuait de recevoir des demandes d'entrevue. Blythe et moi étions heureuses de notre médaille et contentes de répondre aux questions des journalistes, mais il y en avait tout simplement trop.

Nous avions terminé l'épreuve vers 22 h. À 3 heures du matin, nous répondions toujours à des questions. Nous n'avions rien mangé ni même pris une douche digne de ce nom. Depuis un moment déjà, je me disais que je devais aller me reposer, puisque j'avais une autre compétition trois jours plus tard, cette fois en individuel à la tour de 10 mètres. Mais les entrevues n'en finissaient plus…

Nous venions d'en terminer une pour une émission spéciale de télévision, quand Marie-Annick, regardant ses notes, nous a indiqué qu'un autre journaliste nous attendait pour un reportage et que nous avions pris un peu de retard. Là, j'ai craqué : j'étais épuisée. Je ne voulais plus répondre à personne. Je souhaitais seulement aller manger, me laver et surtout dormir. Je savais que Blythe se sentait exactement comme moi. Le seul avantage qu'elle avait, c'était que sa prochaine compétition n'aurait lieu que huit jours plus tard, alors que la mienne se tenait dans trois jours. Cette fois, c'en était trop. Je me suis effondrée en larmes, brisée de fatigue. Je crois que Marie-Annick a compris que je n'en pouvais plus et qu'elle avait poussé le bouchon trop loin. Blythe a fait seule la dernière entrevue.

Nous sommes finalement rentrées au village olympique au petit matin où nous avons pris un casse-croûte à la cafétéria, ouverte

24 heures sur 24, avant d'aller nous coucher. Et là, je suis tombée comme une bûche.

Le lendemain, Michel avait naturellement prévu un entraînement. Un peu plus tard que d'habitude, mais une session assez rigoureuse malgré tout. Puis, très rapidement, presque trop, l'épreuve féminine individuelle de la tour de 10 mètres a commencé. Elle s'étalait sur trois jours. Pour la première étape, celle des préliminaires, tout a bien été. Nous présentions alors nos plongeons dits optionnels, et j'ai bien plongé, terminant troisième, quelques points derrière l'Australienne qui s'est classée au deuxième rang. Tout était encore possible.

La présentation des demi-finales avait lieu le soir suivant, pour l'exécution des quatre plongeons de base. J'ai offert une belle performance, mais je savais que dans cet aspect de l'épreuve, j'étais légèrement moins forte que certaines autres filles. J'ai donc terminé en cinquième place. L'écart des points entre les participantes était assez faible, ce qui laissait la porte ouverte pour l'étape ultime.

Restait la finale, qui devait se dérouler le lendemain soir. Comme les autres, j'avais cinq plongeons à faire. Je me souviens d'avoir un peu raté mon troisième, mais parfaitement réussi le quatrième, pour lequel la plupart des juges m'ont accordé des 8,5 et des 9,0. J'ai grimpé à la deuxième place.

Ne restait plus qu'un plongeon pour compléter une belle soirée. J'étais évidemment parmi les favorites, puisque j'étais la championne du monde en titre. On s'attendait à ce que je monte sur le podium.

Je me suis alors préparée pour la dernière ronde, confiante, avec la conviction d'être en mesure de faire un excellent plongeon. Il me restait mon plongeon fétiche, celui que j'avais été la première au monde à réaliser en compétition. Un plongeon difficile, mais que je contrôlais très bien, celui qui m'avait permis de devenir championne du monde. Le désir de faire le meilleur plongeon de ma vie, combiné au surplus d'adrénaline créé par l'importance du moment, a généré un excès de rotation que je ne suis pas parvenue à contrôler et j'ai largement dépassé la verticale. Dès que je suis entrée dans l'eau, je savais que j'avais loupé ma figure.

Bref, pour cette dernière ronde, les juges m'ont accordé les moins bonnes notes des 12 finalistes. Je n'avais pas encore vu le tableau, mais je savais que je reculais au classement général. Quand les données sont sorties, j'ai constaté que je terminais quatrième, à moins de six points de la médaille de bronze.

C'était comme si on m'avait frappée avec une grosse masse. J'étais dévastée. J'avais du mal à réaliser ce qui venait de se produire. Je savais que je venais d'anéantir quatre années de travail en trois secondes. Je savais que mon entraîneur, ma famille, toute la délégation de plongeon, tout le Canada me voyaient sur le podium et j'avais lamentablement raté un plongeon que normalement je pouvais réussir dès mon réveil. Mais, aux Jeux olympiques, les choses vont vite. Impossible de s'arrêter pour reprendre ses esprits, de réfléchir à ce qui s'est passé ou de panser ses plaies. Quelques minutes seulement après mon dernier plongeon, je me retrouvais dans la zone mixte à affronter les dernières personnes que je voulais voir à ce moment-là : les journalistes ! Je sortais à peine de ma bulle, ne comprenant pas exactement ce qui s'était passé et pourquoi je n'avais pas pu contrôler mon dernier plongeon. Mon seul objectif était d'en finir au plus vite avec cette épreuve de torture. C'est dans cet état d'esprit que je me suis présentée à une entrevue télévisée où le journaliste m'a demandé d'expliquer cette contre-performance. Sans réfléchir, je lui ai répondu que j'avais simplement craqué, que je m'étais écrasée sous la pression. En une seconde, je me suis donné une réputation qui m'a collé à la peau pendant les quatre années suivantes. En réalité, je ne sais pas du tout ce qui s'est passé. Je ne pense pas que c'était la pression qui m'a empêchée de bien plonger. C'est plutôt un concours de circonstances, un peu de fatigue et un manque de concentration. Quand je me suis retrouvée sur la plate-forme pour ce dernier plongeon, je savais que j'étais en bonne position, même si je ne surveille jamais l'évolution du classement pendant une épreuve. Je savais qu'il me suffisait de bien réussir mon dernier plongeon. Je me suis dit que je ne devais pas me retenir, que je devais y aller au maximum, avec pour résultat que j'ai fait mes rotations trop rapidement et que j'ai dépassé la verticale. Bref, j'ai raté mon coup. Voilà ! Il ne fallait pas chercher plus loin. Toutefois, j'avais lancé une expression avec laquelle j'ai dû vivre pendant longtemps.

* * *

Je n'en avais pas encore fini avec Athènes. Il restait toujours l'épreuve du tremplin de 3 mètres. Le lendemain de « l'échec » au 10 mètres, je ne me sentais pas en parfaite condition, surtout psychologiquement. De ce côté, j'étais complètement vidée ; j'avais passé la nuit à revoir et à analyser mon dernier plongeon, à essayer de comprendre ce qui s'était passé, sans trouver de réponses. J'aurais souhaité prendre une journée de repos, d'autant plus que j'étais à l'entraînement ou en compétition depuis plus de 15 jours consécutifs. Je ressentais une fatigue tant physique que mentale. Mais Michel en a décidé autrement. J'ai eu droit à une autre session intensive au 3 mètres. Avec le recul, je me demande où j'ai trouvé la force et la motivation de remonter sur le tremplin. Je venais de vivre le pire moment de ma carrière, je venais d'anéantir le travail de quatre années de sacrifices, et je devais mettre tout cela derrière moi et me concentrer sur une compétition pour laquelle mes chances de médaille étaient pratiquement inexistantes.

L'épreuve du tremplin de 3 mètres a débuté le surlendemain et s'est étalée sur deux jours. La première journée était consacrée aux préliminaires ; la demi-finale et la finale se tenaient le jour suivant.

Je sais que je ne suis pas parmi les meilleures au monde à cette épreuve. Mon objectif personnel était de faire la finale, ce qui aurait déjà été une réussite. J'étais donc satisfaite de ma septième place après la première étape. Il est certain que j'ai plongé avec toute la détermination et la volonté dont j'étais capable. Je veux toujours me surpasser. Toutefois, je savais qu'à moins d'une hécatombe parmi les autres plongeuses, je n'avais aucune chance réelle de monter sur le podium. Le tremplin de 3 mètres est, comme je l'ai déjà dit, très différent de la plateforme; il exige une technique particulière pour maîtriser l'impulsion de départ. Je m'étais améliorée au cours de la dernière année, mais j'avais encore des progrès à faire. Il faut comprendre que je consacrais la majorité de mon temps d'entraînement à la tour de 10 mètres, ce qui laissait beaucoup moins de périodes pour le tremplin de 3 mètres. C'était une autre conséquence du fait que je participais à quatre épreuves olympiques, ce que bien peu de filles dans le monde (et peut-être même aucune) faisaient. En tout cas, j'étais la seule à avoir atteint la finale dans les quatre épreuves. En somme, non seulement je n'étais pas une spécialiste du 3 mètres, mais la plupart des autres plongeuses à cette épreuve étaient plus âgées que moi et s'y consacraient entièrement.

Il est difficile pour le commun des mortels de comprendre la difficulté de cette discipline. Pour la plupart des gens, comme j'étais parmi les meilleures à la tour, j'aurais aussi dû être parmi les favorites au tremplin. Voilà certainement pourquoi ma 10ᵉ place en finale a été considérée comme décevante pour bien du monde.

Ce résultat n'a évidemment pas amélioré la perception que les médias et la population avaient de moi. Le verdict était simple: j'avais échoué aux Jeux. Peut-être que si Blythe et moi avions gagné notre médaille à la fin des compétitions plutôt qu'au début, l'impression générale aurait été différente. Il est toujours préférable de terminer sur une bonne note. Mais ce n'est pas ce qui s'est passé. Je n'ai pas assisté aux cérémonies de fermeture et je n'ai pas fait la fête avec les autres athlètes. Je garde un goût amer de cette expérience grecque. Un sentiment de défaite. C'est vraiment très dommage, car j'étais tout de même médaillée olympique...

* * *

Heureusement, je n'ai pas eu à affronter une horde de journalistes à mon retour à Montréal. Vous savez, quand les membres de la délégation canadienne arrivent à l'aéroport, les médias les attendent pour les bombarder de questions. J'ai pu éviter ça, car mes parents se trouvaient à Athènes et il était prévu que nous resterions une semaine de plus pour prendre des vacances.

Nous nous sommes rendus dans les îles grecques. Disons que ça n'a pas été les vacances les plus excitantes de ma vie. J'avais le moral dans les talons. Je me suis surtout reposée, car j'étais totalement épuisée. Cela faisait environ 20 jours consécutifs que j'étais soit en compétition, soit à l'entraînement. Je me sentais vidée, aussi bien physiquement que psychologiquement. Je n'avais plus d'énergie.

À mon retour à la maison, je suis restée plusieurs semaines à regarder la télévision et à me remettre de mon aventure des Jeux olympiques. Il me fallait un peu de temps pour retomber sur mes pieds et mieux repartir. C'est à cette forme de récupération que j'ai consacré les quelques semaines qui ont suivi Athènes. En fait, j'ai pris congé du plongeon pendant presque tout l'automne. Je ne suis retournée à l'entraînement qu'en décembre.

Chapitre 9

J e garde un mauvais souvenir d'Athènes. J'étais fâchée de ne pas y
avoir offert une bonne performance à l'épreuve individuelle à la
plateforme, car je m'étais entraînée avec énergie et constance pendant de longues années, afin d'arriver en Grèce au meilleur de ma
forme.

À mon sens, ce ne sont pas seulement les Olympiques qui ont été
difficiles. Toute la saison 2004 a été pénible. Et comme les Jeux terminaient la saison, ils ont laissé une impression tenace dans l'imaginaire.

Les résultats d'Athènes n'étaient pourtant pas si décevants. J'avais
tout de même atteint la finale aux quatre épreuves, auxquelles j'avais
participé, et j'avais gagné une médaille olympique. De plus, une quatrième place à la tour, en plongeon individuel, n'est quand même pas
déshonorante.

C'était frustrant parce que j'étais certaine d'avoir le potentiel
pour monter sur le podium. J'aurais dû y parvenir. Un seul plongeon
exécuté avec un peu plus de précision m'aurait donné les quelques
points nécessaires pour grimper sur la troisième marche. Voilà la
réalité !

Peut-être ai-je aussi une part de responsabilité dans cette perception qu'ont eue bien des gens. Ce sont les journalistes et les médias
qui forgent souvent les images et j'aurais dû insister davantage sur les

aspects positifs de ma participation aux Jeux. J'étais médaillée olympique et c'est ce que j'aurais dû faire ressortir au cours des entrevues et des reportages. Mais il est plus facile aujourd'hui, avec le recul, de dire que j'aurais dû agir autrement. Quand tout ça est arrivé, j'étais portée par la vague, je réagissais aux événements et je ne les contrôlais pas. Quoi qu'il en soit, on ne peut rien changer au passé.

Je n'ai toutefois jamais pensé mettre un terme à ma carrière. Ça peut paraître paradoxal, car je suis restée éloignée de la piscine pendant quelques mois. Pourtant, mes résultats à Athènes n'ont en rien refroidi ma passion pour ce sport. Je voulais continuer. Je savais que je n'avais pas encore atteint mon plein potentiel et que je pouvais m'améliorer. D'ailleurs, je ne me suis pas apitoyée sur mon sort pendant mes vacances. J'avais besoin de réfléchir, mais surtout de refaire le plein d'énergie. Le travail avant les Jeux olympiques est colossal et exige ensuite une bonne dose de repos.

Je ne suis pas de celles qui s'effondrent à cause d'une embûche. Les Jeux étaient derrière moi et je devais maintenant songer à l'avenir. Je ne voulais pas en garder éternellement une image négative. Même si ce n'était pas la meilleure expérience de ma vie, je voulais m'en servir pour revenir encore plus forte. Je devais apprendre, pour que certaines choses ne se reproduisent plus. Athènes était loin d'être la fin du monde. Je n'étais pas une plongeuse finie !

Jamais, pendant cette période, je n'ai remis en question mon appartenance au CAMO ou ma collaboration avec Michel Larouche. Le CAMO restait un endroit doté d'excellentes installations. Nous avions un bel horaire d'entraînement, je côtoyais de très bons athlètes et les coachs avaient une réputation internationale enviable. D'ailleurs, le CAMO était reconnu comme l'un des meilleurs clubs de plongeon du monde.

En même temps, bien que je me sois posé quelques questions sur la planification de Michel pendant mon année olympique, je n'ai jamais mis en doute ses connaissances techniques ni l'énorme travail qu'il faisait pour que réussissions. Il ne faut pas oublier que, malgré l'accroc d'Athènes, j'avais réalisé de très belles performances en 2003, année pendant laquelle j'étais devenue championne du monde à la tour de 10 mètres. C'est là-dessus que je comptais bâtir.

À mon retour à l'entraînement, en décembre, j'étais donc confiante. Blythe avait quitté le club pour retourner à l'université à Los Angeles et plusieurs autres plongeurs avaient pris leur retraite. L'ambiance avait changé. J'ai alors, en accord avec Michel Larouche, modifié mon entraînement pour me concentrer exclusivement sur l'épreuve individuelle à la tour de 10 mètres, afin de perfectionner ma technique et d'acquérir constance et régularité dans mes plongeons. L'année 2005 étant post-olympique, il y aurait beaucoup moins de compétitions d'importance, ce qui favoriserait ce virage. Il y avait quand même une rencontre extraordinaire à laquelle je voulais participer : les Championnats du monde, qui auraient lieu dans ma ville au mois de juillet.

* * *

Pendant l'année olympique, j'avais pris une pause au cégep. J'avais terminé la session du printemps 2003 et je n'ai repris qu'en janvier 2005. J'ai donc continué mes études, mais cette fois à l'université. Reconnaissant certaines équivalences, l'Université du Québec à Montréal a accepté ma demande d'admission au programme de commercialisation de la mode.

Vous vous souvenez que je vous ai parlé de mon amour pour les vêtements, du fait que, plus jeune, j'habillais mes poupées et que j'aurais aimé coudre ? Cet amour pour la mode n'a jamais disparu. Par exemple, quand j'ai commencé le plongeon, dès les premières semaines, je m'étais dit que ce serait bien de porter des maillots plus originaux que ceux qu'on trouvait sur le marché. Au CAMO, il y avait une fille qui cousait. J'en avais discuté avec ma mère, et elle avait accepté que j'aille choisir mon tissu. Nous avions ensuite demandé à cette couturière de confectionner mes maillots.

Jusqu'à ce que je devienne membre de l'équipe nationale, je n'ai porté que des maillots qu'elle avait créés avec les tissus de mon choix. Une fois dans l'équipe nationale, comme tous les autres athlètes du groupe, il m'a fallu porter ceux que le commanditaire fournissait. Malgré cela, j'ai toujours cherché à être différente ; j'échangeais même souvent mes maillots contre ceux des filles d'autres pays.

Bref, j'avais une véritable passion pour la mode et le design. Aux fêtes de Noël, en 2002, ma famille s'est concertée pour m'offrir une magnifique machine à coudre. Quelque chose de qualité que je pourrais utiliser longtemps. J'étais très heureuse de cet extraordinaire cadeau, à un détail près : je ne savais toujours pas coudre. Cet hiver-là, malgré les nombreux entraînements et toutes les compétitions, j'ai réussi à m'inscrire à des cours privés de couture. Ça n'a pas duré bien longtemps ; je crois avoir eu, en tout, 15 ou 20 heures de leçons. Mais ça a été suffisant pour apprendre à lire un patron et à le modifier, ainsi qu'à confectionner quelques vêtements.

J'ai découvert que j'adorais la couture, qui me changeait les idées et me calmait. J'étais totalement concentrée lorsque je créais quelque chose de mes propres mains. Je me sentais un peu comme un peintre qui travaille sur son œuvre. Je sais que l'image peut paraître un peu forte, mais ce que je ressentais devait s'apparenter à ce goût de la création qu'ont les artistes.

À partir de là, j'ai commencé à fouiller pour dénicher des tissus qui m'intéressaient. Pas pour en faire des maillots ; je cherchais surtout des étoffes originales et qui me plaisaient.

Vous avez peut-être remarqué que j'ai fait de nombreux voyages en Chine. Comme c'est très loin, lorsque nous nous y rendions, nous arrivions habituellement quelques jours avant la compétition et nous logions toujours dans la petite ville de Xi'an. Quand je dis petite ville, il faut se rappeler qu'on parle de la Chine, car on y compte quand même près de trois millions d'habitants, ce qui en ferait une métropole au Canada! Bref, j'avais repéré, dans ce qui semblait être un marché public, des tissus absolument charmants et rares, qui ne coûtaient presque rien. J'en ai acheté presque à chaque voyage. Je crois d'ailleurs en avoir encore quelques-uns dans le fond d'une armoire avec lesquels je ne sais toujours pas quoi faire. Mais je trouverai certainement.

Au-delà de tout, j'aime la mode. J'aime aussi les produits griffés, même si je ne peux me permettre d'en acheter autant que je le souhaiterais. En fait, je recherche davantage les exclusivités et les vêtements inusités que la signature d'un grand designer.

Tout ça pour dire que lorsque j'ai consulté les programmes universitaires, j'ai tout de suite été attirée par la commercialisation de la mode. J'avais plusieurs objectifs en m'inscrivant à ce programme. Dans un premier temps, je poursuivais mes efforts et mon développement dans cette autre passion qu'est la mode, bien que, je vous l'accorde, il soit ici moins question de création. Ensuite, même si je n'avais aucunement l'intention de prendre ma retraite du plongeon, je savais que je devais commencer à penser à l'après-carrière. Depuis un moment déjà, j'avais réalisé qu'il me fallait absolument poursuivre mes études, puisqu'il est malheureusement impossible en sports amateurs, contrairement à ce qui se passe dans certains sports professionnels, d'amasser suffisamment d'argent pour vivre de ses rentes le reste de sa vie. Alors, pourquoi ne pas trouver un moyen de m'aider à rentabiliser mon plaisir de coudre et de créer? C'est pourquoi j'ai choisi ce programme, qui se donnait à l'École supérieure de mode de Montréal, affiliée à l'UQAM. J'ai ainsi entrepris la session d'hiver 2005 avec deux ou trois cours. À ce rythme, il me faudrait beaucoup de temps pour terminer mon baccalauréat, mais je n'étais pas pressée. Je voulais vraiment aller jusqu'au bout, puisque cette formation pourrait m'ouvrir d'autres portes.

***

À mon retour à l'entraînement pour la saison 2004-2005, je m'étais donc concentrée sur la tour de 10 mètres, délaissant le synchro et le tremplin de 3 mètres. Un changement énorme par rapport à l'année précédente avec mes quatre épreuves. Les résultats sont venus rapidement, puisque j'ai gagné la médaille d'or aux Championnats nationaux canadiens d'hiver et d'été, ainsi qu'au Grand Prix des États-Unis, qui se tenait à Fort Lauderdale. J'ai aussi décroché la médaille d'argent à la super finale du Grand Prix de la FINA, qui avait lieu à Veracruz, au Mexique, et qui réunissait les huit meilleures plongeuses au monde.

Tout cela augurait bien pour les Championnats du monde de Montréal qui se sont tenus en juillet 2005. Je me suis d'ailleurs beaucoup investie dans la promotion de cet événement, pour lequel j'ai été porte-parole avec Alexandre Despatie, en plus d'avoir l'honneur d'être porte-drapeau lors des cérémonies d'ouverture. Rappelons que ces championnats, qualifiés de multisports, regroupent des athlètes pour des épreuves de natation, de water-polo, de nage synchronisée et, naturellement, de plongeon. C'était la première fois qu'une ville nord-américaine accueillait cet événement bisannuel. On se souviendra qu'en raison de problèmes financiers, il s'en était fallu de peu que Montréal ne puisse organiser cette réunion sportive. Tout s'était finalement réglé en février 2005.

Quoi qu'il en soit, l'épreuve féminine à la plateforme de 10 mètres se déroulait sur une seule journée aux installations de l'île Notre-Dame, alors qu'habituellement elle s'étale sur deux ou trois jours. La journée avait débuté très tôt, car la première étape commençait à 10 h avec les préliminaires, auxquels 27 plongeuses étaient inscrites. J'ai terminé en deuxième position avec 337,47 points. Cette épreuve a pris fin vers midi ou même un peu plus tard, car chacune des concurrentes devait exécuter cinq plongeons.

Nous avons donc eu très peu de temps pour manger quelque chose et faire l'échauffement nécessaire pour nous préparer à la demi-finale, qui commençait à 13 h 30. Comme les organisateurs fermaient la piscine une vingtaine de minutes avant le début de l'épreuve, nous avons eu à peine une heure pour tout faire. Il restait encore 18 plongeurs en compétition.

À cette étape, j'ai réussi une très bonne performance, terminant encore au deuxième rang avec 533,37 points. J'étais à moins de trois points de Laura-Ann Wilkinson, la championne olympique de Sydney 2000, qui occupait la tête. La demi-finale a pris fin vers 15 h, ce qui nous a permis de faire une courte pause avant de reprendre les échauffements pour la dernière partie de la compétition, à 16 h 45. Encore une fois, nous avions très peu de temps pour relaxer et nous préparer en vue de cette dernière étape, où seraient présentés les plongeons dits optionnels. Il faut savoir qu'à ce moment — cela a duré quelques années —, j'étais celle qui avait la liste de plongeons ayant le plus haut coefficient de difficulté parmi toutes les concurrentes, ce qui signifie évidemment qu'ils étaient plus complexes à exécuter.

Pendant cette dernière pause, Michel Larouche est venu me voir pour « discuter » de l'échauffement à faire avant la finale.

— Émilie, je crois qu'on devrait monter sur la tour de 10 mètres et pratiquer les cinq plongeons optionnels, m'a-t-il dit.

— Je commence à être très fatiguée, Michel. J'ai plongé toute la journée avec un minimum de repos. Je ne pense pas qu'il soit nécessaire pour moi de remonter sur le 10 mètres juste avant la finale. Je pense que je devrais faire un entraînement plus léger afin de garder mon énergie pour la compétition. Je préférerais faire des plongeons de la tour de 5 mètres. À mon avis, ce serait une meilleure stratégie.

— Non! Je crois que tu as besoin de faire tous tes plongeons de la plateforme de 10 mètres pour réveiller ce corps-là.

— OK, ai-je répondu.

Je savais que son opinion était déjà faite et que je perdais mon temps à vouloir lui faire changer d'idée. Je n'ai pas voulu lancer une querelle juste avant la dernière étape. J'ai donc cédé en essayant de me convaincre que c'était la meilleure chose à faire.

Je suis montée là-haut pour exécuter mes plongeons optionnels. J'étais la seule à le faire. Toutes les autres s'en tenaient à un échauffement plus simple depuis la tour de 5 mètres ou celle de 3 mètres. J'ai très bien réussi tous mes plongeons à l'entraînement, ce qui m'aurait valu des notes de 8 à 9,5 de la part des juges. Quand on plonge, on sait très bien si l'exécution est bonne ou non. Cette fois, elle était excellente.

À 16 h 45, les 12 plongeuses encore en lice se sont préparées pour la finale. D'entrée de jeu, j'ai raté mon premier plongeon et je me suis retrouvée en cinquième position. Mais, comme ça m'arrivait souvent, un mauvais plongeon me fouettait le sang : je suis montée sur la plate-forme pour mon deuxième essai, avec cette certitude que j'allais le réussir. J'ai très bien fait, obtenant même trois notes de 10 de la part des juges. Je suis repassée en deuxième position.

J'ai bien exécuté mon troisième plongeon et j'ai conservé le même rang. À ce moment, la lutte était encore extrêmement serrée. C'est alors que la catastrophe est survenue : j'ai complètement raté mon quatrième plongeon, le plus difficile de ma liste. Une horreur… J'ai manqué d'énergie, j'ai été incapable de bien l'exécuter. Du coup, j'ai glissé de nouveau en cinquième place.

Vous savez qu'en compétition, je ne regarde jamais le classement ni les pointages. Pas plus les miens que ceux des autres. Quand je suis sortie de la piscine après mon avant-dernier plongeon, je savais que je tirais de l'arrière sans même avoir jeté un œil au tableau d'affichage. J'ignorais où je me situais, mais je savais que j'avais perdu quelques places. Il me restait une dernière chance. Un dernier plongeon pour remonter la pente. Je l'ai bien exécuté, mais ça n'a pas été suffisant pour me permettre de dépasser celles qui me précédaient.

J'ai terminé la compétition en quatrième position, à quatre points de la troisième place et à cinq de la médaille d'argent.

J'étais aussi révoltée que désappointée. Pendant quelques minutes, je suis restée seule à ramasser mes affaires, en réfléchissant à ce qui venait de se passer. J'étais en colère contre Michel, car j'estimais qu'il avait eu tort de me demander de faire ma liste d'optionnels sur le 10 mètres juste avant la finale. Mais j'étais encore plus en colère contre moi ; je m'en voulais vraiment de ne pas avoir suivi mon intuition, de ne pas avoir fait valoir mon point de vue. Je n'avais pas voulu argumenter avec lui juste avant l'épreuve. Il est difficile, sinon impossible d'affirmer que les choses se seraient passées autrement si j'avais eu un échauffement moins intense. Peut-être aurais-je raté les mêmes plongeons. Cependant, encore aujourd'hui, je crois qu'un entraînement plus léger aurait été une meilleure stratégie.

Il s'en était fallu de si peu pour que je monte sur le podium ! C'était très décevant et je me sentais bouleversée. C'est dans cet état d'esprit que je me suis avancée vers la zone mixte où les journalistes m'attendaient. Tout le monde avait cru en mes chances d'être médaillée — moi la première —, et je ressortais les mains vides de ces championnats du monde. J'allais devoir trouver une explication pour répondre aux médias.

Pour traverser la zone mixte, j'étais accompagnée de Marie-Annick L'Allier, qui était encore notre attachée de presse. J'ignorais à ce moment que Michel avait rencontré les journalistes pendant que je me changeais, et je ne savais pas ce qu'il avait pu leur raconter. Un journaliste de Radio-Canada a été l'un des premiers à me recevoir en entrevue.

Il m'a d'abord demandé ce qui s'était passé.

— J'ai manqué mon premier et mon quatrième plongeon, lui ai-je répondu. J'avais beaucoup de fatigue accumulée après cette longue journée, alors j'ai manqué d'énergie ; j'ai perdu ma concentration quelques instants et je les ai ratés. Ce n'est pas plus compliqué que ça.

— Michel Larouche, qui est passé plus tôt, a parlé d'un manque dans l'intensité et le volume des entraînements. Il a dit que tu avais pris du recul; que tu avais dû diminuer tes heures d'entraînement pour retourner aux études et que tu avais d'abord pensé à toi. Crois-tu que cela a pu avoir une influence sur tes résultats?

Je n'en croyais pas mes oreilles. Je me disais que ça n'avait aucun sens. Michel n'avait pas pu dire ça. J'étais d'autant plus surprise que, durant l'année, il m'avait souvent répété que je travaillais bien, qu'il était content de ma progression. Non, il n'avait pu dire une telle chose! Tout ça m'est passé à l'esprit en une fraction de seconde. Je me souviens aussi d'avoir regardé Marie-Annick pour tenter de savoir si elle était au courant de cette histoire, mais elle semblait aussi étonnée que moi.

— J'ai bien repris mes études, ai-je répondu, et je m'entraîne un peu moins, mais seulement deux heures de moins sur une trentaine par semaine; alors ce n'est pas ça qui fait la différence. En plus, je m'entraînais pour une seule épreuve plutôt que pour quatre, ce qui veut dire que cette année, je me suis entraînée davantage sur la tour de 10 mètres que l'année dernière.

L'entrevue s'est poursuivie pendant quelques minutes, mais je n'y étais plus. Je ne pensais qu'à ce que Michel avait dit.

La suite s'est déroulée sur la même note. Tous les journalistes me demandaient si j'avais suffisamment travaillé et pris au sérieux ce championnat. J'ai dû me justifier et me défendre auprès d'eux en tâchant de leur faire comprendre que j'avais fait de mon mieux pour être aussi bien préparée que possible pour cette compétition. L'un des journalistes m'a rapporté d'autres commentaires de Michel: il a dit que j'avais raté deux plongeons de façon monumentale, ce qu'on ne pouvait pas se permettre lors d'une compétition internationale. Mon entraîneur aurait ajouté que je n'avais besoin que de notes de cinq pour passer en tête après la quatrième ronde de la finale, et qu'il y avait un problème quand une athlète n'était pas capable d'accomplir aussi peu. Michel Larouche aurait répété que je ne m'étais pas entraînée avec assez de sérieux et que, de toute façon, je réussissais rarement plus de trois plongeons sur les cinq de ma liste à l'entraînement.

J'étais profondément blessée. J'ai passé un très mauvais moment à répondre à tous ceux qui voulaient savoir comment je réagissais aux propos de mon entraîneur. Un sale moment, après lequel je suis rentrée à l'hôtel, atteinte et meurtrie. Je ne pouvais plus douter que Michel Larouche ait tenu de tels propos et je ne comprenais pas pourquoi il avait agi ainsi. J'étais sous le choc. Un entraîneur doit soutenir son athlète, mais le mien a préféré rejeter toute la faute sur moi plutôt que d'assumer une partie des responsabilités après ma contre-performance.

Le lendemain, j'ai parlé avec mon père au téléphone. Si quelqu'un pouvait me conseiller et me faire voir les choses autrement, c'était bien lui. Or, il était encore plus en colère que moi. C'est à ce moment que j'ai vraiment réalisé que Michel était allé beaucoup trop loin et qu'il avait définitivement brisé quelque chose entre nous. Mes parents avaient toujours défendu sa façon d'être et de m'entraîner, disant que cela me permettait de progresser. Ils avaient toujours jugé son travail dans une perspective qui m'échappait parfois, mais qui ouvrait d'autres voies, qui expliquait certaines décisions ou certains choix. Pas cette fois, cependant. Mon père a même dit: «S'il veut te parler, refuse! Donne-toi le temps de réfléchir. C'est assez!»

J'étais encore plus troublée lorsque j'ai raccroché. Michel et moi travaillions ensemble depuis plus de 10 ans. Je croyais le connaître. Je savais qu'il était dur avec ses athlètes, mais je n'aurais jamais cru qu'il irait si loin et qu'il me démolirait devant tout le monde. Pour moi, nous formions une équipe. Nous pouvions éprouver des problèmes à l'occasion, ce qui est tout à fait normal pour des gens qui doivent collaborer aussi étroitement et aussi régulièrement que nous le faisions depuis des années. D'ailleurs, quand étaient survenus des écueils, nous avions toujours su rétablir le contact et continuer à avancer ensemble. Cette fois, il y avait une énorme différence. Michel avait mis en doute ma volonté et ma détermination devant tout le monde. Il avait critiqué mes décisions et laissé entendre que mon retour aux études impliquait une perte d'intérêt pour le plongeon. Il avait affirmé que je n'avais pas le talent pour être parmi les meilleures au monde. Plus je réfléchissais, plus je comprenais qu'il me serait désormais impossible de continuer avec lui.

Je ne l'avais pas vu depuis mon dernier plongeon et je ne lui avais pas encore parlé. Il n'a pas tenté de me joindre, car il croyait probablement n'avoir rien à se reprocher. Le seul appel que j'ai reçu est venu de Bruno Ouellette, le psychologue sportif qui travaillait avec l'équipe depuis quelques années. Le lendemain de la finale à la tour, il m'a demandé de laisser une chance à Michel et d'accepter de lui parler. Je lui ai répondu qu'il n'en était pas question, que je lui avais déjà laissé suffisamment de chances et que j'étais maintenant rendue ailleurs. Une profonde réflexion s'imposait et elle prendrait un peu de temps.

Même si ma participation aux Championnats du monde était terminée, il restait encore une ou deux épreuves de plongeon. Le lendemain, je suis retournée au bord de la piscine pour encourager ceux qui étaient toujours en compétition. Il semble que pendant ce temps, les autres entraîneurs aient fait savoir à Michel que ses propos à mon endroit étaient inacceptables. Il a donc tenté de m'intercepter pour s'expliquer, mais je ne voulais plus rien savoir de lui; je le fuyais comme la peste. Il a alors décidé de s'adresser à la presse pour s'excuser. Je sais, parce qu'on me l'a rapporté, qu'en entrevue télévisée, il s'est excusé, disant avoir tenu des propos inadmissibles à mon endroit. Il a précisé qu'il avait parlé sous le coup de l'émotion, ajoutant qu'il n'aurait jamais dû prononcer certaines paroles. Il a mentionné que j'étais selon lui la meilleure plongeuse au monde et qu'il approuvait totalement toutes les décisions que j'avais prises, non seulement en ce qui concernait mes études, mais aussi pour ce qui était du plongeon.

Ce qu'il pensait n'avait plus d'importance. Pour moi, c'était trop peu, trop tard. D'ailleurs, je n'ai pas entendu cette entrevue, pas plus que je ne lui ai parlé. Pendant plusieurs jours et même quelques semaines, j'ai considéré tous les éléments de la situation. Toute la confiance que j'avais envers Michel s'était évanouie. Nous aurions dû travailler en équipe, ce qui implique : gagner en équipe et perdre en équipe. Pourtant, avec Michel, il était clair qu'on ne pouvait que gagner en équipe. Il m'était impossible de compter sur son appui et son soutien dans les moments difficiles. Il prenait rarement mes opinions en considération. J'avais maintenant besoin de faire partie des décisions ; je n'étais plus la petite fille de 10 ans à qui l'on dit quoi faire. Il était évident que, pour Michel, seul son propre jugement comptait. Pendant un moment, j'ai songé à abandonner complètement le plongeon. Mais je ne pouvais m'y résoudre. Je n'avais que 23 ans et il me restait beaucoup à accomplir dans ce sport que j'adorais. La seule solution était de changer d'entraîneur et de club.

J'ai pris contact avec Yihua Li, coach au club de Pointe-Claire, qui avait travaillé avec plusieurs plongeuses, dont Anne Montminy et Myriam Boileau. Bien entendu, elle était au courant de ma situation. Nous avons discuté et convenu que nous ferions un bout de chemin ensemble.

Il me restait à aller rencontrer Michel Larouche pour lui faire part de ma décision. Je détestais cette idée. Pas parce que je doutais de mon choix, mais parce que je hais les situations conflictuelles. Je craignais que Michel ne réagisse mal et que je sois dans l'obligation de lui dire des choses désagréables. Je savais parfaitement qu'il était capable d'être direct et blessant s'il le voulait. Bref, je n'aime pas la chicane et j'appréhendais cette visite.

Pour la première fois de ma vie, je lui ai donné un coup de fil afin de prendre rendez-vous. J'étais si nerveuse que j'ai demandé à mon père de m'accompagner. Michel nous attendait et nous a reçus dès notre arrivée.

— Écoute, Michel, lui ai-je dit d'entrée de jeu, j'ai pris la décision de quitter le CAMO pour aller travailler à Pointe-Claire avec Yihua Li.

— Je pense que c'est la bonne décision pour toi, m'a-t-il répondu calmement et sans aucune émotion dans la voix.

Et voilà! C'était tout. Aussi simple et court que cela. Étonnamment, sur le coup, j'ai été soulagée de sa réaction. Je n'avais pas eu à me justifier. C'est en y repensant que j'ai compris que ça n'avait aucun sens. C'était la première fois que nous nous parlions depuis les événements du Championnat, et tout ce qu'il trouvait à me dire, c'était que j'avais pris la bonne décision. Deux phrases pour clore 13 ans de travail. Pas d'explication sur sa réaction, pas un mot pour tenter de me retenir et de me convaincre que je faisais fausse route, pas la moindre parole pour me dire qu'il trouvait cette situation déplorable, mais qu'il comprenait. Pas un geste qui aurait révélé qu'il regrettait que tout cela soit arrivé. Celui qui avait veillé à mon entraînement pendant toutes ces années avait jugé qu'un échange de deux phrases était suffisant et que je pouvais partir.

D'une certaine façon, tout ça confirmait, si j'avais besoin de plus de preuves, que ma décision était la bonne. Je laissais Michel sans regret. Mais après toutes ces années, en route vers une nouvelle vie, je quittais avec beaucoup de tristesse le complexe Claude-Robillard, les dirigeants du club CAMO et mes coéquipiers.

***

En septembre 2005, je me suis donc rendue à Pointe-Claire pour retrouver Yihua Li. Les installations de Pointe-Claire étaient plus vétustes que celles du CAMO, ce qui n'empêchait pas ce club de jouir d'une solide réputation au chapitre de la qualité de l'entraînement. Plusieurs excellentes plongeuses québécoises y sont passées.

De plus, la relation avec Yihua était totalement différente de celle que j'avais eue avec Michel Larouche. Yihua avait été une excellente plongeuse chinoise qui avait déjà participé aux Jeux olympiques. Elle était l'une des principales rivales de Sylvie Bernier lorsque celle-ci a remporté la médaille d'or aux Jeux de Los Angeles en 1984. Elle savait parfaitement ce qu'était la pression des compétitions internationales. Si, d'un point de vue technique, elle avait, selon moi, des compétences égales à celles de Michel Larouche, sa personnalité et son approche faisaient de notre relation quelque chose d'entièrement nouveau. Nous nous sommes rapidement senties sur la même longueur d'onde. Elle écoutait et respectait ce que je lui disais, et quand une décision était prise, nous étions toutes les deux totalement d'accord. Pour le meilleur ou pour le pire.

Yihua ne ressemblait en rien à une dictatrice. Elle m'a même souvent accordé le bénéfice du doute lors de discussions où nous n'étions pas du même avis. Je me souviens entre autres de cette fois, vers la fin de la saison 2007, alors que se préparaient les Jeux universitaires en Thaïlande. Cette compétition ne faisait pas partie du programme qu'elle m'avait suggéré, car elle estimait que je devais profiter des quelques semaines séparant deux rencontres internationales d'importance pour me reposer et refaire le plein d'énergie. J'étais plutôt d'avis de participer à ces jeux, puisqu'il s'agissait d'une compétition à laquelle je n'étais jamais allée. Pour y prendre part, il fallait naturellement être étudiant, mais les responsables de la Fédération canadienne de plongeon ajoutaient généralement d'autres critères pour la sélection des athlètes qui s'y rendaient. Ainsi, on y envoyait rarement les membres de l'équipe nationale « A », pour laisser la chance à d'autres athlètes de vivre l'expérience des épreuves internationales. En effet, aller concourir à ces jeux avait très peu d'impact sur le classement mondial des plongeuses, et ma participation n'ajouterait rien à ma fiche. Malgré cela, j'en avais beaucoup entendu parler et je souhaitais m'y rendre pour les découvrir, ainsi que pour visiter la

Thaïlande, que je n'avais jamais vue. De plus, je savais que l'ambiance serait détendue et qu'il n'y aurait pas cette fameuse pression de la performance que je vivais partout.

Yihua a accepté que j'y participe en me rappelant, du coup, que je n'aurais pas de congé. En rentrant chez moi, j'ai réfléchi à ses arguments en pesant le pour et le contre. J'ai été obligée de reconnaître qu'elle avait raison. Deux jours plus tard, je suis allée lui dire qu'il était en effet préférable que je me repose pendant cette courte période, plutôt que d'aller au bout du monde. J'avais réalisé que les raisons pour lesquelles je voulais participer à cette compétition n'étaient pas les bonnes. Elle a simplement hoché la tête et nous sommes passées à autre chose. Il n'y a pas eu de mots ou de regard appuyé pour me faire comprendre que j'avais eu tort dès le début. Elle acceptait ce revirement sans porter de jugement. Ce genre de réaction était à des années-lumière de ce que j'avais connu. Je l'appréciais énormément.

Cet automne-là, nous avons décidé que je reprendrais l'entraînement au tremplin de 3 mètres, mais que la plateforme continuerait à occuper l'essentiel de mon temps. Revenir au 3 mètres me laissait aussi la possibilité de reprendre le synchro ; j'ai recommencé les compétitions avec Blythe Hartley. En fait, nous ne nous y entraînions pas, puisqu'elle vivait dans l'Ouest américain. Toutefois, comme nous participions souvent aux mêmes compétitions, il était possible de nous inscrire au tremplin de 3 mètres, de nous y préparer durant les quelques jours où nous étions réunies, puis de concourir. La situation n'était pas idéale, mais comme nous avions l'habitude de plonger ensemble, comme nous étions amies et que nous nous complétions bien, il devenait possible de le faire.

C'est ce qui est arrivé aux Championnats canadiens qui se sont déroulés à Winnipeg au mois de janvier 2006. C'était la première fois que je participais à une compétition depuis ma rupture avec Michel Larouche. Je serais malhonnête de vous dire que je n'ai pas pensé à lui. Comment allait-il réagir ? Il me connaissait parfaitement et savait quels étaient mes points faibles, spécialement sur le plan psychologique. Et puis, je sentais qu'il fallait que je prouve à tout le monde que j'avais pris la meilleure décision en travaillant avec Yihua Li.

J'ai croisé Michel à quelques reprises (le contraire eût été impossible près de la piscine) et nos contacts ont été froids, mais civilisés. Il s'est quand même produit un petit incident digne d'être mentionné. Cette année-là, il y avait une jeune plongeuse de Vancouver que l'on disait exceptionnelle et qui concourait à la plateforme. Elle y plongeait depuis peu de temps, mais on la disait bourrée de talent. Quoi qu'il en soit, Michel semblait l'aimer beaucoup, car lorsque son tour venait, il l'encourageait et l'applaudissait très fort. Lorsque je grimpais sur la plateforme, il devenait soudain invisible.

Tout s'est malgré tout admirablement déroulé. J'ai gagné la médaille d'or à la tour, la médaille de bronze au tremplin de 3 mètres et la médaille d'or en synchro avec Blythe. La page était définitivement tournée.

Comme je l'ai souligné, peu de compétitions étaient au programme cette année-là. Outre les Championnats canadiens, il y avait les Jeux du Commonwealth et une Coupe du monde en Chine. Les choses se sont bien passées. Aux Jeux du Commonwealth, j'ai terminé troisième à la tour, derrière les deux Australiennes Chantelle Newbery et Loudy Tourky, respectivement médaillées d'or et de bronze des derniers Jeux olympiques. L'année se terminait à Changshu, en Chine, au mois de juillet; j'y ai raflé la médaille de bronze à la tour et la quatrième place avec Blythe en plongeon synchronisé du tremplin de 3 mètres.

Voilà! J'avais terminé cette première saison avec ma nouvelle entraîneuse. J'avais repris le goût de plonger et de vivre la frénésie des compétitions. L'atmosphère de travail était excellente et je pouvais envisager l'avenir avec confiance. Il restait deux ans avant les Jeux de Pékin, le temps de peaufiner certains éléments pour m'y présenter.

* * *

La communication était excellente entre Yihua Li et moi. Il s'était développé une véritable chimie, mais il y avait encore plus : Yihua n'avait pour ainsi dire pas d'ego. Pour employer une expression populaire, elle ne prenait rien « personnel ». Elle savait, par exemple, qu'elle était une excellente technicienne, mais que certains domaines, comme la nutrition et la musculation, lui étaient moins familiers.

Toute la question de la nutrition était un peu au cœur de mes préoccupations depuis que j'avais fait de la gymnastique. En réalité, j'ai été au régime pendant presque toute ma vie. Pour vous dire la vérité, j'ai fermement cru, alors que j'avais sept ou huit ans, que j'étais obèse. Rien de moins ! Les entraîneurs nous pesaient régulièrement à cette époque, et j'étais à peu près toujours trop grosse, selon eux. Quelques années plus tard, lorsque j'ai regardé des photos, j'ai été choquée de voir à quel point j'étais mince. Quand j'ai changé de discipline pour adopter le plongeon, ça ne s'est pas beaucoup amélioré. Chaque automne, quand je revenais à l'entraînement après les vacances, Michel Larouche nous pesait et j'avais continuellement quatre ou cinq kilos à perdre.

Le même scénario se répétait année après année. Pendant la période de repos d'après saison, je cessais pratiquement toutes mes activités physiques et je m'empiffrais. Voilà d'où venaient ces kilos en trop. D'une certaine façon, pendant ces semaines d'inactivité, je mangeais mes émotions.

Je n'étais peut-être pas la seule de l'équipe à avoir un problème de poids, mais j'étais probablement celle pour qui il était récurrent. Voilà pourquoi Michel, environ deux ans avant la tenue des Jeux d'Athènes, avait décidé d'intégrer une nutritionniste sportive à son équipe. À compter de ce moment, j'ai travaillé avec Mélanie Olivier, qui m'a établi un programme alimentaire personnalisé pour me permettre d'atteindre le poids voulu.

Il faut comprendre que pour une plongeuse ou un plongeur, la question du poids est primordiale. Il faut trouver le juste équilibre entre puissance et pesanteur. Plus on est léger, plus les rotations dans les plongeons sont rapides et faciles à effectuer. Quand j'avais trop de poids, il était plus difficile d'exécuter des mouvements explosifs. Je sentais que je tournais un peu plus lentement, qu'il était plus pénible de sauter, ce qui ne facilitait pas le travail pour réussir les plongeons que j'avais à exécuter. Toutefois, il ne faut pas que la perte de poids se fasse au détriment des muscles, sinon nous perdons de la puissance. L'objectif est d'être le plus léger possible, tout en étant le plus puissant possible.

C'est l'un des aspects que j'ai travaillé avec Mélanie. De plus, elle m'indiquait ce que je devais manger après les entraînements pour récupérer rapidement mon énergie. Je lui avais dit que je sentais régulièrement une baisse de vigueur au milieu des périodes d'entraînement. Mélanie m'avait donné quelques trucs pour y remédier, comme cette suggestion d'ajouter une boisson énergisante à mon eau pour me redonner le sucre dont mon organisme avait besoin. Dans le même sens, comme parfois les compétitions durent longtemps, elle m'avait indiqué ce qu'il était préférable de consommer, et combien de temps avant de reprendre la compétition, pour conserver toute mon énergie.

Donc, si toute la question du contrôle du poids pendant la saison de plongeon s'est nettement améliorée après l'arrivée de Mélanie, j'ai dû attendre encore quelques années pour régler mes soucis de prise de poids pendant les vacances. Jusque-là, je grossissais encore régulièrement aussitôt que je prenais ces quelques semaines de repos. Durant l'été 2006, environ un an après mon arrivée au club de Pointe-Claire, j'ai aussi changé de nutritionniste. Alexia De Macar a remplacé Mélanie – qui avait trop d'obligations. Elle travaillait selon la même philosophie et avec le même professionnalisme. Ce n'est donc pas de ce côté que s'est produit le changement. Je l'associe plutôt à ma complicité avec Yihua Li. Avec elle, je me sentais bien. J'étais plus heureuse et l'ambiance de travail était excellente. Jamais elle ne m'avait parlé de mon poids. Si j'avais pris quelques livres, je le savais parfaitement et elle ne se sentait pas le besoin d'insister. Cette approche de mon entraîneuse, associée naturellement à cette réalité qu'avec l'âge je devenais plus mature, a fait en sorte que j'ai ensuite eu beaucoup moins de problèmes pendant mes vacances. Quand je revenais à l'entraînement, mon poids n'était plus un enjeu.

En ce qui concerne la musculation et la préparation physique, en septembre 2006, j'ai assisté à un séminaire organisé par Équipe Québec. Ce programme, mis sur pied par le gouvernement, visait à assurer aux athlètes et aux entraîneurs le soutien financier et l'encadrement professionnel leur permettant d'augmenter leurs chances de succès sur la scène internationale. L'un des volets comprend un forum annuel qui permet d'échanger des idées sur divers sujets et de mettre en lumière les préoccupations de chacun.

Au cours de ce forum, j'ai entendu Alain Delorme, l'un des conférenciers, parler de la nécessité d'une excellente préparation physique pour assurer une bonne progression, et de l'importance qu'elle soit adaptée à la fois au sport pratiqué et à la morphologie de l'athlète. Alain Delorme était l'un des fondateurs du centre d'entraînement Actiforme et un spécialiste en préparation physique. Sa présentation m'a tout de suite intéressée au plus haut point.

J'en ai naturellement discuté avec Yihua, qui a aussi vu le potentiel énorme de cette approche personnalisée. Je suis l'une des plongeuses les plus grandes sur la scène internationale, ce qui impose des contraintes particulières quand je plonge. Je dois maximiser ma force et ma puissance pour avoir une meilleure impulsion, sauter plus haut et exécuter toutes les figures de mon programme le plus facilement possible. À deux ans des Jeux, nous avions le temps de faire un essai de ce côté pour examiner l'impact que cette préparation pourrait avoir sur mes performances. L'une des plus grandes qualités d'Yihua est sa capacité à laisser de la place à un autre intervenant pour aider son athlète à mieux performer.

J'ai pris rendez-vous avec Alain pour le rencontrer à son bureau — situé tout près de la piscine du Stade olympique de Montréal —, afin qu'il évalue ma condition physique. Alain est un immense gaillard de plus de deux mètres, dont la carrure ne laisse aucun doute sur sa précédente carrière de footballeur. Il m'a accueillie avec ce sourire engageant et ce regard charismatique que j'avais remarqués lors de sa conférence.

Je suis dans une bonne forme physique. Voilà des années que je m'entraîne et cela se voit. S'il y avait une petite lacune, elle serait d'ordre cardiovasculaire. Mon cardio est bon, mais je n'aime pas ces exercices longs et difficiles qu'il faut effectuer pour améliorer son endurance. Pourtant, même si ce n'est pas une nécessité pour exécuter un plongeon qui dure moins de trois secondes, il est quand même préférable de faire tous ces efforts, car ils permettent de mieux contrôler le stress avant et pendant les compétitions.

— Alors, me dit-il, comme échauffement, installe-toi sur ce vélo stationnaire pour une vingtaine de minutes.

— Vingt minutes de vélo! ai-je lancé avec une expression de découragement, car je trouvais ça long et ennuyeux.

Il a approuvé de la tête et je suis montée sur le vélo sans rouspéter davantage. Il m'a regardée avec un sourire. Rien de méchant, plutôt le regard bon enfant de ce géant qui trouvait ma réaction amusante. C'est comme ça qu'a débuté notre relation.

Il a préparé un programme qui devait me permettre d'atteindre un autre niveau. Il travaillait à aider les athlètes à développer leur plein potentiel physique pour, selon le cas, augmenter leur force, leur vitesse, leur puissance, mais surtout pour éviter qu'ils se blessent. Lorsqu'on avait décidé de ce qu'il fallait corriger ou améliorer, il s'y mettait, trouvant les exercices pour y arriver. C'est donc avec cette stratégie qu'il s'est attaqué à mon cas.

Nous sommes rapidement devenus amis, ce qui est important lorsqu'on travaille aussi étroitement avec quelqu'un. Pourtant, lors de nos premières rencontres, je lui posais continuellement des questions pour qu'il m'explique les raisons de tel ou tel exercice, et en quoi cela allait m'aider à mieux plonger. J'avais besoin de comprendre pourquoi je les faisais, si je voulais m'y consacrer à 100 %. C'était aussi une façon de le défier, pour m'assurer qu'il savait ce qu'il faisait. Mais il le savait parfaitement. Il a d'ailleurs vite compris que j'avais besoin de ces éclaircissements pour me rassurer et me motiver. D'ailleurs, lorsqu'il me suggérait un nouvel exercice ou un nouveau programme, il m'en expliquait toutes les facettes en précisant ce qu'ils amélioreraient chez moi.

J'ai rapidement abandonné ce petit jeu de questions-réponses, car de toute évidence, il connaissait son affaire. J'ai appris à lui faire entièrement confiance. Il m'a aussi enseigné l'importance des périodes de récupération, un aspect pour lequel je n'avais jamais vraiment été formée. Comme je l'ai déjà dit, les entraînements avec Michel Larouche devaient être durs, sinon ils n'avaient aucune valeur. Plus c'était ardu, mieux c'était.

Alain Delorme avait un autre point de vue. Pour lui, la récupération devenait une étape essentielle de tout le programme. Ainsi, plus on s'approchait d'une compétition, plus les périodes de repos étaient importantes. Parallèlement, il diminuait aussi l'intensité des sessions de travail, puisqu'à cette étape il faut seulement maintenir le niveau de forme physique et non l'augmenter ; l'athlète pouvait alors se reposer pour ensuite arriver à la compétition en pleine forme, avec l'énergie nécessaire pour offrir une bonne performance.

Ainsi donc, grâce à mon travail avec Yihua Li et l'arrivée d'Alain Delorme, 2007 allait devenir une année charnière à l'approche des Jeux de Pékin.

•

Chapitre 10

Depuis un an, beaucoup de changements étaient survenus dans ma carrière de plongeuse. Je me souvenais du désarroi que j'avais éprouvé après les Championnats mondiaux de Montréal, et je ne pouvais faire autrement que de trouver ma nouvelle situation bien meilleure qu'elle l'était à l'époque.

Comme Yihua Li, je savais qu'il me restait des ajustements à faire pour affronter le vrai test que représentaient les Jeux de Pékin. Pourtant, j'étais enthousiaste. Les conseils d'Alain Delorme et la direction de Yihua ne pouvaient que m'amener plus haut et plus loin.

À cet égard, les mois suivants me permettraient de mettre en place toutes les pièces du puzzle. De nombreuses compétitions étaient à notre programme, dont certaines avaient déjà été encerclées pour leur importance. J'aimais l'approche d'Alain, avec qui je travaillais en étroite collaboration pour concourir au meilleur de ma forme. Il nous avait présenté un cheminement qui atteindrait son point culminant au moment voulu. Il fallait choisir, car il est impossible de maintenir une condition physique optimale pour toutes les compétitions que nous avions. Il y en avait bien trop pour que ce soit réaliste. En 2007, nous avions ciblé les Championnats du monde, les essais pour les Jeux panaméricains et les Jeux eux-mêmes.

Les Championnats du monde se sont tenus à Melbourne, en Australie, au mois de mars. Tout ce que j'ai fait au tremplin de 3 mètres a été catastrophique. Le synchro avec Blythe n'a pas bien été du tout. Nous n'avions jamais l'occasion de pratiquer et la réalité nous rattrapait. Il était inimaginable de maintenir le même rythme que les plongeuses internationales si nous n'avions pas l'occasion de nous entraîner de façon régulière ailleurs que pendant les compétitions elles-mêmes. Nous avons terminé en 13ᵉ position…

Pour ce qui est de ma performance individuelle lors de cette épreuve, j'ai également été très mauvaise, finissant en 21ᵉ place. Heureusement, à la tour de 10 mètres, ça s'est un peu mieux passé, même si je ne suis pas montée sur le podium.

Au retour, nous avons beaucoup discuté de ces résultats. En ce qui concerne le synchro avec Blythe, il a été convenu d'arrêter complètement de nous y inscrire. Du moins, tant que nous n'aurions pas trouvé une formule qui permettrait d'avoir des entraînements réguliers. Blythe Hartley était toujours en Californie et ne prévoyait pas revenir au pays prochainement. Elle s'améliorait d'ailleurs énormément au 3 mètres en vue des Jeux olympiques, prenant de plus en plus de puissance et de hauteur. Je considérais désormais qu'elle était trop forte par rapport à moi. J'avais l'impression de la retarder dans son développement. En synchro, la plongeuse qui est un peu plus faible doit tout faire pour se mettre au niveau de l'autre afin que cette dernière n'ait pas à diminuer l'intensité de ses plongeons ou à en modifier certains aspects techniques. C'est une petite règle non écrite que je tenais à respecter. Cette fois, je trouvais injuste pour Blythe de l'obliger à continuer avec moi. Puisque les athlètes d'élite recherchent toujours la perfection, j'en suis donc venue à la conclusion que nous devions mettre fin à notre association. J'en étais très triste, mais c'était préférable pour Blythe et pour moi.

En ce qui me concerne, Yihua et moi avons décidé que la plate-forme deviendrait ma priorité. Cette nouvelle approche se reflétait d'ailleurs dans la structure des entraînements puisque, depuis que je travaillais avec elle, le 3 mètres était au programme seulement les mardis et jeudis de 7 h à 10 h. Toutes les autres sessions d'entraînement (ce qui représente environ six tranches de trois heures) concernaient la tour de 10 mètres. Ce déséquilibre laissait aussi des traces dans ma progression au 3 mètres. Dans les faits, quelques semaines plus tard, après le Grand Prix des États-Unis du mois de mai, j'ai cessé de concourir en individuel sur ce tremplin. Je préférais consacrer mon énergie à bien performer à la plateforme. Ainsi, je mettais toutes les chances de mon côté pour remporter une médaille aux Jeux olympiques de Pékin.

**

Les essais pour les Jeux panaméricains se sont déroulés en avril à Vancouver. J'étais inscrite à la tour et, puisque je le pratiquais encore, au tremplin de 3 mètres. J'ai terminé quatrième au tremplin et deuxième à la tour, devancée par Marie-Ève Marleau par moins de deux points. Peu après, ayant constaté une compatibilité de style potentielle entre Marie-Ève et moi, nos entraîneurs, probablement à la suggestion de l'entraîneur-chef de l'équipe canadienne, Mitch Geller, nous ont proposé de reprendre le plongeon synchronisé depuis la plateforme.

Je n'étais pas contre cette idée. Je voulais bien qu'on tente le coup en y mettant tous nos efforts et que nous prenions ensuite le temps d'évaluer le travail accompli. Je ne croyais pas à l'idée de sceller immédiatement notre duo, mais je voulais sincèrement que nous nous donnions la chance de faire une deuxième tentative.

Or, les résultats ont été concluants. Cette fois, Marie-Ève et moi avons très bien plongé. Après seulement quelques semaines d'entraînement, à notre première compétition au Grand Prix d'Italie, tenu à Rome à la mi-juin, nous avons gagné la médaille d'or. Peu après, à la fin juin au Grand Prix d'Allemagne, nous avons décroché la médaille de bronze.

Nous étions donc prêtes quand ont commencé les Jeux panaméricains. Cette compétition s'est tenue du 14 au 29 juillet 2007 à Rio, au Brésil, c'est-à-dire en plein hiver là-bas. Bien sûr, il n'y faisait pas aussi froid qu'au Québec, mais c'était quand même plutôt frisquet. C'était la saison des pluies et, naturellement, les installations étaient extérieures. Une fine averse était tombée toute la semaine alors que se déroulaient les épreuves en individuel à la tour.

À la ronde préliminaire, j'avais été sélectionnée pour être la première à plonger. Afin de me réchauffer parce que je grelottais, j'ai décidé de monter au pas de course les escaliers menant au 10 mètres. Or, vous savez comme je peux parfois être maladroite. Il est donc arrivé ce qui devait arriver : j'ai raté une marche et je me suis foulé une cheville. J'ai continué l'ascension, mais beaucoup plus lentement, en grimaçant de douleur et en lâchant quelques jurons.

Généralement, le juge-arbitre attend que la première plongeuse soit installée et lui indique qu'elle est prête avant d'annoncer officiellement l'épreuve. J'ai essayé de gagner le plus de temps possible afin de me donner une petite chance de récupérer. Il n'était pas question que j'abandonne. Pas rendue ici. J'ai donc tenté d'oublier la douleur, puis j'ai avisé la juge (puisqu'il s'agissait d'une femme cette fois-là) que j'étais prête à y aller et je me suis élancée pour mon premier plongeon. Imaginez la tête de mon entraîneuse lorsqu'elle m'a vue sortir de l'eau en boitant. Heureusement, pour mon deuxième plongeon, je devais me tenir en équilibre sur les mains. Je n'ai pas eu besoin de sauter, ce qui m'a donné un peu plus de temps pour reposer ma cheville.

Comme vous pouvez vous en douter, la journée n'a pas été merveilleuse. Plonger avec une cheville foulée, ça fait mal. C'était douloureux quand je montais sur la tour et quand je sautais, et ça l'était encore plus une fois le plongeon terminé. Pour me ménager au maximum, j'ai plongé en mettant tout le poids possible sur mon autre jambe. Malgré l'inconfort, j'occupais la première position après les préliminaires. Ça s'est un peu gâté par la suite et j'ai terminé en quatrième position. Compte tenu des circonstances, je me suis dit que ça aurait pu être bien pire.

L'épreuve de plongeon synchronisé à la plateforme avait lieu le lendemain, me donnant à peine le temps de récupérer, car la douleur est souvent pire au deuxième jour. Nous n'avions cependant que cinq plongeons à effectuer. En synchro, il y a une pression supplémentaire, car notre performance a un impact direct sur notre partenaire. Il n'était absolument pas question que je laisse tomber Marie-Ève. Ça a donc été un grand soulagement de décrocher la médaille d'or. J'étais aussi très heureuse de remporter cette compétition avec celle qui, avec le temps, est devenue l'une de mes meilleures amies.

Cela dit, ce ne sont pas pour mes résultats aux Jeux panaméricains que je garde un très bon souvenir du Brésil.

Comme nous ne concourions qu'à la fin de ces jeux, je m'étais souvent rendue au salon réservé aux athlètes canadiens. On pouvait toujours y grignoter quelque chose ; il y avait des ordinateurs et Internet, ainsi que de petites salles de repos avec des téléviseurs grâce auxquels nous pouvions suivre les compétitions. Un soir, je m'y suis rendue avec Marie-Ève. Quelques membres de l'équipe canadienne de volleyball s'y trouvaient déjà. Près de moi était assis un grand et sympathique garçon. Nous avons parlé un peu, de tout et de rien, en écoutant je ne sais plus quel sport à la télé.

J'ai appris qu'il venait de Montréal, mais qu'il résidait à Winnipeg puisque l'équipe nationale y était basée, qu'il se nommait Christian Bernier, qu'après la saison de volley il partait souvent en Europe, où il était engagé comme joueur professionnel, et qu'il avait une copine au Canada. Il ne s'est rien passé d'extraordinaire entre nous ce soir-là, pas plus que pendant toute la durée des Jeux, si ce n'est que nous étions toujours contents de nous retrouver. Nous nous sommes revus à plusieurs reprises et ça a toujours été agréable. Avant de nous quitter, nous avons donc simplement échangé nos adresses électroniques.

À la fin des Jeux panaméricains, qui terminaient aussi ma saison de compétitions, j'avais prévu de prendre une semaine de vacances au Brésil avec Marie-Ève. Je le faisais à l'occasion, en fin d'année, afin de visiter un pays que je connaissais moins. De toute façon, non seulement j'aime les voyages, mais rien de particulier ne m'attendait à la maison, étant donné que j'étais redevenue célibataire quelques mois plus tôt lorsque Pierre-Félix et moi nous étions séparés. Cela dit, je n'ai pas pris le chemin du retour avec les autres membres de la délégation canadienne ; nous avons plutôt passé une magnifique semaine chez des amis brésiliens de l'équipe de plongeon. Durant mon séjour au Brésil, Christian et moi avons échangé quelques courriels. Je l'ai invité à me contacter lorsqu'il serait de passage à Montréal, en lui laissant mon numéro de téléphone.

Deux jours après mon retour à la maison, j'ai eu l'agréable surprise de recevoir un message texte de sa part, auquel j'ai évidemment répondu. Après quelques échanges de textos, il m'a avoué qu'il était devenu célibataire, ajoutant qu'il serait de passage à Montréal au début du mois de septembre et qu'il aimerait que nous nous rencontrions. J'étais tout à fait d'accord et nous avons profité de ce bref séjour pour nous voir le plus souvent possible. C'est là que notre grande histoire d'amour a commencé.

Nous avions cependant tous deux des obligations liées à notre passion pour nos sports respectifs. Il vivait à Winnipeg et moi dans la région de Montréal, et nous devions prendre part à des compétitions un peu partout sur la planète. Nous avions ce que l'on appelle une relation à distance. Nous aimions être ensemble, mais notre objectif pour les mois suivants était clairement d'aller représenter notre pays aux Olympiques. De ce côté, il n'y avait pas d'ambiguïté et nous comprenions mutuellement les exigences de nos agendas.

Nous nous sommes revus en octobre, et c'est alors que nous avons été présentés à nos parents. Un test toujours difficile à vivre. Mais cela s'est admirablement bien passé dans les deux familles. De toute façon, mon père et ma mère ne pouvaient que constater qu'il était charmant…

Il restait moins d'un an avant les Jeux de Pékin et l'horaire des compétitions de plongeon était absolument fou. J'avais tout de même pu aller retrouver Christian pendant une semaine à Winnipeg, en décembre. Pas de véritables vacances d'amoureux puisqu'il était en entraînement intensif en vue des qualifications de volleyball, et que je devais poursuivre le mien dans le cadre de mon programme. J'avais ce que nous appelons une semaine de repos actif. Je plongeais tous les jours dans une piscine de l'endroit, sous la supervision d'un entraîneur de Winnipeg, et je devais faire les entraînements préparés par Alain Delorme afin d'améliorer certains aspects physiques de mon développement. Malgré tout, nous avons passé de bons moments ensemble.

Au mois de janvier, Christian et son équipe ont échoué dans leur tentative d'être sélectionnés pour les Olympiques, non sans avoir livré une lutte acharnée contre les Américains, qui allaient devenir les futurs champions olympiques. Il avait alors prévu de revenir à Montréal, quand son agent lui a proposé un contrat pour aller jouer au Qatar avec une équipe professionnelle. Christian m'a immédiatement donné un coup de fil. J'ai eu l'impression qu'il me demandait la permission d'y aller. Je n'avais rien à lui accorder. Je comprenais parfaitement sa situation. Il lui restait une année pendant laquelle il pouvait jouer à ce niveau. Il savait déjà qu'il ne poursuivrait pas jusqu'aux prochains Jeux olympiques et qu'il devrait bientôt entrer dans le monde du travail. Il avait obtenu son diplôme d'ingénieur et commencerait sous peu à travailler dans sa profession. Par ailleurs, de mon côté, j'allais certainement être qualifiée pour Pékin, et les mois qui arrivaient allaient être presque entièrement consacrés à l'entraînement et aux compétitions. J'aimais autant qu'il profite de sa passion jusqu'au bout. Voilà ce que je lui ai expliqué. Cela dit, je dois admettre que ça me faisait un petit pincement au cœur. J'avais beau être consciente que nous n'aurions pas pu passer beaucoup de temps ensemble, nous nous serions tout de même vus. Nous aurions pu nous retrouver après les entraînements et durant les fins de semaine. Or, maintenant, puisqu'il allait être dans cet État du Moyen-Orient, tout serait plus compliqué.

Il est donc parti pour le Qatar, où son premier match était prévu quelques jours après son arrivée. Un peu avant ce match, il a consulté le contrat qu'on lui proposait et s'est rendu compte que certaines clauses devaient être précisées. Rien de fondamental ; seulement quelques détails. Bref, il a décidé de jouer la partie pendant que l'administration apportait les changements au contrat. Le tout devait être signé immédiatement après la rencontre. Cependant, durant le match, Christian s'est blessé sérieusement à la cheville. Une très vilaine foulure qui allait nécessiter six mois de convalescence. L'équipe qatarienne a décidé de ne pas signer le contrat, ce qui a obligé Christian à revenir au pays. Bien entendu, j'étais désolée pour lui.

Une fois à Montréal, il devait trouver un endroit où vivre. Il aurait pu aller chez ses parents pendant un moment, le temps de chercher autre chose. Toutefois, l'idée ne lui plaisait pas beaucoup. Comme la plupart des athlètes, je ne fais pas les choses à moitié ; je lui ai donc proposé de venir habiter chez moi. C'est depuis lors que nous vivons ensemble…

* * *

En septembre 2007, Yihua et moi avons longuement discuté du cheminement qui me conduirait aux Jeux de Pékin. Avec son soutien et l'apport d'Alain Delorme, j'avais de nouveaux atouts pour relever ce défi. Il restait un domaine où j'avais peut-être besoin de conseils :

l'aspect psychologique. Une année olympique est toujours très intense en émotions. Avec Yihua, nous avions remarqué que je plongeais souvent beaucoup mieux à l'entraînement qu'en compétition. Il faut parfois peu de choses pour être déstabilisé et perdre, ne serait-ce que légèrement et brièvement, sa concentration. Je me souvenais de ce qui était arrivé à Athènes et aux Championnats mondiaux de Montréal, et je voulais améliorer mon approche. J'avais entendu parler de la docteure Penny Werthner, psychologue sportive, qui faisait partie de l'équipe d'intervenants du Centre National. Elle travaillait en colla-boration avec Benoît Séguin, l'ancien président de Plongeon Canada, à l'Université d'Ottawa. La docteure Werthner avait une vaste expé-rience, acquise auprès de plusieurs grands athlètes, dont certains de ski acrobatique et de patinage de vitesse, qu'elle avait accompagnés dans leur démarche.

Nous avons donc pris rendez-vous pour une rencontre explora-toire. La docteure Werthner m'a fait une excellente première impres-sion. C'était une dame dynamique d'une cinquantaine d'années, pas très grande, aux cheveux poivre et sel et au sourire engageant. Elle connaissait parfaitement le stress des rencontres olympiques, puisqu'elle avait elle-même représenté le Canada en athlétisme aux Jeux de Montréal, en 1976. Dès cette première visite, j'ai senti que nous avions des atomes crochus et nous avons convenu de travailler ensemble. Pour elle, surtout en année olympique, il n'était pas ques-tion d'apporter de profonds changements à mon attitude, mais plutôt de trouver des méthodes simples pour contrôler et apprivoiser les émotions très vives que je ressentais au moment des compétitions. Elle ne voulait pas me sortir de la zone de confort dans laquelle j'étais, préférant me suggérer d'autres méthodes.

Elle m'a donc fait connaître certaines techniques de rétroaction biologique (biofeedback) où j'apprenais, entre autres, l'importance d'une bonne respiration. J'ai adoré l'expérience.

Penny et moi n'avions pas de rencontres régulières. Nous nous voyions à l'occasion, mais je lui parlais aussi souvent que j'en ressentais le besoin.

J'ai graduellement compris le rôle précis de ceux qui m'entouraient et j'ai appris à analyser les différentes étapes que je traversais en compétition pour pouvoir les maîtriser. Il y avait d'abord la préparation et l'échauffement avant le plongeon. En effet, entre chaque ronde d'une épreuve, il y a souvent beaucoup d'attente. Ainsi, aux préliminaires, quand il y a une quarantaine de plongeuses qui doivent s'exécuter, il peut s'écouler jusqu'à une heure entre chaque apparition. Cette attente est difficile aussi bien pour le corps que pour l'esprit. Dans un premier temps, j'en ai parlé avec Penny, qui m'a suggéré de trouver une activité qui m'aiderait à passer ces longues minutes sans ressentir autant de stress. Je n'aimais pas vraiment la lecture parce que trop absorbante, et les jeux de cartes ne me plaisaient pas davantage. Par contre, j'adorais les films et les séries télévisées. Je me suis donc procuré un iPod touch sur lequel je regardais mes séries préférées en oubliant complètement ce qui se passait autour. Avec Penny, nous avions défini les moments pendant lesquels je devais être concentrée sur ma performance et ceux où je pouvais me détendre. Il est inutile de demeurer concentré en tout temps sur la compétition, car cela nécessite une énorme quantité d'énergie dont nous aurons besoin plus tard pour performer. Il est donc essentiel de se relaxer et de se changer les idées, particulièrement pendant les périodes d'attente entre les rondes. En regardant mes films et mes séries télévisées préférées, je me relaxais. J'avais adopté cette technique que j'employais chaque fois qu'il y avait une pause, que ce soit en préliminaires, en demi-finales ou en finale. Même si j'avais seulement une minute d'interruption entre deux plongeons, j'avais besoin de ce petit moment pour décrocher et me changer les idées. Cela me permettait ensuite de me concentrer entièrement, au moment où j'en avais réellement besoin, pour offrir la meilleure performance possible.

Pour sa part, Alain avait préparé des exercices précis pour chaque plongeon, que je devais effectuer 10 ou 15 minutes avant de monter sur la plateforme. Ainsi, je commençais à réveiller et à échauffer les muscles et tout le système nerveux qui seraient sollicités, tout en orientant ma concentration vers l'exercice. J'entrais dans ma bulle…

La deuxième étape était celle qui m'amenait à la plateforme. C'était très court et d'une grande importance. J'étais alors bien concentrée et je ne regardais qu'Yihua pour qu'elle me donne, par signes, quelques conseils de dernière seconde. Ma relation avec mon entraîneuse était excellente et j'avais toute confiance en elle. Nous étions vraiment très proches. Par exemple, depuis que je m'entraînais à Pointe-Claire, j'avais beaucoup plus de déplacements à faire. L'ouest de l'île de Montréal était nettement plus loin de chez moi que ne l'était le complexe Claude-Robillard. De plus, j'avais chaque jour une session le matin et une autre l'après-midi. Rapidement, Yihua m'a proposé d'aller chez elle pour me reposer et me restaurer entre les deux sessions d'entraînement. Elle m'a même prêté une clé de sa maison, située à quelques minutes de la piscine. Parfois, elle venait manger un morceau avec moi; parfois, j'étais seule. Nous étions donc très complices, et c'est l'unique personne que je regardais en me rendant à la tour de 10 mètres.

La dernière étape d'un plongeon est, bien sûr, celle qui précède immédiatement son exécution. C'est là que la docteure Werthner m'assistait. Elle n'était pas souvent sur place pendant les compétitions, mais elle m'avait appris à respirer pour concentrer toutes mes énergies sur la tâche que je devais accomplir. De plus, après chaque compétition, je lui téléphonais pour faire le point sur ce qui s'était passé.

C'est ainsi que, pendant quelques mois, j'ai continué à progresser. Je ne montais pas toujours sur le podium, mais je me situais toujours dans les cinq meilleures. Je m'habituais à cette période d'adaptation et je sentais que je m'améliorais, que mes plongeons avaient plus de puissance, plus de hauteur, plus de dynamisme, et, surtout, que j'étais plus constante. Alors, le fait que je n'obtienne pas toujours une médaille ne m'affectait nullement. Je savais que j'allais dans la bonne direction et cela me motivait à travailler encore plus fort.

* * *

Au tout début de l'automne 2007, et pour la première fois, la FINA organisait un important événement qui allait être connu sous le nom de Séries mondiales. Il s'agissait d'une compétition extrêmement relevée où s'affronteraient les huit meilleurs athlètes de chaque épreuve. Comme si ce n'était pas assez, les Séries mondiales avaient une autre particularité qui les rendait redoutables. En effet, la compétition s'étendait sur trois fins de semaine de suite, chaque fois sur un continent différent, ce qui causait une fatigue énorme à chacun des participants.

Ces Séries mondiales ont eu lieu au pire moment. Elles se sont déroulées au mois de septembre et faisaient, techniquement, partie de la saison 2007. C'était cependant très tard dans une année qui avait déjà été suffisamment remplie, et trop tôt pour servir de préparation directe aux Jeux olympiques. J'avais néanmoins décidé d'y participer, parce qu'avec la stratégie que nous avions élaborée, je devais concourir à de nombreux événements pour poursuivre mon développement. Il était préférable que les juges aient de nombreuses occasions de me voir plonger pour qu'ils puissent mieux me connaître et connaître mon style. Mais surtout, je sentais que j'avais besoin de m'habituer à la compétition.

Les participants étaient choisis selon les résultats des Championnats du monde qui s'étaient tenus à Melbourne. Pour ma part, j'avais été sélectionnée pour l'épreuve individuelle à la tour de 10 mètres. Toutefois, comme Marie-Ève Marleau et moi ne plongions pas ensemble à cette époque, c'est l'équipe de Roseline Filion et Meaghan

Benfeito qui s'était qualifiée pour le synchro à la plateforme. Or, Roseline et Meaghan avaient, peu après Melbourne, décliné cette invitation qui ne s'inscrivait pas dans leur programme de préparation. Voyant cela et considérant les résultats que Marie-Ève et moi avions obtenus en synchro, Plongeon Canada nous a demandé de représenter le pays aux Séries mondiales.

J'ai laissé Marie-Ève décider. Je savais que je participais déjà à cet événement et j'étais prête à concourir en synchro, mais je voulais la laisser choisir, sans contrainte. À mon grand plaisir, elle a accepté. Il s'agissait d'une autre occasion de prendre de l'expérience en duo. À titre d'information technique, j'ajouterai que le Canada pouvait, en synchro, choisir l'équipe qui devait le représenter parce que, pour cette compétition, c'est le pays et non l'équipe qui avait été qualifié. Il en aurait été autrement si j'avais refusé de participer à l'épreuve individuelle; personne n'aurait pu me remplacer, puisqu'alors, c'était l'athlète et non le pays qui était sélectionné.

Cela dit, Meaghan et Roseline étaient en compétition à l'extérieur du Canada quand on leur a annoncé que nous irions à la Série mondiale pour les remplacer. Elles ont très mal pris la chose et ont voulu revenir sur leur décision.

Il y a eu des discussions entre les différents entraîneurs. Plongeon Canada, qui ne voulait pas se mêler de cela, a décidé de laisser le club choisir. Mais si Meaghan, Roseline et Marie-Ève étaient avec le CAMO, je n'en étais pas. Ce n'était donc pas une décision de club. De plus, je n'étais pas d'accord avec ce revirement de situation. Elles avaient elles-mêmes choisi de ne pas se rendre aux Séries mondiales, perdant, du même coup, leur priorité. Elles étaient toujours hors du pays quand il a été question de tenir une réunion au CAMO dès leur retour, pour que les trois filles et leur entraîneur prennent la décision. Marie-Ève n'était pas à l'aise avec cette idée, car elle se sentait prise entre l'arbre et l'écorce. Elle avait l'impression qu'elle devrait affronter seule ses deux coéquipières. Et cela, il n'en était pas question. Je lui ai dit que nous formions une équipe et que s'il y avait une telle rencontre, j'y serais. Cette décision ne touchait pas uniquement le CAMO, elle nous concernait toutes les deux. Finalement, cette séance n'a jamais eu lieu. Meaghan et Roseline ont respecté leur premier choix. Cette petite histoire a eu deux conséquences : la première étant, bien entendu, que Marie-Ève et moi avons fait les Séries mondiales en synchro. La seconde, et la plus importante à mon sens, a été qu'elle a cimenté notre relation. Cette fois, nous étions vraiment une équipe.

* * *

Les Séries mondiales ont bien eu lieu et ont été encore plus éreintantes que je ne le prévoyais. Imaginez ! La première semaine, les 1er et 2 septembre 2007, nous étions à Sheffield, en Grande-Bretagne. Nous avons obtenu la médaille d'argent en synchro et j'ai été troisième en individuel à la plateforme.

Immédiatement après, nous prenions l'avion pour la deuxième étape, qui se déroulait à Mexico la semaine suivante. Ce n'était pas seulement un autre pays, c'était un autre continent. Nous avons encore obtenu la médaille d'argent en synchro et j'ai terminé cinquième en individuel.

Enfin, la dernière étape avait lieu les 15 et 16 septembre, à Nanjing, en Chine. Je peux vous garantir que le Mexique et la Chine sont très éloignés l'un de l'autre. Tout le monde était épuisé. Il ne faut pas oublier que, malgré les voyages et les décalages horaires, nous continuions à nous entraîner. Quoi qu'il en soit, nous avons encore obtenu de bons résultats, puisque Marie-Ève et moi avons remporté la médaille de bronze en synchro et que j'ai pris le quatrième rang en individuel.

Cette dernière étape des Séries mondiales marquait aussi la fin des compétitions internationales pour quelques semaines. Les entraînements se sont poursuivis, mais au moins, les voyages ne faisaient plus partie de l'équation.

Cela vous donne aussi une idée de l'horaire incroyable avec lequel je devais composer lorsque Christian et moi avons commencé à nous fréquenter. Il fallait beaucoup de compréhension entre nous pour vivre tout cela. À l'automne, il espérait encore pouvoir participer aux Jeux de Pékin, et je travaillais sans relâche pour y arriver aussi. Il peut être difficile de comprendre et d'accepter les exigences de travail d'un athlète de haut niveau si l'on n'en est pas un soi-même. Avec Christian, tout était simple. Nous nous soutenions mutuellement dans nos rêves et nos efforts, ce qui nous a permis de bâtir une relation solide.

* * *

Si je devais faire un bilan de la saison qui venait de se terminer, je parlerais de progression et de constance. Ça n'a pas été la meilleure saison de ma vie en ce qui concerne les résultats, mais je sentais que les pièces du puzzle se mettaient en place pour tous les défis qui s'annonçaient.

L'année olympique a commencé avec la compétition CAMO Invitation, en décembre 2007, qui réunissait quelques plongeuses de l'élite mondiale, dont les Australiennes. Cette rencontre était importante parce qu'elle servait de qualification pour obtenir une participation à la Coupe du monde, qui aurait lieu en février à Pékin, dans les nouvelles installations olympiques.

Je devais être l'une des deux meilleures Canadiennes pour être sélectionnée. J'y suis parvenue, terminant en troisième place derrière Marie-Ève Marleau et une Australienne. En synchro, Marie-Ève et moi devions être la meilleure équipe canadienne pour nous qualifier: nous avons raflé la médaille d'or, mais, encore plus important, nous avons devancé l'équipe formée par Roseline et Meaghan.

Le voyage en Chine permettait encore une fois de planifier tout le déroulement en vue des Jeux olympiques. Nous nous sommes d'abord rendus à Xi'an pour la période d'entraînement. Nous n'avons pas vraiment profité de nos rares temps libres pour faire du tourisme, car la température en Chine au mois de février est assez froide (toutefois, j'ai quand même trouvé le temps de faire un peu de magasinage). Ce n'était pas aussi glacial qu'au Québec, mais le mercure était assez bas pour que je porte toujours mon manteau d'hiver.

Bref, après quelques jours, nous nous sommes rendus à Pékin, où l'épreuve à la tour en individuel s'est bien passée. J'ai terminé quatrième, derrière deux Chinoises et la Mexicaine Paola Espinosa, avec 384,50 points. Je savais qu'avec de tels résultats, un podium était possible aux Jeux olympiques. Mais je savais également que je pouvais faire mieux. Marie-Ève, qui participait aussi en individuel, n'a pu franchir la ronde préliminaire.

En synchro, nous avons très bien plongé et nous avons gagné la médaille d'argent derrière les puissantes Chinoises. Depuis quelques mois, notre classement mondial en double grimpait irrésistiblement. Nous devenions doucement l'une des équipes favorites.

D'autres compétitions se sont succédé au fil des semaines et des mois. Cette année olympique était vraiment fertile en événements importants. Parmi eux, la FINA reprenait l'expérience des Séries mondiales. Toutefois, après ce qui s'était passé l'année précédente et en réponse aux commentaires des athlètes, les entraîneurs avaient légèrement modifié la formule. Les Séries mondiales ne se déroulaient plus sur trois fins de semaine successives. On avait prévu une pause entre la première ronde et les deux suivantes qui, elles, seraient consécutives.

Les 25 et 26 avril 2008, nous nous sommes retrouvés à Tijuana, au Mexique. J'ai obtenu la quatrième place en plongeon individuel et la médaille d'argent en synchro avec Marie-Ève Marleau. La deuxième tranche des Séries mondiales s'est tenue à Sheffield, en

Grande-Bretagne, les 24 et 25 mai. Nous avons gagné la médaille d'or en synchro, pendant que je recevais la médaille de bronze en individuel.

La semaine suivante, la dernière étape nous ramenait à Nanjing, en Chine. Or, cette fois, j'ai connu quelques petits problèmes. Je vous ai déjà expliqué que c'était la Fédération qui s'occupait des formalités concernant les billets d'avion, les hôtels et les visas.

Cette année-là, comme nous devions nous rendre en Chine à plusieurs reprises (la Coupe du monde en février 2008, les Séries mondiales 2008 et les Jeux olympiques de Pékin), Plongeon Canada a décidé de demander un visa avec entrées multiples. Celui-ci nous permettait de participer à toutes les épreuves en sol chinois sans refaire une demande de visa pour chaque voyage.

Le soir où nous avons quitté l'Angleterre, je me suis présentée à l'aéroport avec les autres membres de la délégation. Je me suis mise en file pour obtenir ma carte d'embarquement. On m'a alors demandé mon visa. J'ai remis mon passeport avec le document en question, que le fonctionnaire a examiné avant de me le rendre.

— Il n'est plus valide, m'a-t-il dit.

— Comment, il n'est plus valide ? On m'a dit qu'il était bon pour plusieurs séjours en Chine, ai-je argumenté.

— Il pouvait être utilisé pour deux séjours et vous les avez pris. Celui-ci n'est plus valide. Vous devez vous en procurer un autre.

Il y avait eu une erreur. On m'avait accordé un visa avec deux entrées plutôt que celui avec entrées multiples.

Je ne sais pas si vous voyez dans quelle situation je me trouvais. Tout le monde partait et je ne pouvais monter dans l'avion. Il me fallait ce fichu papier !

— Mais qu'est-ce que je peux faire ? ai-je demandé.

— Vous devez vous rendre à l'ambassade chinoise pour faire une demande rapide de visa. Mais comme leurs bureaux sont fermés ce soir, je vous conseille d'y aller très tôt demain matin.

Un peu déboussolée, je me suis d'abord rendue au bureau de la compagnie aérienne pour que l'on remplace mon billet et que je puisse partir le lendemain soir. J'étais alors seule à Londres, ne sachant pas exactement ce que je devais faire. J'ai trouvé un hôtel près de l'ambassade chinoise et j'y ai passé la nuit. Le lendemain matin, très tôt, je me suis approchée des bureaux chinois et, à ma grande surprise, j'ai constaté qu'il y avait déjà une incroyable file d'attente qui s'étirait sur près de 500 mètres.

« Merde ! » me suis-je dit, découragée. Mais comme je ne pouvais rien y faire, j'ai pris ma place, certaine qu'il me serait impossible de voir quelqu'un le jour même.

Il y avait déjà un bon moment que j'attendais, quand une femme est passée près de la file en demandant : « Y a-t-il des gens qui attendent pour un visa 24 heures ? »

— Oui ! Moi ! lui ai-je crié.

— Vous voulez obtenir un visa 24 heures ? m'a redemandé la dame qui semblait être une employée de l'ambassade de Chine.

— Oui, j'en ai besoin. Je dois aller en Chine le plus vite possible.

— Je peux vous arranger ça, mais ça vous coûtera 250 livres.

— Pas de problème.

— Vous avez des photos ?

— Non. Je ne savais pas que ça m'en prenait.

— Rendez-vous tout de suite au magasin un peu plus haut sur la rue et faites-en prendre, puis revenez me voir.

J'ai couru vers l'endroit désigné où j'ai pu rapidement obtenir les clichés indispensables. La dame, qui m'attendait encore, a pris les photos, les formulaires, mon passeport, m'a rapidement donné un papier où se trouvait une adresse et un numéro de téléphone, et m'a demandé de m'y rendre le lendemain pour récupérer mon passeport ainsi que mon visa et… elle est partie.

Je suis restée plantée là, me rendant soudain compte que je n'avais plus de papiers officiels, que j'étais seule à Londres et que je ne connaissais pas du tout cette dame, qui n'appartenait peut-être même pas à l'ambassade chinoise. Ce qui me rassurait, en partie seulement, c'est qu'elle faisait son « petit commerce » en plein jour, sans se cacher.

Les dés étaient jetés. J'avais peut-être été victime d'une arnaque. Ma seule consolation était que je ne lui avais pas encore donné un sou. Je savais néanmoins que les passeports canadiens étaient recherchés par les fraudeurs et qu'il était possible que je ne revoie jamais le mien.

Je suis retournée à l'hôtel, où j'ai contacté la compagnie aérienne pour, une fois de plus, remettre mon vol au lendemain soir. Il ne me restait plus qu'à attendre et à espérer.

Le jour suivant, à l'heure convenue, je me suis rendue à l'adresse indiquée, qui n'était pas du tout dans le secteur de l'ambassade. J'ai suivi les chiffres sur les portes, jusqu'à ce que j'arrive à l'endroit mentionné. Je me suis alors retrouvée devant un magasin de lunettes. Quelque chose de très banal qui n'avait vraiment aucun caractère officiel. « Voilà, ai-je pensé. Cette fois, c'en est fini de ton passeport, de ton visa et de la Chine. »

J'ai vu une cabine téléphonique un peu plus loin et j'ai décidé (c'était mon dernier espoir) d'appeler la dame au numéro qu'elle m'avait laissé. Il y avait de fortes chances pour que je tombe sur quelqu'un qui ignorerait complètement de quoi je parlais. Mais j'ai appelé et j'ai attendu.

— Hello ! a-t-on répondu.

— J'ai fait une demande de visa pour la Chine et je viens chercher mon passeport, ai-je dit.

— Oui ! Vous êtes la Canadienne ?

— Euhhh… oui, en effet.

— Vous avez l'adresse ?

— Je ne pense pas avoir la bonne adresse. C'est un magasin de lunettes ?

— Oui, oui, c'est là! Entrez dans la boutique... Votre visa vous attend.

Incrédule, je suis entrée et j'ai récupéré mon passeport, en plus d'un magnifique visa chinois. Je n'en revenais pas. J'ai payé la somme convenue et je suis repartie prendre mes maigres bagages à l'hôtel. En chemin, le doute m'a encore assailli. Comment pouvais-je être sûre que ce visa n'était pas un faux? Il pouvait s'agir d'une habile contre-façon; la Chine n'est-elle pas le royaume de l'imitation? Je n'avais aucun moyen de le savoir. Si c'était un faux, qu'arriverait-il avec les douaniers chinois, qui n'avaient pas la réputation d'être des boute-en-train?

De toute façon, je n'avais pas le choix. Après l'hôtel, j'ai repris le taxi pour l'aéroport, où j'ai attendu que les guichets ouvrent. Quand j'ai enfin passé les douanes chinoises, tout s'est merveilleusement déroulé. C'était fantastique! Je repensais à ce qui s'était passé et je me disais que j'avais été chanceuse que tout finisse bien. J'étais née sous une bonne étoile!

Toutefois, mon voyage était loin d'être terminé et j'avais perdu plus de deux jours dans cette fâcheuse histoire. Par ailleurs, le voyage entre Londres et Pékin, où nous faisions escale, s'effectuait de nuit. De là, je devais prendre un autre avion pour ma destination finale. En arrivant à Pékin, tôt le matin, j'ai envoyé un courriel à Yihua Li pour qu'elle s'assure d'envoyer quelqu'un me chercher à l'aéroport de Nanjing. Est-il besoin de préciser que je ne parle pas un mot de chinois, et que je ne tenais pas à me retrouver seule dans une ville que je connaissais à peine et où personne ne me comprendrait? Heureu-sement, mon entraîneuse est Chinoise. Voilà un autre élément qui plaidait en sa faveur.

Il y avait donc quelqu'un pour m'accueillir à Nanjing en début d'après-midi quand j'y suis enfin parvenue. On m'a immédiatement conduite à l'hôtel, où j'ai déposé mes bagages et ramassé quelques vêtements, avant de me rendre à la piscine pour retrouver Yihua et faire le seul entraînement avant ma première compétition, prévue le lendemain matin.

Le jour de l'épreuve, je me suis présentée fatiguée, encore sous l'effet du décalage horaire, avec un unique entraînement au cours des derniers jours. Malgré tout cela, j'ai réalisé une excellente performance, remportant deux médailles d'argent, l'une en individuel et l'autre en synchro avec Marie-Ève. Voilà qui prouve qu'il ne faut jamais laisser tomber…

Y a-t-il une morale à cette aventure ? Pas vraiment. Toutefois, j'ai tiré une leçon de cette histoire : depuis ce temps, je vérifie toujours les visas qu'on me remet !

* * *

En juin ont eu lieu, à Victoria, les essais pour les qualifications olympiques. Les résultats que j'avais obtenus précédemment en compétition internationale (vous vous souvenez de ces fameux points Or et Argent) faisaient en sorte que j'étais présélectionnée en individuel à la tour de 10 mètres. Il fallait que je m'y présente et que je participe à l'épreuve, même si mes résultats importaient peu. Il en allait autrement en synchro ; Marie-Ève et moi avions obtenu d'excellents résultats et nous avions atteint nos standards, mais Roseline Filion et Meaghan Benfeito aussi. Comme une seule équipe pouvait se qualifier dans cette épreuve, il nous fallait absolument gagner.

Toutes les chances étaient de notre côté, car nous étions alors classées comme l'équipe numéro un au niveau mondial. Pour ce qui est des points obtenus lors des compétitions précédentes, nous devancions toujours considérablement Meaghan et Roseline. Lors des trois confrontations directes (CAMO Invitation, Championnats canadiens et Coupe Canada), nous avions également distancé nos rivales. Mais, en sport, rien n'est gagné d'avance…

Malgré tout cela et même si nous avons bien plongé, nous avons terminé deuxièmes. Meaghan et Roseline nous ont battues en effectuant la compétition de leur vie. Je suis sortie de cette épreuve en furie. Très déçue, parce que c'était une excellente chance de podium pour Marie-Ève et moi aux Jeux olympiques.

Cela démontre un autre aspect difficile de la vie d'un athlète : malgré le fait que vous soyez classé meilleure équipe au monde, il existe une possibilité que vous ne puissiez pas participer aux Jeux olympiques.

On ne pouvait plus rien faire pour modifier ces résultats. La décision des juges était tombée. J'irais aux Jeux olympiques et je ne participerais qu'à une seule épreuve. Ce serait donc très différent d'Athènes, où j'étais inscrite à quatre disciplines. Plutôt que de m'apitoyer sur mon sort, j'ai décidé de regarder le côté positif des choses. En fin de compte, il y avait peut-être un avantage à cette situation. Je pourrais en effet me concentrer exclusivement sur mon épreuve de la tour de 10 mètres. Je voulais vraiment obtenir une médaille individuelle aux Olympiques, moi qui en possédais déjà deux en synchro.

Les semaines qui ont suivi ont donc été exclusivement consacrées à peaufiner mes plongeons et à faire le moins d'erreurs possible. Les entraînements étaient nombreux et intensifs, et je me sentais bien entourée avec les directives d'Yihua, le programme d'Alain Delorme et les conseils de la docteure Penny Werthner.

Au début du mois d'août, l'équipe canadienne s'est rendue à Pékin quelques jours avant le début des Jeux. Nous avons pu obtenir nos accréditations, visiter les installations alors terminées et prendre possession de nos chambres au village olympique. Nous y sommes restés quelques jours avant de repartir vers Xi'an pour une période d'entraînement. J'étais heureuse, car j'ai pu profiter de la présence de tous mes collaborateurs pendant toute la durée des Jeux. En effet, s'il était prévu de longue date qu'Yihua m'accompagne, Alain et Penny ont aussi participé à ces Jeux, car ils faisaient partie de l'équipe de soutien technique de la délégation canadienne. Le meilleur des mondes encore une fois…

* * *

Les journalistes ont énormément parlé des cas de dopage lors de compétitions internationales. Certains sports sont régulièrement sous les feux de la rampe à cet égard. On n'a qu'à penser au cyclisme, à l'athlétisme ou à l'haltérophilie. La drogue devient un sujet spécialement discuté avant le début des Jeux olympiques. Tout le monde se demande si des athlètes utilisent des produits interdits et si les juges pourront le découvrir.

Encore ici, je me trouve chanceuse, car le plongeon n'est pas reconnu pour être un sport où les athlètes peuvent tirer profit de l'utilisation de drogues. Un plongeon se déroule en quelques secondes, et je ne connais pas de substance qui puisse nous donner un avantage, puisqu'on a besoin d'un contrôle total de notre corps.

Néanmoins, lors des compétitions internationales, il y a régulièrement des tests faits au hasard sur des plongeuses ou des plongeurs. Et ils sont encore plus nombreux et serrés aux Jeux olympiques. Bien entendu, les athlètes qui gagnent des médailles ont automatiquement l'obligation de se soumettre à une vérification. Cependant, dès le début des Jeux, on choisit aléatoirement des athlètes qui seront testés soit par des prises de sang, soit par des examens d'urine. Chaque délégation de chaque pays y passe.

Personnellement, je n'ai pas de chance aux jeux de hasard. Quand il y a une fête ou une soirée quelque part et qu'on y fait le tirage d'un prix de présence, jamais je ne gagne. Aux Jeux olympiques et en compétitions internationales, il en va tout autrement. Je suis toujours sélectionnée. C'est inévitable! C'était arrivé à Sydney et à Athènes. Et c'est arrivé à Pékin.

Le jour où nous avons quitté Xi'an pour la capitale chinoise, j'étais à peine arrivée à ma chambre qu'une officielle a frappé à ma porte pour que j'aille passer les examens. La délégation canadienne comptait 300 athlètes et, parmi les très rares personnes qui devaient se plier à cette formalité, j'avais évidemment été choisie. Il n'y avait pas 10 minutes que j'étais sur place que l'on m'avait déjà pointée. Une dame voulait que je la suive pour aller passer le test « pipi ». Or, je ne ressentais nulle envie et j'étais déjà attendue pour un entraînement avec Alain. Eh bien, elle m'a suivie pendant quelques heures sans me quitter des yeux, jusqu'à ce qu'enfin je puisse remplir ses fioles.

***

Les règles du plongeon avaient changé à ces Jeux olympiques. En réalité, la formule était en application aux compétitions internationales depuis 2006, mais c'était la première fois qu'elle était appliquée aux Jeux olympiques. Il n'y avait désormais plus de plongeons de base, de sorte qu'il ne restait que les optionnels. Notons aussi qu'on avait cessé de cumuler les points d'une ronde à l'autre. Celles qui passaient l'étape préliminaire repartaient à zéro pour les demi-finales. Cette formule rendait chaque ronde encore plus importante. J'ajouterai que de toutes les athlètes en compétition, j'étais une de celles qui avaient le programme le plus difficile.

Les préliminaires ont débuté en soirée. J'ai bien réussi mes cinq plongeons, les juges m'ayant accordé environ 400 points, ce qui me conférait la troisième place. Les demi-finales débutaient le lendemain matin et étaient suivies des finales en soirée.

À la deuxième étape, j'ai légèrement raté mon troisième plongeon, un 3 sauts périlleux ½ arrière en position groupée. J'ai donc cédé une position. La tête était détenue par Ruolin Chen, et nous étions suivies de la Mexicaine, Paola Espinosa et l'autre Chinoise, Xin Wang. Rien n'était perdu, car je savais que je pouvais faire mieux.

Comme les finales se déroulaient en soirée, j'ai passé une partie de l'après-midi au village, où j'ai rencontré Penny pour parler de la dernière partie de l'épreuve. J'ai ensuite pris un peu de repos et je suis retournée à l'entraînement pour me préparer à cette ultime étape.

Puisque nous recommencions en finale sans aucun point, nous étions donc toutes à égalité. Je ne suis pas une personne très confiante de nature, mais je dois avouer que, pour la première fois de ma vie, je suis arrivée à la piscine certaine de bien plonger. Je ne pouvais pas m'être mieux préparée pour cette compétition. Lorsque je montais sur la tour, j'étais en paix parce que certaine d'avoir fait tout ce qui était en mon pouvoir pour être au meilleur de ma forme. Peu importe que je plonge bien ou non, je n'aurais rien changé à ma préparation. Je n'avais aucun regret.

Le moment tant attendu est enfin arrivé !

Je me suis alors lancée pour mon premier plongeon, que j'ai bien exécuté. En me présentant au second tour, je devais faire celui avec départ en équilibre. J'étais un peu craintive, car j'avais eu de la difficulté avec celui-là au cours de l'année, mais je l'ai réussi encore mieux que le premier. Puis est venu le plongeon que j'avais manqué en demi-finale, mais que, cette fois, j'ai bien fait. Jusqu'à maintenant, tout allait bien. Ensuite, mon quatrième plongeon au programme était un 3 sauts périlleux et demi renversé en position groupée. Je me rappelle que nous n'étions que trois filles au monde à le réussir à cette époque. Peut-être y en a-t-il encore moins aujourd'hui. En ce qui me concerne, il n'y avait pas de demi-mesure : soit je le réussissais à merveille, soit je le ratais. Cette fois, il a été exceptionnel, rien de moins. Je ne pouvais pas être plus contente. En entrant dans l'eau, je le savais. Vous savez que je ne regarde jamais le tableau de classement pendant une compétition, mais, plus tard, en examinant les données, j'ai constaté que les juges m'avaient accordé des notes de 9,5. C'était génial.

Mais la compétition était encore loin d'être terminée. Il restait mon dernier plongeon. Pendant que je grimpais sur le tremplin de 10 mètres, la pression était plus forte que jamais. Une fois arrivée au bout de la tour, je me suis tournée pour faire dos à l'eau, ne me tenant que sur les orteils, je me suis levée sur la pointe des pieds, j'ai pris une grande respiration et hop, je me suis élancée. Pendant cette éternité de deux secondes durant lesquelles j'étais dans les airs, j'ai senti que j'avais réussi. En entrant dans l'eau, j'étais heureuse. Je suis remontée à la surface et je me sentais comme dans un film. J'ai nagé jusqu'au bord de la piscine et, pour la première fois depuis le début de la finale, j'ai regardé le tableau du classement. À côté de mon nom, j'ai vu qu'il était écrit « 1 ». Bien entendu, les notes des juges pour ce dernier plongeon n'étaient pas encore affichées. C'était trop tôt. Cela signifiait donc qu'avant mon dernier plongeon, j'étais en première position. J'étais sous le choc. J'étais première au monde avant d'exécuter mon dernier plongeon. C'était incroyable.

Puis, mes notes finales sont sorties. Eh bien, j'ai réussi ma meilleure performance, battant même mon record personnel avec un total de 437 points. Jamais je n'avais aussi bien plongé. J'étais absolument ravie.

Cela ne mettait toutefois pas un terme à la compétition. Il restait encore trois plongeuses à venir. La Mexicaine et les deux Chinoises devaient compléter leur programme avant de connaître le résultat final.

La Chinoise Xin Wang et la Mexicaine Paola Espinosa ont été les premières à s'élancer. Elles ont réussi de bons plongeons, mais pas assez bons pour me battre. Il ne restait plus qu'une plongeuse. J'étais toujours en première place et, donc, assurée d'une médaille d'argent. Tout était encore possible.

Ruolin Chen, une compétitrice redoutable, s'est alors avancée pour son dernier plongeon. Eh bien, croyez-le ou non, elle fait un plongeon parfait. Quatre juges sur sept lui ont accordé des notes de 10. Elle m'a devancée et j'ai terminé avec la deuxième position et une médaille d'argent.

Sur le coup, je me suis sentie comme si je venais de perdre la médaille d'or. Je sais que ce n'est pas rationnel. J'ai été déchirée entre deux sentiments. D'une part, la joie d'avoir réalisé une performance extraordinaire et d'avoir atteint mon objectif en remportant une médaille d'argent en individuel et, d'autre part, le sentiment d'avoir, pendant quelques minutes, détenu la médaille d'or pour ensuite la perdre. J'avais très bien plongé, mais la Chinoise était vraiment remarquable. Je savais néanmoins que j'étais passée à « ça » de la première place...

Cela dit, cette impression n'a pas été bien longue à se dissiper. Une médaille d'argent aux Jeux olympiques, c'est un exploit extraordinaire. J'avais réalisé une excellente performance et j'aurais difficilement pu faire mieux. J'étais devancée par une Chinoise vraiment exceptionnelle. Et, au-delà de ces considérations, j'avais vaincu mes démons. J'avais gagné en individuel et j'avais atteint cet objectif devant mes parents, ma sœur, Séverine, et mon amoureux, Christian.

Comme d'habitude, après une médaille, les choses se bousculent. J'ai embrassé Yihua et mes confrères, je me suis rapidement changée pour la remise des médailles, je suis passée par la fameuse zone mixte où se trouvaient les journalistes. Je peux vous assurer qu'avec une médaille d'argent en main, ce passage obligé est beaucoup plus facile et sympathique. Les séquelles d'Athènes et des Championnats du monde de Montréal étaient effacées.

Chapitre 11

près avoir regagné ma chambre dans le village olympique, une autre réalité m'a rattrapée. Cette médaille en individuel représentait l'objectif que je m'étais fixé plusieurs mois plus tôt. Tout mon temps et toutes mes pensées y avaient été consacrés. Étrangement, je me sentais maintenant vide et désemparée. Ce but atteint, j'avais l'impression qu'il n'y avait plus rien devant moi. Je n'avais jamais regardé au-delà. Une fois ma médaille obtenue, qu'allais-je faire de ma vie? Avais-je encore le goût de plonger? Était-il préférable de reprendre des études?

Au cours de l'année, j'avais refusé de penser à ce que j'allais faire une fois les Jeux finis. Si je pensais à l'avenir et aux voies qui s'offraient à moi, j'avais l'impression de ne pas bien me concentrer sur la compétition. En songeant au lendemain de ces Jeux, c'était comme si je m'éloignais de mon objectif, que je ne me concentrais pas sur ma compétition, ma médaille et le rêve que je voulais réaliser. Je constatais que j'avais fait une erreur en ne pensant pas plus loin que les Olympiques. Je sentais s'estomper l'adrénaline qui m'avait donné des ailes, et cela créait un immense vide. Je découvrais une impression bizarre que je n'aimais pas. Pour la première fois de ma vie, je ne savais pas ce que j'allais faire. Pour la première fois de ma vie, je me retrouvais sans aucun objectif à atteindre.

J'ai pris environ six semaines de congé pendant lesquelles j'ai pensé à ce que je voudrais faire : continuer à plonger ou prendre ma retraite ? C'est alors que j'ai compris que je n'en avais pas fini avec le plongeon, même si j'estimais avoir atteint mon plein développement à la tour de 10 mètres. Je réalisais à quel point la plateforme est difficile tant physiquement que psychologiquement. Cela vous paraîtra probablement insensé, mais chaque matin, je me levais avec le stress de savoir que j'irais plonger de cette hauteur. Je le faisais intensivement depuis plus de 15 ans ; la peur diminue de jour en jour, mais elle ne s'en va jamais totalement. Pourtant, j'adorais ce sport...

L'idée m'est alors venue de continuer, mais au tremplin de 3 mètres, où j'avais passé beaucoup moins de temps qu'à la tour. Étant donné que je parvenais à me classer parmi les 12 premières au monde en m'entraînant à temps partiel, j'estimais que je pourrais rivaliser avec les meilleures si je m'y consacrais à plein temps. Je voulais tenter le coup et voir jusqu'où je pouvais aller. J'en ai discuté avec Yihua et nous avons convenu que je n'avais rien à perdre en essayant de me spécialiser dans cette discipline. Au terme de ces six semaines de vacances, j'ai donc renoué avec le conditionnement physique pendant un peu plus d'un mois avant de revenir à la piscine au mois de décembre.

Pendant ce temps, je suis allée à l'université. Pour la première fois depuis que j'avais entrepris le programme de commercialisation de la mode, j'allais y consacrer la majorité de mon temps. Je me suis rendu compte que mes choix de cours avaient été avisés, puisque mon baccalauréat était assez général pour m'ouvrir bien des portes dans une future carrière dont j'ignorais encore tout. Tenter de me projeter dans l'après-plongeon était d'autant plus difficile que je n'avais jamais eu d'emploi de ma vie en raison des obligations de mon sport. Tout portait d'ailleurs à croire que cette situation ne changerait pas de sitôt, puisqu'il devenait clair que je voulais continuer à plonger. Alors, non seulement je ne savais pas précisément ce que je voulais faire à la retraite, mais en plus j'ignorais tout du monde du travail, ce qui ne m'aidait pas dans ma réflexion. J'étais donc contente de mon choix de programme qui me permettrait d'avoir le plus d'options possible quand le moment viendrait.

Cela dit, dès mon retour à la piscine, il a été décidé que je ne participerais qu'à cinq compétitions en cette année post-olympique. J'avais besoin de temps pour m'entraîner et reprendre mes plongeons du 3 mètres. En même temps, je devais rester active, car cela faisait quelques années que je n'avais pas compétitionné au 3 mètres ; je ne savais pas du tout où je pouvais me situer par rapport aux autres plongeuses dans cette épreuve. Je voulais savoir ce que j'étais capable de faire dans cette discipline si je m'y consacrais entièrement. De plus, Alain Delorme, qui m'accompagnait toujours dans ma préparation physique, m'avait établi un nouveau programme qui devait m'aider dans mon développement. Les pièces étaient en place.

La Coupe Canada, qui se déroulait du 30 avril au 3 mai 2009 à Montréal, a été ma première sortie officielle en tant que spécialiste du 3 mètres. J'ai été un peu chanceuse de pouvoir y concourir, car pour y participer, il fallait avoir obtenu les standards lors des Nationaux canadiens d'hiver, où je n'avais pas plongé. Toutefois, comme il y avait quatre places pour des Canadiennes à cette compétition et que seulement trois plongeuses avaient obtenu les points requis, j'ai pu m'y rendre. Je crois qu'on m'a laissé cette opportunité parce que j'avais déjà fait mes preuves à la tour de 10 mètres, mais aussi parce que j'avais fait partie de l'équipe olympique au 3 mètres en 2004.

Pour une première sortie, j'ai bien plongé. J'ai terminé en deuxième position, à une dizaine de points de l'Australienne Sharleen Stratton, détentrice de la médaille d'or. Jennifer Abel, une excellente jeune plongeuse canadienne, a terminé en troisième place.

* * *

La seule compétition à laquelle je souhaitais vraiment participer était le Championnat du monde, qui devait avoir lieu en juillet à Rome. Pour s'y qualifier, il fallait concourir aux essais, qui se sont déroulés au Stade olympique de Montréal du 15 au 17 mai 2009, et obtenir une des deux premières places.

À la même époque, Christian, mon amoureux, et moi voulions changer de résidence. Depuis quelques années déjà, nous vivions dans la petite maison que j'avais achetée avec ma sœur, mais nous souhaitions désormais nous installer plus confortablement. Christian, qui est ingénieur et qui adore bricoler, voulait plus d'espace pour travailler, alors que de mon côté, je désirais une cour avec une piscine où je pourrais éventuellement profiter du soleil et me détendre pendant les vacances. Et puis, je voulais que Scott et Arnaud aient un peu plus d'espace pour jouer.

Tiens, c'est vrai! Je ne vous ai jamais parlé d'eux. Eh bien, Scott est mon chien. Un magnifique boxer que j'ai eu bébé en 2002. Un chien extraordinaire et affectueux que je ne laisserais pour rien au monde. Quant à Arnaud, c'est mon chat. Il est arrivé dans la famille un peu plus tard, en 2004. Entièrement noir, il est aussi adorable et snob qu'on peut le souhaiter de la part d'un félin. J'adore mes animaux. J'en ai depuis que je suis toute petite. En arrivant de Belgique, il y a eu Jérémie (un boxer aussi), puis un chat et Naya, une chienne fantastique issue d'un mélange de golden retriever et de labrador.

Donc, Scott et Arnaud occupent une grande place dans ma vie. Pour vous donner une idée, quand j'ai rencontré Christian, en 2007, il fallait absolument qu'il aime aussi les animaux, sinon je crois que nous ne serions plus ensemble aujourd'hui. Heureusement, ça n'a posé aucun problème et nous avons pu former le couple que nous sommes maintenant. En vérité, je suis bien contente que Christian ait adopté Scott et Arnaud. Vraiment bien contente.

Tout ça pour dire que, vers la fin du mois d'avril et au début de mai, nous avons commencé à chercher une maison qui nous plairait dans le secteur où nous habitions. Or, il m'arrive parfois de me transformer en acheteuse compulsive. Lorsque je sais que nous allons acheter et que je vois quelque chose qui me plaît, il faut que je l'obtienne immédiatement. C'est plus fort que moi ! Ça a été le cas lorsque nous avons visité cette belle maison de Brossard, qui me semblait idéale. Un petit cottage avec une grande cour, une piscine creusée et un beau garage pour Christian.

J'ai un peu insisté et nous avons déposé une offre d'achat au début du mois de mai, qui a été acceptée quelques jours plus tard. Il était toutefois prévu que nous en prendrions possession en juillet, car nous voulions y faire des travaux avant d'emménager. Cela dit, ma maison, celle où nous résidions alors, n'était pas vendue. À vrai dire, elle n'était pas encore en vente. Il a donc fallu y faire quelques rénovations pour obtenir un prix raisonnable, puis la mettre sur le marché. Ma maison devait être attrayante parce qu'elle s'est vendue dès la première fin de semaine.

Tout ça est arrivé en même temps que se déroulaient les essais canadiens pour le Championnat du monde. Je m'y suis donc présentée un peu moins concentrée que je ne l'aurais dû, et beaucoup plus excitée. La pression était considérable puisqu'il fallait que je sois l'une des deux meilleures pour obtenir ma qualification pour Rome. Je n'ai pas très bien plongé. Pas si mal, mais rien d'extraordinaire. J'ai tout de même été sélectionnée. J'ai fini deuxième derrière Jennifer et j'ai obtenu mon billet pour Rome.

Avant d'aller en Italie, le Championnat canadien d'été a été la seule compétition à laquelle j'ai participé. Elle s'est tenue à Québec vers la fin du mois de juin et j'y ai mieux plongé. En préliminaires, j'étais deuxième derrière Jennifer, qui me devançait de quelques points. Mais en finale, j'ai repris les devants pour gagner la médaille d'or.

Bref, pour terminer cette première saison au 3 mètres, il ne restait que Rome et les Championnats du monde. L'étape préliminaire a commencé à 10 h, le 20 juillet, et je me suis bien tirée d'affaire, terminant neuvième sur les 31 plongeuses qui se présentaient, pendant que Jennifer se classait juste derrière moi. J'ai éprouvé un peu plus de difficulté en demi-finale, perdant une place pour me retrouver au 10e rang. Quant à Jennifer, elle a merveilleusement plongé pour atteindre la deuxième position.

La finale avait lieu le lendemain, en fin d'après-midi. Comme toujours dans ces compétitions, chacune d'entre nous repartait à zéro à chaque nouvelle étape. Cette fois, c'est moi qui ai très bien réussi, au point d'obtenir la médaille d'argent derrière la favorite et quadruple championne olympique, la Chinoise Guo Jingjing. De son côté, Jennifer a terminé la compétition en 11e place. Ce résultat a été pour moi une surprise totale. Jamais je n'aurais imaginé devenir vice-championne du monde au tremplin de 3 mètres à ma première année de spécialisation. C'était au-delà de mes espérances et je sautais littéralement de joie.

Durant les semaines suivantes, Yihua et moi avons fait un bilan très positif de l'année écoulée. Mes résultats prouvaient que nous avions eu raison de prendre cette décision, et j'étais satisfaite de ma progression. En participant aux Championnats du monde, je ne visais pas le podium, d'autant plus qu'il n'y avait que six mois que je travaillais exclusivement au tremplin de 3 mètres. D'ailleurs, je ne me fixe jamais d'objectif de médaille ; je m'applique simplement à offrir ma meilleure performance. Le reste suivra. C'est ma philosophie depuis mes débuts en plongeon. Yihua et moi étions très contentes de cette deuxième place, mais je savais que j'aurais beaucoup de travail à faire pour rester compétitive au cours des années suivantes.

***

Les vacances ont été consacrées aux travaux dans notre nouvelle maison. Christian y avait mis énormément d'énergie, souvent seul, puisque j'étais à l'entraînement ou en compétition. Il était temps que j'y participe plus activement. Pour moi, ce n'était pas une corvée, puisque j'ai toujours aimé être à la maison. Je voyageais tellement durant l'année que ce n'était pas une punition que de rester quelques semaines chez moi, même si cette fois, il a fallu donner un grand coup pour arriver à terminer les rénovations avant d'emménager.

J'ai donc pris deux ou trois semaines pour ces travaux et je suis retournée à l'université. Il y avait déjà quatre ans que j'étais à l'École supérieure de mode de Montréal, mais comme je n'avais que quelques cours par session et que j'avais pris une pause durant l'année des Jeux olympiques, il me restait encore beaucoup à faire. Je savais que j'avais un stage à réaliser au quatrième trimestre, et, lorsque je parle de « quatrième trimestre », c'est dans la perspective d'étudier à plein temps, ce qui n'était pas mon cas. En ce qui me concerne, cette session de stage aurait dû avoir lieu l'hiver suivant, mais l'Université du Québec à Montréal a été compréhensive et m'a permis de la reporter à l'automne, pendant que j'avais moins de compétitions. En somme, dès la fin du mois d'août, je devais commencer un séjour en entreprise, auquel j'avais décidé de consacrer le plus de temps possible pour effectuer rapidement les 400 heures requises.

J'ai pu trouver une entreprise par l'intermédiaire de mon ami Bruny Surin. Bruny et moi nous étions rencontrés pour la première fois aux Jeux de Sydney. Par la suite, nous nous sommes croisés lors de galas ou de cérémonies qui rendaient hommage aux efforts et aux résultats des athlètes québécois. Nous avons profité de ces moments pour mieux nous connaître et nouer une belle amitié. Il a même été mon agent pendant une courte période.

Bruny avait terminé sa carrière sportive et avait décidé, entre autres, de lancer sa collection de vêtements de sport. Il faisait affaire avec un important fournisseur de vêtements et d'accessoires montréalais reconnu dans le secteur. Il était intervenu auprès des responsables de l'entreprise pour que je puisse y faire mon stage et apprendre, sur le terrain, les règles de la commercialisation.

Pendant quelques mois, j'ai fait des recherches sur les tendances de la mode, le design et les couleurs en vogue; j'ai participé à la création d'une collection et j'ai contribué à préparer les documents de présentation pour les acheteurs éventuels. Effectivement, j'ai beaucoup appris, même si j'aurais voulu utiliser mon énergie et mes compétences d'une façon plus productive. Mais je comprends également qu'il est difficile d'intégrer efficacement une stagiaire à une organisation bien rodée. Au bout du compte, toutefois, j'en ai dressé un bilan très positif, car j'y ai appris comment fonctionnaient les entreprises de mode, ce qui allait s'avérer très utile plus tard.

J'ai fait les premières semaines de mon stage à temps complet. Puis, vers la fin septembre, j'ai repris l'entraînement, d'abord à raison d'une session par jour pour reprendre la forme, puis, vers la mi-octobre, avec les exercices intensifs au rythme de deux périodes de trois heures par jour. Je vous assure que mes horaires étaient très lourds et les journées très longues. Je tentais de travailler environ cinq à six heures par jour, généralement le matin, pour ensuite aller retrouver Yihua et faire deux sessions de trois heures à la piscine. Les temps libres étaient rares, sinon inexistants.

***

Pour 2010, nous avions ciblé plusieurs compétitions importantes auxquelles je souhaitais participer. Ça a commencé à la fin janvier par les Championnats nationaux canadiens d'hiver à Toronto, que j'ai remportés devant Mandy Moran et Jennifer Abel.

J'ai ensuite eu plusieurs semaines d'entraînement avant la tenue des Séries mondiales qui allaient débuter à Tsingdao, en Chine, les 27 et 28 mars. Toutefois, rien n'était facile pour moi depuis quelques mois. Je m'étais blessée à la hanche en février. Je ne peux même pas dire comment c'est arrivé. Mais plus les jours passaient, plus c'était douloureux. Yihua et Alain Delorme étaient au courant et ils ont fait l'impossible pour me soulager. La meilleure chose à faire aurait été de ne pas participer à la première étape des Séries mondiales en Chine. Cependant, lorsqu'on s'entraîne pour faire de la compétition, il est toujours très difficile de refuser d'y aller. On se croise les doigts pour que la blessure guérisse miraculeusement. Au moment de partir, ma hanche ne me faisait pas trop mal, mais le voyage a été horrible. Quand je suis descendue de l'avion, j'avais de la difficulté à marcher ; ma fesse et ma hanche étaient complètement engourdies. À l'entraînement, j'étais incapable de sauter tellement la douleur était intense. Je n'ai pu retenir mes larmes. Je pleurais en raison du supplice que j'endurais, mais aussi de la frustration que je ressentais. Il n'y a rien de pire pour un athlète que de ne pouvoir s'entraîner en raison de la douleur. Pas besoin de vous dire que ma compétition n'a pas été un succès. J'ai terminé en quatrième place dans mon groupe de demi-finale, ce qui m'a éliminée de la finale.

C'est cependant à cette occasion que j'ai discuté avec Jennifer Abel de la possibilité de plonger en synchro. Elle participait déjà à cette épreuve avec Meaghan Benfeito. Meaghan était une spécialiste de la plateforme et faisait avant tout équipe avec Jennifer par amitié. Leurs différences morphologiques étaient telles que cela rendait leur synchronisme pratiquement impossible à atteindre. J'en avais déjà parlé avec Yihua, qui était d'accord et en avait touché un mot à César Henderson, l'entraîneur de Jennifer au CAMO. Tout le monde a accepté de faire un essai.

Tout a ensuite été très vite. Moins de trois semaines plus tard, la deuxième étape des Séries mondiales, les 16 et 17 avril, avait lieu à Veracruz, au Mexique. Jennifer et moi avions le même rythme et une liste de plongeons qui se ressemblaient, ce qui nous a grandement aidées dans notre acclimatation. Heureusement d'ailleurs, parce que depuis mon retour de Chine, je tentais de contrôler ma douleur à la hanche avec des traitements et des anti-inflammatoires. Quand je me suis présentée à Veracruz, tous mes mouvements étaient pénibles. Il n'était pourtant pas question que j'abandonne. Je suis contente d'avoir pris cette décision, car dès la première tentative, nous avons réussi une excellente performance en décrochant la médaille d'argent. Et j'ai terminé en quatrième place en individuel.

La troisième étape des Séries mondiales devait se tenir à Sheffield, en Angleterre. Or, les organisateurs ont plutôt décidé qu'elle aurait de nouveau lieu au Mexique la semaine suivante, puisque les vols au-dessus de l'Europe avaient été annulés en raison de l'éruption du volcan Eyjafjöll, en Islande. Il était donc impossible pour les athlètes de se rendre en Angleterre.

Avant même que soit prise la décision de tenir cette troisième étape à Veracruz, j'avais déjà convenu de ne pas aller à Sheffield. Je devais rentrer puisque c'était ma semaine d'examen à l'université. Jennifer a bien tenté de me convaincre, mais je ne pouvais pas manquer mes examens. Elle a donc concouru en synchro avec Meaghan.

De mon côté, je suis retournée à la maison, où j'ai repris des anti-inflammatoires et me suis accordé deux jours de repos complet pour donner un petit répit à ma hanche. Ça m'a fait du bien, mais ça n'a pas été suffisant pour assurer une guérison complète. Il m'était impossible de cesser très longtemps mes activités, car à la fin d'avril, il y avait la Coupe Canada qui servait de sélection pour la Coupe du monde qui devait avoir lieu, début juin, en Chine. J'ai donc repris l'entraînement en vue de cette compétition.

La Coupe Canada s'est déroulée dans les installations du Stade olympique de Montréal. J'ai réussi une assez bonne performance, aussi bien en individuel qu'en synchro. Comme Jennifer a bien plongé elle aussi, nous nous sommes toutes les deux qualifiées au tremplin de 3 mètres, en individuel et en synchro.

J'étais très heureuse de faire équipe avec Jennifer Abel. Elle était plus jeune que moi d'une dizaine d'années, mais nous nous entendions merveilleusement bien. Elle a énormément de talent. Au début de notre travail en équipe, j'ai constaté qu'elle avait parfois un peu de mal à gérer le stress des grandes compétitions. Je crois lui avoir donné un peu d'assurance à cet égard. J'étais l'aînée et je possédais passablement plus d'expérience sur la scène internationale. De plus, je savais parfaitement ce qu'elle vivait pour l'avoir subi moi-même.

Par ailleurs, nous avions des habitudes de travail très similaires. Ainsi, nous n'aimions pas être trop longtemps sur le tremplin avant de plonger; nous avions toutes les deux ce souci d'excellence; nous étions capables de rester concentrées et dans notre bulle pendant les attentes entre chaque essai; autant d'éléments qui favorisent le travail en équipe. Jennifer et moi étions surtout disposées à faire les efforts et les concessions nécessaires pour que le synchro fonctionne, quitte à ce que cela ait une influence sur nos performances en individuel pour une courte période. Nous avions encore quelques années avant la tenue des prochains Jeux olympiques. La communication a rapidement été excellente entre nous. Pour reprendre l'expression consacrée : la chimie était parfaite. C'était important qu'il en soit ainsi, car nous étions très souvent ensemble, nous entraînant plusieurs fois par semaine. Nous avons participé à de nombreuses compétitions, ce qui représente énormément de temps à passer avec la même personne. J'ajouterai enfin qu'il n'est possible de bien réussir en synchro que lorsqu'une confiance inébranlable se bâtit. Or, j'estime que cette loyauté existait.

***

Du 2 au 6 juin, nous avions rendez-vous à Changzhou, en Chine, pour la Coupe du monde. Pour aggraver mon état, la veille de la compétition, je me suis foulé la cheville pendant l'entraînement. Je m'échauffais sur le tremplin à sec, quand mon pied a glissé. Je suis tombée et ma jambe est restée coincée entre le tapis de réception et le tremplin, créant une torsion du genou et de la cheville. Sur le moment, j'ai bien cru que le genou avait pris tout le coup, mais en fait c'est la cheville qui a écopé. Je suis retournée à l'hôtel où j'ai appliqué de la glace toutes les deux heures sur la partie meurtrie.

Le lendemain, je devais concourir en individuel au 3 mètres. Dès le départ, la douleur est devenue trop intense. Je n'arrivais pas à marcher convenablement et encore moins à me donner l'impulsion nécessaire au saut. En plus, je souffrais toujours de la hanche, ce qui n'arrangeait rien. J'ai donc décidé de ne pas prendre part à cette épreuve, dans l'espoir de retrouver mes forces pour le synchro.

J'avais deux jours pour récupérer, ce qui était tout juste suffisant. Heureusement, en synchronisé, nous n'effectuons que cinq plongeons, dont deux de base. Les optionnels sont plus exigeants, mais comme il n'y en avait que trois, je me suis dit que j'y arriverais. Jennifer et moi avons finalement gagné la médaille de bronze, ce qui, étant donné les circonstances, me satisfaisait pleinement.

La foulure à ma cheville m'a obligée à prendre une dizaine de jours de congé. Au fond, ce n'était pas une mauvaise chose puisque ça m'a permis de soigner ma hanche du même coup. J'avais suffisamment de temps pour prendre ce répit, car la compétition importante suivante, les Championnats nationaux d'été, était prévue pour la fin juin. Il était hors de question que je n'y sois pas, puisque cette épreuve servait aussi de sélection pour les Jeux du Commonwealth. Si je réussissais à me qualifier pour ces Jeux, qui avaient lieu en octobre, j'aurais ensuite le temps de me reposer et de guérir complètement.

Je suis chanceuse, car cette blessure à la hanche est l'un des seuls problèmes sérieux que j'ai connus dans ma carrière. Quand j'ai été blessée, j'ai toujours pris les lésions au sérieux et j'ai fait en sorte de les soigner le plus rapidement possible. Je n'ai donc jamais eu à vivre avec une blessure pendant trop longtemps. Je plains sincèrement ceux et celles qui doivent subir des maux de dos pendant des années. Ça fait affreusement mal.

J'ai donc participé aux Nationaux d'été à Saskatoon du 24 au 27 juin 2010. J'ai étonnamment bien réussi, obtenant, en individuel, la médaille d'argent derrière Jennifer. Au 3 mètres synchro, nous avons réalisé une performance brillante en décrochant la médaille d'or. Du coup, nous étions sélectionnées pour l'individuel et le synchro aux Jeux du Commonwealth, que Delhi accueillerait.

* * *

Je n'ai pas participé aux compétitions suivantes. J'ai préféré me consacrer à l'entraînement et à la récupération. Doucement, tout se replaçait et je plongeais de mieux en mieux. Cependant, l'expérience de Delhi, quand elle est arrivée, a été moins intéressante que je ne le prévoyais. D'abord, pour des raisons de sécurité, semble-t-il, les responsables de la délégation canadienne avaient convenu que nous nous rendrions en Inde le plus tard possible et que nous en repartirions aussitôt les compétitions terminées. Nous sommes arrivés le 1er octobre pour des épreuves qui débutaient le 3 et nous avons repris l'avion le jour de la dernière compétition, le 14. De plus, comme on ne voulait pas nous laisser sortir du village, je n'ai rien vu de la capitale indienne, ce que j'ai trouvé navrant.

La compétition a bien commencé avec notre performance au 3 mètres synchro. Jennifer Abel et moi avons, toutes les deux, merveilleusement bien plongé, de sorte que nous avons obtenu la médaille d'or. Les Jeux du Commonwealth sont peut-être moins importants que les Championnats du monde ou les Jeux olympiques, mais ils représentent quand même une épreuve prestigieuse dans le calendrier. Nous étions très contentes d'avoir gagné en synchro à ces Jeux.

Ça a été une autre histoire pour le 3 mètres individuel. Tout fonctionnait magnifiquement lors des entraînements, mais plus rien n'allait lorsque je me suis présentée à la compétition. Vous savez, ce genre de journées où tout va mal ? Dès que je me suis éveillée, les choses se sont mises à aller de travers. J'ai fait la pire performance de ma vie au tremplin, terminant parmi les dernières.

Delhi terminait la saison 2010 qui n'avait pas été aussi enthousiasmante que la précédente. Les blessures avaient ralenti ma progression, m'obligeant à réduire le nombre et l'intensité de mes sessions d'entraînement pour me permettre de guérir. De plus, malgré de très bons résultats en synchro, mes performances en individuel me laissaient un goût amer.

Encore ici, Yihua a trouvé les mots qu'il fallait. Elle m'a rappelé que, plus tôt, les entraînements allaient très bien et qu'il fallait oublier ce résultat en Inde et ceux, moins intéressants, de la saison. Tout allait, selon elle, se replacer. Il fallait regarder le tableau dans son ensemble : il restait encore deux ans avant les Jeux olympiques et je continuais de progresser au tremplin. Même s'il était encore trop tôt pour penser sérieusement à Londres en 2012, rien ne m'empêchait de croire que j'y aurais ma place et que je pourrais bien performer là-bas. L'aspect positif de la dernière année était sans contredit mon association avec Jennifer Abel. Nous avions fait de belles compétitions et obtenu d'excellents résultats, ce qui était très encourageant pour l'avenir. Là-dessus aussi, il fallait bâtir.

***

Les Jeux du Commonwealth ayant eu lieu très tard dans la saison 2010, les vacances ont été très brèves. Je n'ai pratiquement pas cessé les entraînements, ne m'autorisant que quelques jours de congé. La première compétition de 2011, les Championnats canadiens d'hiver, a eu lieu à London, en Ontario, au début du mois de février. Jennifer et moi nous y sommes présentées, très en forme. En individuel, au 3 mètres, elle a terminé première et moi deuxième, et nous avons remporté l'or en synchro. Voilà qui commençait bien l'année !

Nous avons ensuite participé aux quatre étapes des Séries mondiales, qui se sont déroulées de la mi-mars à la mi-avril en Russie, en Chine, en Angleterre et au Mexique. Si, en synchro, Jennifer et moi avons bien réussi avec deux quatrièmes places et deux médailles d'argent, mes résultats personnels, sans être décevants, ne me satisfaisaient pas totalement. J'aurais préféré réussir un peu mieux, surtout en cette année préolympique. Mais il n'y avait rien de catastrophique non plus. Mes performances ne pouvaient que s'améliorer.

L'avant-dernière grande compétition de l'année se tenait à Shanghai du 16 au 31 juillet, à l'occasion des Championnats du monde. Le rendez-vous était important, puisqu'il était possible d'y qualifier le pays pour les Jeux olympiques. Pour ce faire, il fallait terminer parmi les 12 premières en individuel et obtenir un podium en synchro. Jennifer et moi étions très motivées pour qualifier immédiatement le Canada. Bien entendu, nous aurions une autre chance d'y parvenir en janvier 2012, lors de l'épreuve « test » dans la piscine des Jeux de Londres, mais nous préférions, tout comme nos entraîneurs, le faire le plus tôt possible.

Après l'étape préliminaire en synchro, qui avait débuté à 10 heures le 16 juillet, nous occupions la huitième place, mais le classement était très serré. Treize points seulement nous séparaient de la troisième position. Il ne faut pas oublier que cette épreuve comporte deux plongeons de base sur les cinq à effectuer au total. Comme chaque équipe réussit généralement bien ceux de base, ce sont les plongeons optionnels qui décident souvent du résultat. Ça a été pour nous une compétition très décevante. La pire que nous avons connue depuis le début de notre association. Mais l'important est que nous étions classées pour la finale, alors que le pointage était remis à zéro. Il était essentiel de ne pas penser à notre contre-performance ; il nous fallait plutôt retrouver notre énergie en vue de la dernière étape, qui aurait lieu quelques heures plus tard. Comme il fallait absolument monter sur le podium pour qualifier le Canada aux Jeux olympiques, nous n'avions aucune marge d'erreur. Nous devions être au meilleur de notre forme pour terminer en beauté. Nous avons donc décidé de retourner à l'hôtel pour nous reposer.

La finale était prévue en fin d'après-midi, à 17 h 15. Nous savions combien de temps il fallait pour retourner à la piscine. Comme le bassin serait fermé vers 16 h 45 et qu'il nous faudrait un peu plus de deux heures pour nous réchauffer, j'ai discuté avec Jennifer et j'ai conclu qu'il fallait prendre le bus à 15 h 45.

À l'heure prévue, nous sommes montées dans l'autobus, qui était étrangement calme. Il n'y avait personne, ce qui est assez rare, car toutes les plongeuses pour la finale devaient avoir un horaire semblable au nôtre. Je crois que Jennifer a eu la même réflexion que moi puisqu'elle m'a dit :

— La compé commence à 18 h ?

— Mais non, c'est à 17 h 15 !

J'ai réalisé mon erreur. Je m'étais trompée d'une heure dans mon calcul. Je sais que nous en avions parlé toutes les deux, mais finalement, c'est moi qui avais fait la proposition. Je me sentais affreusement mal...

— Oh ! Je m'excuse, Jennifer. Je m'excuse. Je me suis trompée, j'ai mal calculé les heures. Excuse-moi !

— Mais non, ce n'est pas si grave. Ça va être un peu serré pour le réchauffement, mais on va y arriver.

— Excuse-moi...

— Bon, ça suffit, a-t-elle répliqué. On était ensemble et je suis aussi responsable que toi. Alors, arrête de t'excuser.

J'ai eu un petit moment de panique, mais Jennifer a très bien réagi en me faisant comprendre que c'était autant son erreur que la mienne, ce qui m'a beaucoup réconfortée. Elle aurait très bien pu rejeter toute la faute sur moi et me blâmer si nous n'étions pas prêtes pour la compétition.

Avez-vous remarqué que chaque fois qu'on est pressé, tout va plus lentement ? Je ne sais pourquoi, mais le chauffeur ne roulait pas assez vite, ce qui faisait que nous devions nous arrêter à tous les feux de circulation. Dans les autobus, lors de compétitions en Chine, il y a toujours un interprète à bord. Jennifer est allée lui parler pour qu'il demande au conducteur de faire plus vite, car nous étions en retard pour notre compétition. En même temps, nous nous sommes réfugiées tout au fond du bus pour enfiler immédiatement nos maillots. Puis, pour gagner le plus de temps possible, nous avons commencé à nous étirer. Nous savions qu'il nous restait peu de temps et que nous en manquerions une fois à la piscine. Quelques minutes plus tard, Jennifer a reçu un texto de Meaghan : « Où êtes-vous ? Les entraîneurs vous cherchent. » Nous avons répondu que nous étions toujours dans le bus et que nous arriverions dans une dizaine de minutes.

Quand l'autobus est enfin parvenu au stade, nous avons eu la bonne surprise de constater que l'épreuve précédente n'était pas encore terminée. Nous n'aurions peut-être pas le temps de faire un bon échauffement, mais nous ne manquerions pas l'entraînement à la piscine avant la compétition. Nous sommes descendues précipitamment du bus et nous avons couru jusqu'au bassin de plongeon. J'étais certaine qu'Yihua et César seraient en colère en constatant notre absence. Je ne les ai même pas regardés ; je n'avais absolument pas l'intention d'entendre un sermon juste avant la finale.

L'entraînement s'est relativement bien passé, ce qui nous a un peu encouragées, du moins psychologiquement. Je vous fais grâce de tout le déroulement de la compétition, mais sachez seulement que nous avons gagné la médaille d'argent, qualifiant aussi le Canada à l'épreuve du 3 mètres synchronisé pour les Jeux de Londres. J'ai poussé un grand « ouf ! » de soulagement. De plus, je n'ai pas eu à subir les foudres d'Yihua. Parfois, les choses s'arrangent d'elles-mêmes. C'est rare, mais ça arrive…

Deux choses étaient à retenir de cette petite aventure. D'une part, nous avons compris que nous pouvions faire face à l'adversité, à l'imprévu et au hasard, même avant une compétition importante, et que ces obstacles ne nous empêcheraient pas de réussir une performance à la hauteur de notre talent. Nous avons réalisé que nous étions prêtes, tant physiquement que psychologiquement, quand nous nous présentions à une épreuve, et qu'il fallait simplement gérer le stress pour obtenir du succès. J'avais déjà connu des problèmes de ce genre dont j'avais discuté avec Penny Werthner. Je lui avais expliqué que j'étais souvent fâchée et perturbée quand ma planification était dérangée par un élément extérieur. Cette simple petite histoire m'a démontré que les discussions avec Penny avaient porté leurs fruits et que je réagissais mieux à l'inattendu. En fait, cet incident a prouvé que Jennifer et moi savions faire preuve de discernement en de telles circonstances.

Le second enseignement de cette péripétie était peut-être encore plus important : nous formions une équipe. Je me suis sentie coupable de ce qui était arrivé, car c'est moi qui avais pris l'initiative. Jennifer aurait pu m'en vouloir et être très en colère. Elle aurait pu se montrer méchante à mon égard, et j'aurais compris sa réaction. Mais elle n'en a rien fait. Elle a pris une part de responsabilité. Elle se sentait aussi impliquée que je l'étais dans cette décision de prendre l'autobus une heure trop tard. J'ai commis une erreur, mais elle a réagi en coéquipière. Ça peut sembler anodin, mais ce petit événement a cimenté notre relation.

Le Canada était donc qualifié pour les Jeux de Londres. Il restait à faire la même chose en individuel, où nous pouvions obtenir dès lors les deux laissez-passer disponibles pour le pays. De ce côté, Jennifer a bien répondu aux attentes en terminant en deuxième place.

Tout a été un peu plus difficile pour moi. J'avais bien conclu l'étape préliminaire en prenant la cinquième position, à un seul point du troisième rang. En demi-finale, j'ai encore mieux plongé, inscrivant mon meilleur pointage de l'année. J'ai grimpé d'une place, m'emparant du quatrième échelon. Mon objectif était dès lors atteint, puisqu'en passant à la finale, nous arrachions la seconde sélection pour le Canada. C'est à ce moment que la fatigue m'a rattrapée. Je ne me suis pas démarquée à cette étape, terminant en 12ᵉ place. L'important toutefois était acquis : le Canada était qualifié au 3 mètres en synchro et avait ses deux places pour l'individuel.

Par ailleurs, j'ai commencé à réaliser que je vieillissais. J'étais maintenant la doyenne de l'équipe nationale. Même Alexandre Despatie, qui avait commencé en même temps que moi, avait quelques années de moins. Je plongeais depuis près de 20 ans. Je savais que je récupérais moins rapidement qu'avant, que les entraînements étaient parfois plus difficiles et que mon corps montrait des signes d'usure. Rien de dramatique pour le moment, et surtout rien qui m'aurait empêchée de poursuivre jusqu'aux Jeux de Londres. Doucement, cependant, l'idée faisait son chemin que ces Jeux olympiques seraient mes derniers.

Et puis, une autre passion dans ma vie continuait à m'animer et à me captiver : la mode. Au printemps, j'avais obtenu mon baccalauréat en commercialisation. Mon projet de fin d'études portait sur la mise en marché et la distribution d'une nouvelle collection de maillots de bain que j'avais commencé à créer.

Au départ, je souhaitais créer ma propre collection de maillots, que j'espérais présenter à une chaîne de magasins qui en ferait la distribution exclusive ; un peu comme Véronique Cloutier l'avait fait avec les magasins L'Aubainerie, ou Madonna avec le groupe H & M. Je savais que je n'avais pas la notoriété de ces grandes vedettes, mais dans le monde du sport, et spécialement celui du plongeon, j'en connaissais un bout et j'y avais fait mes preuves. J'avais une réputation enviable qu'il était possible de rentabiliser. De plus, je connaissais tout ce qui concernait les maillots de bain. Toutefois, je n'ai pas trouvé d'entreprise avec laquelle j'avais envie de me lancer en affaires et qui avait la même vision du produit.

Cela ne m'a nullement arrêtée. Dès septembre, j'ai suivi des cours pour apprendre à coudre des maillots, ce qui nécessite une technique différente. Je connaissais parfaitement les besoins des athlètes et j'ai mis au point des vêtements qui correspondaient à leurs attentes et à leurs exigences.

Bref, cette idée un peu folle de lancer ma propre collection de maillots a contribué à faire avancer ma réflexion quant à mon avenir. À 30 ans, ma vie commençait à s'enrichir de nouveaux aspects, et c'était bien. Pourtant, le plongeon demeurait toujours ma vraie passion et ma priorité. Jusqu'aux Jeux olympiques de Londres, j'entendais y consacrer encore toute mon énergie. J'avais l'esprit d'autant plus tranquille que cette fois, contrairement à ce que j'avais vécu à Pékin, je savais qu'au terme de ces Jeux, je ne me retrouverais pas devant rien. J'avais des projets.

À cela, je dois ajouter que j'avais beaucoup apprécié l'année que je venais de passer avec Jennifer Abel. Elle avait beau être plus jeune d'une dizaine d'années, nous nous entendions bien. Entre nous, les choses étaient simples. Nous étions toujours sur la même longueur d'onde, nous avions des façons de travailler qui se ressemblaient énormément et nous visions les mêmes objectifs. Nous passions tellement de temps ensemble que même si nous n'avions pas eu d'atomes crochus dès le départ, nous en aurions probablement développé. Or, nous avions déjà cette compatibilité de caractère et cette puissante volonté de réussir. Nous ne collaborions que depuis un an, mais nous avions déjà vécu tellement de choses extraordinaires que notre relation s'est infiniment renforcée. Nous savions que nous serions toujours là l'une pour l'autre. Nous avons créé des liens qui ne se sont jamais relâchés. Jennifer faisait partie de ma famille, un peu comme une jeune sœur, ce qui me motivait encore plus pour arriver aux Jeux de Londres au meilleur de ma forme. Ensemble, nous pouvions aspirer à un podium.

* * *

L'année olympique qui s'amorçait exigeait que nous prenions plusieurs décisions importantes. Si le Canada était qualifié, les athlètes, eux, ne l'étaient pas. Il fallait donc amasser des points pour obtenir des certifications Or, Argent ou Bronze en vue des essais pour Londres. Voilà où les choix devenaient difficiles.

D'un côté, il était souhaitable de participer au plus grand nombre possible de compétitions internationales. Cela nous permet d'accumuler des points, de nous mesurer à la concurrence, d'apprivoiser le stress des grands rendez-vous, et, aspect non négligeable, de nous bâtir une notoriété auprès des juges internationaux.

Ce dernier élément concernant les juges est une impression qui est partagée non seulement par les plongeurs, mais également par de nombreux athlètes de sports jugés, tels que le patinage artistique ou la nage synchronisée.

Il y a un dernier argument qui plaide en faveur d'un horaire de compétitions chargé : la concurrence. Pas celle des athlètes des autres pays, mais bien celle qui vient de chez nous. Je parle de ces plongeuses qui commencent à faire leur chemin ou de celles qui ont déjà une bonne expérience de la compétition. Non seulement le fait de manquer trop d'épreuves nous prive d'occasions d'accumuler des points, mais nous laissons la chance à une autre plongeuse d'en amasser, ce qui peut nous rendre la tâche encore plus ardue et incertaine lorsqu'arrivent les épreuves de sélection. Je sais que c'est un peu cruel de parler ainsi, mais c'est une réalité avec laquelle il faut vivre. La stratégie est de mettre le plus de chances de notre côté tout en bloquant la voie aux autres.

Il y a cependant un revers à cette médaille. Participer au plus grand nombre d'épreuves possible vous donne une chance d'accumuler des points, de vous faire connaître des juges et de fermer la porte aux autres plongeuses, mais vous vous fatiguez. Voilà pourquoi il faut savoir doser les choses, ce qui explique que la planification prenne autant d'importance.

Dans mon cas, avec l'aide d'Alain Delorme, qui me préparait toujours des exercices conçus pour chaque compétition et chaque plongeon, je minimisais les dangers de blessures et de fatigue. Son approche laissait énormément de place à la récupération, élément encore plus important en raison de mon âge.

Bon! En vérité, je regarde la liste des compétitions auxquelles j'ai participé avant les essais canadiens et je me rends compte que je n'en ai pas éliminé beaucoup. À la mi-décembre 2011, il y avait les Jeux nationaux d'hiver à Victoria, puis, en février, le Grand Prix d'Allemagne et la Coupe du monde à Londres (pendant laquelle nous pouvions visiter les installations olympiques). Suivaient les quatre étapes des Séries mondiales : Dubaï, les 16 et 17 mars; Pékin, les 23 et 24 mars; Moscou, les 13 et 14 avril; Tijuana, les 20 et 21 avril. Ensuite, le Grand Prix du Canada au début du mois de mai, le Grand Prix des États-Unis à la mi-mai et finalement, les essais olympiques à la fin mai!

Avant d'arriver aux essais, je n'étais toujours pas satisfaite de mes performances en individuel. Je réussissais bien à l'entraînement, mais je cafouillais un peu pendant les compétitions, et mes résultats s'en ressentaient. Yihua m'avait dit de ne pas trop m'inquiéter de mes performances, car elle savait de quoi j'étais capable et croyait que mon rendement allait s'améliorer.

Jennifer et moi avons été présélectionnées pour le plongeon synchronisé. Notre avance était insurmontable, car nous avions amassé tous les points. Or qu'il était possible d'obtenir. En plus, Jenn avait été présélectionnée en individuel au tremplin de 3 mètres. En ce qui me concerne toutefois, ma place en plongeon individuel devrait être gagnée pendant les essais. Je savais que tout se jouerait en une seule journée. Il ne restait qu'une place disponible et je me devais de devancer Pamela Ware, qui visait aussi cette occasion. Si elle réussissait, ce serait ses premiers Jeux olympiques. Or, elle m'avait déjà battue à certaines occasions, au cours des mois précédents, ce qui rendait son rêve possible. Les Jeux olympiques étaient aussi à sa portée.

Si nous étions nez à nez dans le processus de sélection, la grande différence entre nous se situait au chapitre de l'expérience. En arrivant aux essais, nous n'avions pas du tout la même approche. Un reportage de Jacynthe Taillon, de Radio-Canada, avait bien cerné la chose. Pamela disait être confiante, sachant qu'elle m'avait déjà battue. Pendant les entraînements qui ont précédé les essais, elle me regardait pour voir comment je plongeais et pour se faire une idée de ce qui arriverait durant la compétition.

De mon côté, j'étais dans ma bulle, qui devenait de plus en plus hermétique à mesure que la compétition approchait. Comme d'habitude, je ne voyais pas ce qui se passait autour de moi. J'étais totalement concentrée. À tel point qu'à une question de la journaliste — avais-je remarqué ce que faisait Pamela ? —, j'ai répondu que nous ne nous étions pas entraînées en même temps, et que je ne l'avais donc pas vue. La journaliste m'a fait remarquer que nous avions été côte à côte à plusieurs reprises durant mon entraînement. Je ne l'avais pas aperçue ! Ça n'avait rien à voir avec du snobisme. Tout au long de ma carrière, j'ai appris que l'on ne contrôle que ses entraînements et ses performances. Je n'ai aucune emprise sur les autres ou ce qui m'entoure. En ce qui me concerne, la meilleure façon de réussir est de rester concentrée sur moi et sur ce que je peux faire.

Le samedi, journée décisive, j'étais prête pour la compétition. J'ai bien amorcé mon travail en terminant première à l'étape préliminaire, alors que Pamela finissait en troisième place. Avec soulagement, j'ai constaté que j'avais une avance de 50 points sur elle. Comme pour cette épreuve les points des préliminaires sont ajoutés à ceux de la finale, j'étais en excellente position puisqu'il devenait très difficile de me rattraper. Néanmoins, j'ai toujours su qu'une compétition n'était jamais terminée avant le dernier plongeon. Il était important pour moi de rester dans cette fameuse bulle et de continuer à me battre jusqu'à la fin. Lorsque la finale s'est amorcée, je me sentais très bien et cela a paru dans mes plongeons. J'ai réussi une excellente performance, devançant nettement Pamela, qui allait devoir attendre 2016 pour découvrir l'expérience olympique.

J'étais très heureuse du déroulement de la journée. Jennifer et moi étions qualifiées en individuel, et nous avions gagné notre place en synchro. Dans quelques semaines, je pourrais participer à mes quatrièmes Jeux olympiques et j'aurais la possibilité de gagner une quatrième médaille. Le défi était de taille, mais l'enjeu était fantastique.

Chapitre 12

Avant que les Jeux de Londres ne commencent, il restait à mon planning un Grand Prix, qui se déroulait en Espagne. Je n'avais rien à y gagner; je ne ferais qu'accumuler de la fatigue. Après avoir discuté avec Yihua, nous en sommes venues à la conclusion qu'il était préférable que je n'y participe pas pour me concentrer sur l'entraînement. Cependant, en n'y allant pas, j'empêchais Jennifer Abel de concourir en synchro, puisque nous faisions équipe. Je suis donc allée lui en parler. Je lui ai expliqué comment je me sentais et quelle était ma position. Nous avions connu une année très chargée et je préférais que nous mettions tous nos efforts à nous préparer pour les Jeux plutôt que d'aller à Madrid. Jennifer a non seulement bien compris, mais elle était aussi d'avis qu'il s'agissait de la meilleure stratégie à adopter. Les semaines suivantes ont donc été entièrement consacrées à peaufiner nos plongeons et notre technique.

Je savais parfaitement qu'au tremplin de 3 mètres, c'est l'épreuve de synchro qui m'offrait les meilleures chances de gagner une médaille à Londres. En individuel, ces chances n'étaient pas inexistantes, mais disons qu'elles étaient moins élevées. Il faut comprendre qu'en individuel sur la scène internationale, à moins d'un événement imprévu, deux Chinoises prendraient l'or et l'argent, car elles étaient vraiment supérieures. Cela impliquait aussi que la troisième position était ouverte à n'importe quelle plongeuse qui réussirait à atteindre la finale. Pour cette place sur le podium, la concurrence était extrêmement vive entre les Australiennes, les Américaines, les Italiennes et même les Canadiennes. Cependant, en compétition, tout peut toujours arriver. Si je parvenais à faire la finale… Sait-on jamais ?

En réalité, je n'avais pas d'autre objectif à Londres que de plonger à la hauteur de mes capacités. Je ne visais pas de médaille. Il était évident qu'en synchro, Jennifer et moi étions parmi les favorites et que la possibilité d'un podium était réelle si nous plongions comme nous en étions capables. J'étais malgré tout consciente que plonger au meilleur de notre capacité ne nous garantissait pas une médaille ; la concurrence était tellement forte et les écarts entre les résultats si faibles que tout pouvait changer à la dernière minute.

Depuis plusieurs mois, les journalistes parlaient ouvertement de la possibilité que je décroche une quatrième médaille en quatre Jeux consécutifs, ce qui aurait été une première mondiale. Il va de soi que je souhaitais, plus que n'importe qui, obtenir cet honneur, et les médias s'y préparaient en me demandant des entrevues pour être en mesure de réagir si je réussissais cet exploit. De ce côté, j'avais acquis beaucoup d'expérience depuis mes débuts et j'appréciais désormais ces échanges avec les journalistes.

Pour leur part, mes commanditaires, Visa et Coca-Cola, voulaient aussi, et c'était bien compréhensible, profiter de cette notoriété, ce qui exigeait encore du temps et mettait encore plus de pression sur mes épaules. Toute cette attention s'ajoutait au poids psychologique énorme que j'allais devoir supporter.

J'ai beaucoup parlé de ces questions avec Penny Werthner, ma psychologue sportive. Avec son aide, j'ai été capable de faire abstraction de cette pression pour me concentrer sur les éléments que je pouvais contrôler, ce qui m'a beaucoup aidée à supporter la tension que les médias peuvent créer chez les athlètes.

Mais le stress était bien réel. Je ne voulais pas que ça affecte ma préparation ou ma performance. Penny m'a fait comprendre que seule ma préparation importait. Je devais faire en sorte d'arriver à Londres aussi prête qu'il était possible de l'être. Au fond, j'ai compris que même si je ne plongeais pas à la hauteur de mes attentes, ce qui était toujours une possibilité, ça ne devait rien changer à ma perception des événements, pourvu que je sois convaincue d'avoir donné le maximum et de n'avoir pu faire mieux. Nous avons beaucoup parlé des choses sur lesquelles nous avons du contrôle et de celles sur lesquelles nous n'en avons pas. L'important était de ne pas regretter la façon dont je m'étais préparée ni les choix que j'avais faits, principalement durant la dernière année. Cette fois, j'étais en harmonie avec les décisions prises et consciente que je n'aurais pu faire mieux avant les Jeux.

Gagner une médaille serait merveilleux, mais selon Penny, c'était un cadeau additionnel, une cerise sur le gâteau. Elle m'a expliqué que l'objectif final ne devait pas prendre toute la place dans mon esprit. Ce qui importait, outre le fait que je sois parfaitement préparée, c'est tout ce que j'avais réalisé jusqu'à maintenant dans ma carrière. Je pouvais être fière de ces années de plongeon et je n'avais pas à paniquer à la perspective de ne pas obtenir cette quatrième médaille. Cela n'enlevait absolument rien à ce que j'avais accompli auparavant. Ce serait dommage, mais la vie allait continuer. Il fallait que je pense à mes épreuves au fur et à mesure qu'elles se déroulaient, sans me focaliser sur le but final.

Voilà ce qu'elle m'a fait comprendre : que la vie ne s'arrête ni avec une victoire ni avec une défaite. Et cette simple façon de voir les choses m'a permis d'éliminer une bonne partie de la pression que je pouvais vivre.

En sport, rien n'est jamais garanti. C'est d'ailleurs ce qui fait sa beauté : tout peut arriver. Voilà donc comment se présentait alors la situation.

De plus, et je l'avais déjà annoncé, ce devaient être mes derniers Jeux. Je ne me sentais pas capable de reprendre tous ces efforts et de subir de nouveau toutes ces privations pendant encore quatre ans. Il fallait donc que j'en profite et que je trouve le moyen de m'y amuser. C'est dans cet état d'esprit que je suis arrivée en Angleterre avec la délégation canadienne : sans objectif de médaille et sans pression inutile, avec seulement le désir de plonger de mon mieux et de profiter au maximum de ces derniers moments.

Heureusement d'ailleurs, parce qu'une fois lancés, les Jeux olympiques nous transportent dans un tourbillon incroyable. Ceux de Londres se déroulaient du 27 juillet au 12 août 2012. En ce qui concerne les épreuves de plongeon, le 3 mètres synchro était la première discipline au calendrier ; elle débutait le 29 juillet au Centre aquatique de Londres.

En plongeon synchronisé, comme seulement huit équipes peuvent y participer, il n'y a qu'une seule étape : la finale. Cinq plongeons décideraient des meilleures. Outre les Chinoises, il fallait surveiller les Américaines, les Italiennes les Australiennes, les Malaisiennes et même les Ukrainiennes. Commencer les Jeux par une finale, c'était difficile parce que, voyez-vous, généralement nous avons les préliminaires et les demi-finales pour nous familiariser avec la piscine en situation de compétition. Ça nous permet de savoir, par exemple, où on peut s'asseoir durant l'épreuve, où sont installés les juges, à quelle vitesse se déroule la compétition, etc. Tous ces petits détails qui nous permettent d'apprivoiser le bassin et le stress. En amorçant nos compétitions par une finale, non seulement il n'y avait pas cette acclimatation, mais, en plus, nous n'avions aucune marge d'erreur. Il fallait être au « top » dès le premier plongeon.

Ajoutons à cela qu'après trois jours de compétitions, le Canada n'avait encore aucune médaille à son tableau. Ai-je besoin de vous dire qu'on attendait avec impatience de voir comment Jennifer et moi allions plonger ?

Après un excellent premier plongeon qui nous plaçait en deuxième position, nous avons été reléguées au cinquième rang à la suite d'un deuxième tour plus difficile. Le troisième essai nous a permis de gagner une place; c'est notre quatrième plongeon, le plus difficile, le plus spectaculaire — un 2 sauts périlleux ½ renversé en position carpée —, qui nous a hissées en troisième position, à seulement un point et demi des Américaines.

Il ne restait plus qu'un tour: la médaille d'argent était encore à notre portée, mais un plongeon exécuté sans panache aurait, au contraire, pu nous reléguer en cinquième position. Notre cinquième plongeon a été suffisamment bon pour maintenir notre troisième place devant les Italiennes, mais pas assez pour devancer les Américaines, qui ont excellé. En sortant de la piscine, Jennifer et moi étions heureuses. Nous avions bien relevé le défi et, doucement, nous nous sommes mises à y croire.

J'étais heureuse pour nous et fière de Jennifer, qui avait été une partenaire extraordinaire. Je savais qu'elle avait dû subir toute l'année une pression énorme. Voyez-vous, en synchro, on ne veut jamais être celle qui rate le plongeon et fait perdre l'équipe. Jenn, en plus de ce stress, devait se dire que si jamais cela arrivait à Londres, elle me priverait de cette quatrième médaille en quatre Jeux consécutifs. Elle a fantastiquement bien réagi et nous avons livré la marchandise, comme disent les journalistes sportifs.

Le Canada gagnait alors sa première médaille des Jeux, Jennifer gagnait sa première médaille aux Olympiques et je remportais ma quatrième médaille en quatre Jeux consécutifs. Je ne m'en rendais pas encore compte, mais je venais d'écrire l'histoire.

Nous étions très satisfaites de cette victoire, mais je crois surtout que nous étions infiniment soulagées d'avoir traversé cette épreuve avec succès. L'adrénaline pouvait enfin tomber. Quelle libération j'ai ressentie!

Et rien n'était encore fini. Après cette éclatante victoire venait la cérémonie de remise des médailles, puis la rencontre avec les journalistes autorisés de la télévision et de la presse écrite, et enfin les entrevues auprès des autres médias. Je pense que la plupart des journalistes m'ont demandé si cette médaille signifiait la retraite. À cette question, je ne connaissais pas la réponse. Je savais que je ne ferais plus les Jeux, mais de là à prendre ma retraite, je n'avais encore rien décidé. L'année suivante allaient se tenir les Championnats du monde à Barcelone, et je voulais me laisser le temps de décider si j'y participerais ou non. Cet événement revêtait une importance particulière, parce que 10 ans plus tôt, au même endroit, j'avais été sacrée championne du monde à la plateforme. Je me demandais si j'aurais encore l'énergie et la passion pour continuer et tenter de gagner le même honneur au tremplin de 3 mètres. Mais tout cela était encore trop loin. Je pouvais simplement répondre que c'étaient mes derniers Jeux olympiques, mais que pour la retraite, il faudrait voir…

Lorsque, tard dans la soirée, nous avons enfin accompli toutes nos obligations médiatiques, nous nous sommes retrouvées à la cafétéria du village olympique, où nous avons enfin pu manger un morceau et nous détendre. Nous étions épuisées, mais ravies !

Nous avons eu très peu de temps pour les festivités, car il restait l'épreuve individuelle au tremplin de 3 mètres. Quelques jours plus tard, nous serions adversaires et il fallait commencer à y penser. Le lendemain de notre médaille, j'ai pris congé d'entraînement. J'en avais bigrement besoin, surtout que la nuit, après tant d'émotions, a été assez agitée. J'ai très mal dormi. En plus, je savais que si les derniers jours avaient été remplis, les suivants s'annonçaient tout aussi intenses ; ce qui a été le cas.

Quand est enfin venu le moment de l'épreuve individuelle, comme toutes les autres filles, je savais qu'il n'y avait probablement que la troisième marche du podium qui serait accessible. Les Chinoises étaient indéniablement trop fortes. Par ailleurs, si je savais que je n'étais pas parmi les favorites, j'étais décidée à faire le maximum pour plonger avec toute l'énergie et la volonté qui me caractérisaient.

J'étais consciente que je vivais ma dernière compétition olympique. J'avais beau essayer de ne pas y penser, l'idée restait gravée dans mon cerveau. Cela dit, l'horaire de cette épreuve ne m'a pas aidée, car il a fallu trois jours pour passer les préliminaires, les demi-finales et la finale.

J'ai bien tenu mon bout pendant les deux premières journées, réalisant des performances intéressantes. En me présentant à la finale, j'ai cependant senti la fatigue m'envahir et réalisé que c'était peut-être ma dernière compétition olympique à vie. J'ai eu du mal à gérer toutes ces émotions et ma concentration n'était pas optimale. J'ai moins bien plongé, terminant 12e. Mais je ne me suis pas sentie dévastée par ce résultat. Je l'ai pris pour ce qu'il était, rien de plus, rien de moins. J'essayais de m'imprégner une dernière fois de l'ambiance des Jeux olympiques. Je préférais regarder l'ensemble du tableau, tout ce que j'avais pu réaliser à ces quatre olympiades. J'avais raison d'être fière de moi. Peu d'athlètes ont pu se maintenir à un tel niveau d'excellence pendant 12 d'années.

Jennifer, qui a terminé le 3 mètres individuel en sixième position, m'a confié qu'elle avait pensé au fait que c'était ma dernière épreuve à mes derniers Jeux. Quand elle m'a vue m'avancer pour mon dernier plongeon, une boule d'émotion lui est montée à la gorge, m'a-t-elle raconté. Jennifer a toujours été plus sensible que moi, mais j'ai bien aimé cette réaction. Elle prouvait que nous étions liées et que nous le serions toujours.

Il ne me restait plus qu'à profiter de la fin des Jeux. Pour une fois, je pouvais le faire, car, comme je l'ai mentionné, mes compétitions de plongeon à Londres se tenaient durant la première semaine des Olympiques. Christian et ma famille étaient venus à ce rendez-vous historique et j'entendais bien apprécier chaque moment qui s'offrait.

En ce qui me concerne, j'ai savouré chaque seconde de ces quelques jours en me promenant un peu partout. Bien sûr, je suis allée encourager les plongeurs qui n'avaient pas encore terminé leurs épreuves. À ce sujet, j'ai eu un pincement au cœur quand j'ai assisté aux épreuves de la tour de 10 mètres. Je regardais les filles plonger et, pendant une seconde, je me suis mise à rêver et j'ai songé que j'aurais pu encore être dans la course aux médailles.

Puis j'ai pensé aux efforts incroyables que j'aurais dû investir et au stress que j'aurais subi pendant quatre ans. Je me suis rappelé le mal que je me faisais souvent en plongeant de cette hauteur. J'ai pensé à toute l'énergie que j'aurais été obligée de déployer pour garder ce niveau d'intensité et d'excellence. Finalement, je me suis dit que j'avais pris la bonne décision en me spécialisant au tremplin de 3 mètres.

À la fin des Jeux, j'ai assisté aux cérémonies de fermeture, même si je n'ai jamais trouvé cette soirée intéressante pour les athlètes, qui doivent attendre des heures, qui sont obligés de rester debout pendant tout le spectacle et qui n'y voient finalement pas grand-chose, car la scène est trop haute. Mais peu m'importait alors, car je marchais, pour la dernière fois, dans les souliers d'une Olympienne.

* * *

Cette année-là, je suis rentrée avec la délégation canadienne. Comme d'habitude en ces occasions, une foule de gens et de nombreux journalistes nous attendaient à l'aéroport pour nous féliciter et nous remercier de nos efforts et de nos exploits. Bien entendu, les médias m'ont de nouveau demandé si j'allais prendre ma retraite du plongeon. Mais je n'en savais toujours rien. Ce n'est pas le genre de décision que je voulais annoncer à la légère. Il fallait que j'y réfléchisse à tête reposée et que je sois certaine de ce que je voulais faire de ma vie.

J'ai pris plusieurs semaines de vacances pendant lesquelles j'ai pesé le pour et le contre. Dès la fin des Jeux, j'estimais à 70 % les chances que je prenne une retraite définitive. Ce qui implique qu'il restait encore 30 % de possibilités que je poursuive ma carrière.

Il y avait bien ces Championnats du monde à Barcelone en 2013… Pourtant, quand je faisais le bilan de toutes ces années de plongeons et de compétitions, j'étais satisfaite. J'avais eu une très belle carrière dont je pouvais être fière. J'avais été championne du monde à la tour de 10 mètres. J'avais fait partie de l'élite mondiale du plongeon pendant une quinzaine d'années. Surtout, j'étais la seule plongeuse de l'histoire à avoir remporté quatre médailles en quatre Jeux olympiques consécutifs. Que pouvais-je demander de plus ? J'ai réalisé que compétitionner encore une année ne m'apporterait pas davantage de satisfaction. J'avais réalisé mon plein potentiel aux 3 et 10 mètres. J'avais donc atteint mon objectif !

Par ailleurs, j'avais entrepris quelque chose dans la mode et la conception de maillots, et je tenais à aller plus loin dans ce domaine, à continuer à développer des idées qui ne demandaient qu'à se concrétiser. Même pendant les derniers mois, alors que la plus grande partie de mon temps se passait à la piscine ou en compétition un peu partout sur la planète, j'avais continué à explorer cette voie. J'avais créé quelques maillots que je testais sur moi pendant les entraînements. Mes partenaires de l'équipe nationale m'aidaient également, par leurs commentaires, à créer mon style et une coupe originale. Mieux encore, certaines athlètes d'autres pays, à qui j'avais parlé de mon projet, m'avaient commandé des maillots et elles les portaient pendant leurs compétitions. Audrey Labeau, membre de l'équipe olympique française, m'a même fait l'immense honneur de porter une de mes créations lors de l'épreuve de 10 mètres aux Jeux olympiques de Londres. À chaque passage d'Audrey, Annie Pelletier, qui était alors analyste pour Radio-Canada, mentionnait qu'elle portait une création Émilie Heymans, me donnant ainsi un merveilleux coup de pouce publicitaire. Tom Daley, le médaillé de bronze aux Jeux olympiques de 2012, m'avait commandé un maillot. Au début, je pensais qu'il ne faisait que me taquiner, mais comme il insistait, je me suis rendu compte qu'il était sérieux. Le plongeon a ceci de particulier que, même si nous sommes adversaires pendant les compétitions, il existe une franche camaraderie et un énorme respect entre nous. J'avais vraiment quelque chose à faire dans le domaine de la mode et, pour réussir, j'allais devoir y consacrer beaucoup de temps. J'avais de nouveaux défis, une nouvelle passion, un nouvel objectif pour m'aider à prendre ma décision.

En rêve, je voyais déjà la compagnie Émilie Heymans design présentant une collection de maillots reconnue et recherchée partout dans le monde, des produits offerts dans des milliers de boutiques de la planète et que les gens actifs rechercheraient pour leur style et leur élégance. Il m'arrivait même d'espérer, quand je laissais mon imagination vagabonder, qu'un jour mon entreprise commandite l'équipe nationale canadienne de plongeon, comme Speedo le faisait alors. Rien n'est impossible quand on croit à ses rêves…

De plus, cet automne-là, on m'a demandé de participer à de nombreuses émissions de télévision ou de radio pour parler de mon expérience, sans compter que j'ai répondu à des tas de questions lors d'entrevues accordées à des journaux et à des magazines.

Bref, plus les jours passaient, moins j'avais envie de retourner à l'entraînement et plus ma décision se renforçait. Bien entendu, j'en avais aussi parlé avec Christian et mes parents. Le contraire aurait été impensable. Durant cette période, j'ai surtout appris à prendre la vie comme elle venait, sans stress et sans horaire précis. Pour la première fois depuis des années, sinon depuis que j'étais toute jeune, les choses respectaient mon rythme, sans contraintes d'entraînement pour la gymnastique ou le plongeon, sans penser aux voyages que je devais faire dans tel ou tel pays, sans avoir à me préoccuper de compétitions internationales. Et j'aimais beaucoup cette sensation…

Alors, doucement, l'idée de la retraite s'est imposée. J'étais prête à passer à autre chose. Il ne me restait qu'à l'annoncer officiellement, ce que j'ai fait lors d'une conférence de presse organisée en janvier 2013 au complexe sportif Claude-Robillard. Aucun autre endroit ne pouvait avoir plus de signification pour moi. Puisque c'est là que tout avait commencé, il était normal que ce soit là que tout se termine. Il y avait beaucoup de gens, plusieurs athlètes, ainsi que tous les membres de l'équipe nationale de plongeon. Alexandre, avec qui j'avais partagé tellement de moments glorieux, et certains qui l'étaient moins, depuis notre participation aux Jeux du Québec en 1993 ; Jennifer, avec qui j'avais obtenu cette médaille de bronze qui allait constituer un lien indestructible ; Roseline, ma merveilleuse *roommate* ; et Meaghan, la petite… de l'équipe. Mon intervention n'a pas été très longue, car le message était simple et clair : je tirais ma révérence.

Vous savez que je ne suis pas une grande émotive. Mon père me comparait à une huître ; il avait raison une fois de plus. Mais ne pas les manifester ne veut pas dire que je n'ai pas d'émotions. Bien au contraire. D'ailleurs, durant la conférence, après avoir affirmé que j'étais chanceuse d'avoir pu participer à quatre Jeux olympiques, j'ai voulu remercier ceux qui m'avaient permis d'accomplir cet exploit. C'est alors que ma voix s'est étranglée. J'ai pensé à tous ceux et celles qui m'avaient soutenue, accompagnée et aidée pendant toutes ces années, spécialement durant les derniers moments. J'ai revu Yihua Li, mon entraîneuse, qui était si proche et en qui j'avais toute confiance ; Alain Delorme, mon préparateur physique, qui me suivait depuis un bon moment et qui m'a permis d'atteindre un autre niveau dans ma préparation, ce qui m'a donné la rapidité, la force et l'endurance indispensables pour réussir ; Penny Werthner, ma psychologue sportive, avec laquelle j'ai eu tant de discussions et qui m'a fait comprendre ce qu'était vraiment la concentration ; et surtout, j'ai pensé à ma famille, Marie-Paule et Éric, ma mère et mon père, ma sœur Séverine, et à Christian, mon copain. Ces précieuses personnes ont toujours été près de moi, me soutenant et m'accompagnant. J'ai pensé à tous ces plongeurs et plongeuses avec qui je me suis entraînée et contre lesquels j'ai concouru. J'ai revu tous ceux du CAMO, du club de Pointe-Claire, des fédérations québécoise et canadienne qui ont toujours été là et qui ont cru en moi.

Je me suis rappelé tous ces gens et j'ai pleuré. Pour moi, ils représentaient ma deuxième famille. Je venais de me rendre compte que ma retraite signifiait que nos routes allaient se séparer, que je ne partagerais plus ces rêves, ces joies et ces peines qui ont été notre lot pendant si longtemps. Je savais que je les reverrais de temps en temps, mais rien ne serait plus jamais pareil. Il ne restait que ces liens incroyables que nous avions tissés au fil des ans. Ceux-là ne disparaîtraient jamais.

Alors, oui, j'ai pleuré. Ma retraite marquait une sorte de deuil que j'allais devoir traverser. J'étais certaine de ma décision, mais cette certitude ne rendait pas la séparation plus facile.

J'ai ensuite lu certains témoignages qui m'ont bouleversée et rendue heureuse. Je me souviens de Mitch Geller, directeur technique à Plongeon Canada, qui a affirmé : « Ce sera difficile de ne plus voir ses plongeons. Elle avait ce style unique, spécial : grande, élégante, spectaculaire, précise. Aucun autre plongeur dans le monde ne possède ces attributs. »

Je me rappelle aussi ce que Jennifer Abel (qui d'autre ?) avait dit : « Émilie a tout vécu : les hauts, les bas et les bas plus profonds encore, mais elle est toujours remontée pour revenir encore plus forte. »

Même Michel Larouche a salué ma carrière, la preuve que le temps permet de mettre les choses en perspective et de faire ressortir les points essentiels.

Toutes ces preuves d'amour et de respect m'ont émue. Néanmoins, ce doux pincement au cœur ne remettait pas ma décision en cause. J'étais prête à passer à autre chose, à donner un nouveau sens à ma vie. Et puis, il n'y aurait pas que des inconvénients à la retraite, comme j'ai répondu à un journaliste : « Le monde du plongeon va profondément me manquer, mais je ne m'ennuierai pas une seconde d'être mouillée ni de me jeter dans l'eau froide. »

* * *

La vie s'est rapidement chargée de me changer les idées. Peu après l'annonce officielle de la fin de ma carrière de plongeuse, j'ai tenté une nouvelle expérience à la télévision. J'ai, en effet, été contactée pour être entraîneuse de vedettes, qui effectueraient leurs premiers plongeons dans le cadre d'une nouvelle série télévisée : *Le grand saut*.

Il s'agissait d'une compétition mettant en présence chaque semaine quatre vedettes, qui étaient appelées à se dépasser en plongeant du tremplin d'abord, puis des tours, jusqu'à celle de 10 mètres. J'étais bien placée pour savoir qu'il fallait beaucoup de détermination pour s'y risquer. J'ai adoré collaborer à cette émission, pendant laquelle j'ai aidé des gens comme Ima, Jean-François Breau, Claudine Prévost, Émilie Bégin, Alex Perron et plusieurs autres à faire leurs premiers pas dans cet univers complexe et fascinant. Je me souviens des craintes qu'il leur fallait apprivoiser, de leur surprise en voyant les mouvements qu'ils auraient à effectuer, des efforts qu'ils mettaient pour relever les défis qui leur étaient lancés, de ces fous rires qui nous prenaient parfois, de leur inquiétude quand ils réalisaient qu'ils devaient monter sur le tremplin de 3 mètres ou, pire, sur la plateforme de 10 mètres, et de tous ces autres moments qui ont marqué ces quelques semaines de tournage. Je me souviens surtout de cette fierté et de ce plaisir qui se lisaient sur leur visage quand ils avaient réussi, quand ils avaient dompté leurs peurs et qu'ils avaient plongé.

En plus, pour cet événement télévisuel, on m'avait demandé de confectionner les maillots de chacun des invités. Ainsi, je faisais non seulement un beau coup de marketing, mais je pouvais montrer que mes produits ne s'adressaient pas exclusivement aux plongeurs professionnels. Alors, oui, j'ai adoré cette aventure qui a été diffusée au printemps 2013.

Cela n'a pas été le seul moment fort de ce début d'année. Une autre aventure avait commencé au moment où la décision définitive de me retirer a été claire dans mon esprit. Christian et moi avons convenu d'abandonner les moyens contraceptifs. Nous n'avions aucun échéancier précis, mais si un bébé entrait dans nos vies, eh bien, tant mieux! Tous les deux, nous voulions avoir un enfant, mais nous n'en avons pas parlé pour ne pas créer d'attentes auprès des futurs grands-parents et pour ne pas sentir de pression inutile. C'est d'ailleurs un peu la philosophie que j'avais développée au cours de toutes ces années de plongeon: prendre les choses comme et quand elles arrivent.

Vers la fin du mois de février, puisque j'avais du retard dans mes règles, j'ai passé un test qui a confirmé la bonne nouvelle. Christian était, je crois, encore plus heureux que moi. Il voulait l'annoncer immédiatement à tout le monde. J'étais plutôt réticente. J'étais très heureuse de savoir que j'étais enceinte, mais je savais aussi que les femmes peuvent perdre leur bébé durant les trois premiers mois. Je voulais donc attendre avant d'en parler.

— Mais non, a insisté Christian. On peut le dire à nos parents et à nos amis. C'est une merveilleuse nouvelle!

— On peut en toucher un mot aux parents, mais pas aux amis. En tout cas, pas tout de suite.

— Ce serait mieux si tout le monde le savait. On n'a rien à cacher.

— Rien n'est certain avant quelques mois. Allons d'abord voir un médecin et quand tout sera confirmé, on pourra en parler à nos parents.

— Si on le dit aux parents, on l'annonce à tout le monde. Je ne peux quand même pas faire comme si de rien n'était, surtout si nos parents le savent. Tu sais comme moi qu'ils vont en parler à d'autres personnes. Alors, ou bien on l'annonce à tous nos proches, ou bien on n'en parle pas.

— Bon, d'accord, ai-je tranché. On ne dit rien tant qu'on n'est pas certains que le bébé est en santé.

C'est ce que nous avons fait. Je sais que ça peut paraître un peu bizarre, mais je suis comme ça. Je préfère que les choses soient claires avant de les faire connaître. Cela dit, malgré notre intention de n'en parler à personne, nous étions d'accord pour répondre franchement si on nous posait des questions précises ou si quelqu'un se rendait compte que je changeais. Ni Christian ni moi ne pouvons mentir à ceux que nous aimons.

Peu de temps après cette discussion, nous étions tous réunis au restaurant pour l'anniversaire de mon père. Naturellement, je faisais attention à mon alimentation et j'avais complètement cessé de prendre de l'alcool. Les discussions allaient bon train et tout le monde était joyeux, quand mon père m'a offert un verre, que j'ai refusé. Comme j'aime bien boire un peu de vin, ma mère a aussitôt dit :

— Tiens, tu ne prends pas de vin aujourd'hui ?

J'ai fait comme si je n'avais pas compris, en espérant que ça passe inaperçu. Ma sœur n'a pas été dupe et elle a répété, plus fort, pour être certaine que tout le monde entende :

— Émilie, tu ne prends pas de vin ?

— Non. Je dois être sobre pour les neuf prochains mois, lui ai-je finalement répondu avec un grand sourire.

Voilà comment nous avons annoncé que j'étais enceinte. Au fond, j'en étais heureuse. Je sentais que le bébé allait bien et je souhaitais partager la nouvelle. Ce serait le premier bébé de cette génération pour nos deux familles et, de toute façon, nous n'aurions pas attendu bien longtemps encore avant de leur dire.

* * *

Au moment où j'écris ces lignes, notre petite princesse a déjà fait son entrée dans notre vie. Elle est née le 8 octobre 2013 à 7 h 44 à l'hôpital Pierre-Boucher. Elle pesait 8 livres et 2 onces, mesurait 52 centimètres et avait déjà une belle peau. Et elle est magnifique !

Je ne sais pas si c'est un signe, mais elle est née « le nez en l'air », comme m'a expliqué l'infirmière. Généralement, les enfants viennent au monde en regardant vers le bas. Pas elle. Peut-être voulait-elle nous faire comprendre, dès les premiers instants, qu'elle avait déjà de grands projets et qu'elle irait au bout de ses rêves. C'est ce que je lui souhaite.

Nous l'avons appelée Fiona. Oui, comme la princesse dans le film *Shrek*. Et ça lui va très bien. C'est une enfant calme et rieuse qui nous apporte des montagnes de plaisir et de joie.

Chaque jour, nous la regardons et nous la voyons grandir. C'est complètement fou. On m'avait dit qu'elle ne resterait pas longtemps un « bébé naissant », mais je ne croyais pas que c'était aussi vrai. À deux mois, elle pesait déjà 14 livres. C'est vous dire…

Je me suis aussi surprise à toujours vouloir qu'elle soit mignonne. Avant sa naissance, j'avais acheté quelques pyjamas dits « unisexes », même si je savais déjà que j'aurais une fille, car je me disais que ces vêtements pourraient resservir plus tard quand nous aurions un autre enfant, qui pourrait être un garçon. Et puis, garçon ou fille… c'était la même chose. Eh bien, je ne les lui ai jamais mis. Je veux qu'elle soit une fille. Pas question de lui mettre ces pyjamas qui ne font pas autant ressortir sa beauté et sa délicatesse. Alors, ils restent au fond des tiroirs.

D'ici deux ou trois ans, Christian et moi, nous aimerions lui donner un petit frère ou une petite sœur. Christian a une sœur, d'un an et demi plus jeune, et moi, une sœur, Séverine, qui est de trois ans mon aînée. Nous savons parfaitement l'importance d'avoir quelqu'un qui soit notre complice et notre ami. Nous souhaitons donc offrir ce cadeau à notre petite Fiona. Mais pour le moment, ça peut encore attendre. Nous verrons bien ce que la vie nous apportera et, chaque jour, nous profitons au maximum de tout ce que notre fille nous offre.

***

Je ne suis maintenant plus une plongeuse. J'aime ma nouvelle vie et j'anticipe avec plaisir ce qu'elle deviendra. Bien sûr, j'ai parfois des regrets. Je pense à Yihua, à Jennifer, à Roseline, à Meaghan, à Alida, à Marie-Ève, à Alain, à Penny, à Alexandre et à tous ceux que j'ai côtoyés pendant tant d'années, et ils me manquent. Je vois plusieurs d'entre eux de façon assez régulière. Je sais ce qu'ils vivent chaque jour et je connais leur passion. Toute cette fraternité et cette camaraderie fantastique que l'on vit dans le sport laissent un vide quand on s'en éloigne. Je sais que je ne vivrai plus jamais ces sensations. En tout cas, pas de la même façon, car je ne serai plus jamais sur le tremplin pour une compétition.

J'aimerais qu'une partie de moi reste proche du plongeon et des exploits qui sont réalisés lors des compétitions. Car il s'agit en effet de prouesses extraordinaires, quel que soit le résultat final. Il faut tant de courage et de détermination pour y arriver que ce sont toutes et tous des gagnants !

Cela dit, les entraînements et les voyages ne me manquent absolument pas. De même, je ne crois pas que je deviendrai entraîneuse un jour. On ne sait jamais ce que la vie nous offrira, mais pour le moment, je n'y vois aucun intérêt. Par ailleurs, si l'opportunité se présentait, j'aimerais être commentatrice et analyste des performances de nos plongeurs et plongeuses lors d'importantes compétitions internationales ou pendant les Jeux olympiques. Heureusement pour moi, l'expérience que j'ai acquise auprès des médias m'a beaucoup aidée, ce qui rend ce projet réalisable. Si, à mes débuts, je me méfiais vraiment des journalistes et que je ne savais pas quoi faire ou quoi dire en leur présence, au fil des ans, j'ai développé ce goût et ce plaisir de participer à des entrevues. Alors, je pense que je ne détesterais pas me retrouver de ce côté de la barrière. On verra bien…

***

Je regarde parfois en arrière en me demandant ce que j'ai appris et si ça en valait le coup. La réponse vient immédiatement : je ne changerais rien à ce que j'ai fait ni à la façon dont je l'ai fait. Je suis satisfaite, heureuse et fière de ce que j'ai réalisé.

Dès mes débuts en gymnastique, j'ai voulu devenir une Olympienne. Si je n'avais ni la taille ni le talent pour y arriver dans cette discipline, la gymnastique m'a ouvert la voie du plongeon, grâce auquel j'ai pu atteindre cet objectif. J'y ai cru parce que des gens ont cru en moi. Mes parents d'abord, mais aussi mes entraîneurs. J'ai eu des accrochages avec Michel Larouche, pourtant il m'a apporté beaucoup sur le plan technique et je lui en suis reconnaissante. Puis il y a eu Yihua Li avec qui j'ai dépassé mes limites. Yihua, avec qui j'étais si complice. Et ils sont loin d'être les seuls à m'avoir permis de devenir l'unique plongeuse de la planète à remporter quatre médailles en autant de Jeux.

Je veux simplement dire qu'il faut rêver. C'est la première étape de la réussite. Ensuite, il faut être bien entouré. Quand on est seul, les choses ne sont pas juste plus difficiles, elles deviennent impossibles. Pour le reste, il faut un minimum de talent et énormément de travail.

Bien entendu, il y a quelques sacrifices à accepter durant ce long parcours et, même alors, personne n'est certain d'atteindre l'objectif ultime. Mais au fond, est-ce vraiment tout ce qui compte ? En ce qui me concerne, quel qu'ait été le résultat, je crois que j'aurais été aussi heureuse et comblée d'être simplement allée au bout de ce que je pouvais faire, d'avoir pris tous les moyens pour y arriver et d'avoir mis tous les efforts pour que mon rêve se réalise.

Il y a un adage qui dit que « les voyages les plus longs commencent par un premier pas ». Mes années en plongeon m'ont appris qu'il faut y aller une journée à la fois, un entraînement à la fois, une compétition à la fois, une saison à la fois et une année à la fois. Le sport et Confucius m'ont également appris que « La plus grande gloire n'est pas de ne jamais tomber, mais de se relever à chaque chute ». C'est ma philosophie de la vie. Le rêve nous guide, mais pour le concrétiser, il est nécessaire de ne voir et de ne franchir qu'une étape à la fois.

J'ai également appris à garder l'esprit ouvert et à ne fermer aucune porte, tant que la meilleure décision n'est pas prise. C'est ce que j'ai fait durant ma carrière, c'est ce que j'ai fait dans mes études, c'est ce que je fais avec ma future compagnie de maillots et c'est ce que je ferai avec ma fille et ma famille.

Je sais que de nouveaux défis se présenteront à moi dans les mois et les années à venir. Je mettrai toujours la même énergie à les relever avec succès. Il faut profiter de chaque moment et je suis convaincue que je vais toujours continuer à plonger dans la vie.